深圳大学政府管理学院政府运行保障管理系列丛书
本书为深圳市人文社科重点基地研究成果

Research on Green and Low-Carbon Transformation of Public Institutions

公共机构绿色低碳转型研究

曾锡环 著

中国经济出版社
CHINA ECONOMIC PUBLISHING HOUSE
北 京

图书在版编目（CIP）数据

公共机构绿色低碳转型研究 / 曾锡环著. -- 北京 : 中国经济出版社，2024. 12. -- ISBN 978-7-5136-7961-9

Ⅰ. F426.2

中国国家版本馆 CIP 数据核字第 20244HJ509 号

策划编辑 姜 静
责任编辑 王西琨 马伊宁
责任印制 李 伟
封面设计 李 萌

出版发行 中国经济出版社
印 刷 者 北京艾普海德印刷有限公司
经 销 者 各地新华书店
开 本 710mm×1000mm 1/16
印 张 14.75
字 数 241 千字
版 次 2024 年 12 月第 1 版
印 次 2024 年 12 月第 1 次
定 价 78.00 元
广告经营许可证 京西工商广字第 8179 号

中国经济出版社 **网址** http://epc. sinopec. com/epc/ **社址** 北京市东城区安定门外大街 58 号 **邮编** 100011

序 言
PREFACE

在当今全球气候变化的大背景下，绿色低碳转型已成为世界各国共同面临的重大课题。中国积极响应全球气候治理的号召，致力于实现碳达峰碳中和的宏伟目标。2020 年 9 月，习近平主席在第七十五届联合国大会一般性辩论上，郑重宣示中国将提高国家自主贡献力度，力争于 2030 年前达到二氧化碳排放峰值，并努力争取 2060 年前实现碳中和。这一战略决策不仅体现了中国对全球气候治理的坚定承诺，也彰显了中国作为发展中大国的责任与担当。党的二十大报告明确提出“推动绿色发展，促进人与自然和谐共生”的战略部署，并强调“积极稳妥推进碳达峰碳中和”，为公共机构绿色低碳转型提供了明确的政策导向和战略指引。

2021 年 9 月，《中共中央　国务院关于完整准确全面贯彻新发展理念做好碳达峰碳中和工作的意见》明确将“公共机构”列为重点节能领域，公共机构绿色低碳转型成为各级政府的重要政策议程。2021 年 11 月，国家机关事务管理局（以下简称国管局）、国家发展改革委、财政部与生态环境部四部门联合制定并发布《深入开展公共机构绿色低碳引领行动促进碳达峰实施方案》，提出公共机构在贯彻落实碳达峰碳中和决策部署中起“示范引领作用”，强调要分解碳排放量目标值，定期跟踪评估，严格责任落实。公共机构作为政府政策的执行者和公共服务的提供者，不仅要在自身运营中减少碳排放、提高能源利用效率，也要通过率先垂范、积极行动，推动全社会形成绿色低碳的生产生活方式；不仅要履行公共机构自身的管理职责，也要回应社会公众的绿色期待。

我国公共机构涵盖党政机关、学校、医院、大型场馆等多种类型，其处于能源的消费端，碳排放覆盖面广、总量大。作为经济社会发展的重要载体和引领者，公共机构能源消费模式和碳排放水平对于全社会绿色低碳转型具有深远影响。在全球范围内，公共机构的能源消耗和碳排放占比显著，成为制约绿色低碳发展的重要瓶颈。因此，推动公共机构绿色低碳转型，不仅是对全球气候变化的积极回应，更是实现经济社会高质量发展的内在要求和必然选择。

在上述背景下，笔者开展了对公共机构绿色低碳转型的研究。本书重点关注两大问题的研究：一是公共机构绿色低碳转型的角色扮演，二是公共机构绿色低碳转型的路径选择。

在绿色低碳转型中，公共机构既是节能降碳的重要领域，又是特殊关键作用的承担者、示范引领效应的发挥者以及推动绿色技术创新与应用的重要力量，扮演着公共机构绿色低碳转型的多重角色。

——公共机构是碳减排的引领者。公共机构是政府和社会的重要组成部分，其行为和决策具有示范效应。在碳减排方面，公共机构通过采取一系列绿色低碳措施，如优化能源结构、提高能源利用效率、推广绿色低碳技术等，可以展现出对环境保护的坚定承诺和实际行动。这种示范效应能够激励其他社会组织和公众积极参与碳减排行动，共同推动全社会的绿色低碳转型。

——公共机构是碳减排的实践者。公共机构在日常运行中消耗大量的能源和资源，因此，其碳减排行动对于实现整体碳减排目标具有重要意义。公共机构通过实施精细化管理、智能化改造、市场化机制等措施，可以大幅降低能源消耗和碳排放。这些实践不仅有助于公共机构自身的可持续发展，也为其他行业和组织提供了可借鉴的经验和模式。

——公共机构是碳减排的创新者。在碳减排过程中，公共机构需要不断探索和创新技术与方法。公共机构具有较强的创新潜力和资源优势，可以通过自主研发、合作研发等方式，推动绿色低碳技术的研发和应用。创新技术成果不仅能为公共机构自身的碳减排提供有力支持，也能为全社会的绿色低碳转型提供新的动力。

——公共机构是碳减排的推动者。公共机构在碳减排中不仅扮演着引领者、实践者和创新者的角色，还是推动者。公共机构通过制定和实施相关政策、标准和规范，引导其他社会组织和公众积极参与碳减排行动。同时，公共机构通过加强与国际社会的合作与交流，借鉴国际先进经验和做法，推动全球碳减排事业共同发展。

从具体实践来看，公共机构是绿色低碳转型的引领者、实践者、创新者和推动者，从更宏观角度来看，公共机构在国家绿色低碳转型发展中还扮演碳达峰碳中和战略制定者、碳达峰碳中和政策执行者、碳达峰碳中和治理示范者、绿色资源优化配置者、区域绿色协同推动者、绿色低碳技术推广者、国际交流合作促进者等多重角色，在推动全社会绿色低碳转型和实现全球碳减排目标中，公共机构的作用十分重要。因此，在绿色低碳的可持续发展中，公共机构自身如何完善各种制度机制，建构科学合理的绿色低碳治理体系，增强自身绿色低碳治理能力，是引领与推动全社会绿色低碳治理的关键。

为了推进公共机构的绿色低碳转型，国家高度重视节能减排和绿色发展，将公共机构节能减排工作视为实现碳达峰碳中和目标的重要一环，出台了一系列权威文件和政策措施，具体在公共机构节能减碳方面，2021 年 6 月，国管局、国家发展改革委联合出台《“十四五”公共机构节约能源资源工作规划》，提出公共机构节能减碳工作“硬指标”，即到 2025 年公共机构单位建筑面积能耗下降 5%、人均综合能耗下降 6%、单位建筑面积碳排放下降 7%。在具体明确的减碳政策指标压力下，全国各地公共机构积极推进自身节能减碳，走出一条以“能耗控制”为导向的工作路径——通过引入技术手段解决设施设备高能耗与高碳排放的问题，并辅之以行政约束方式，达到能源资源消费总量与强度控制的目标。以技术为主、行政为辅的“控能耗”模式，迅速为公共机构实施主体带来了显著的节能减碳成果。

然而，公共机构绿色低碳转型并非简单的技术革新或政策调整，而是一个涉及经济社会发展、生态环境保护、能源结构调整等多方面的复杂系统工程。机关事务管理部门作为党政机关等公共机构能耗控制的主管机构，在公共机构绿色低碳转型中发挥着关键作用。碳达峰碳中和政策实施以来，通过优化政府运行保障管理机制，提高资源利用效率，降低能源消耗和碳排放，不但达成节能降碳的工作目标，而且提升政府服务效能和公信力。

公共机构推进绿色低碳转型并不是只靠传统的党政机构的行政行为，随着现代经济、技术的发展，其推进路径呈现多样化的趋势，政府管理部门通过加强与社会各界的合作，形成政府主导、市场引导、社会参与的绿色低碳发展格局。机关事务管理部门作为党政机关等公共机构能耗控制的主管机构，可以通过加强顶层设计、推动技术创新、强化人才培养、优化政府运行保障管理等措施，实现公共机构绿色低碳转型与发展。

我国公共机构推进绿色低碳转型形式多样，包括政策引领、行政引导、示范带动、技术创新、市场开发、场景创新等。在具体实践中，各级各类公共机构根据自身实际情况，利用政策、市场、资源等多方面优势，促进制度、管理、技术等多方面创新，选择合作、试点、宣传等方式，采用新技术、新工艺、新设备，促进能源利用效率提升，推进碳排放总量与强度降低，带动全社会节能降碳水平提升。我国公共机构绿色低碳转型发展路径多样，大致有5个主要路径——政策路径、行政路径、技术路径、市场路径、治理路径。本书将这5个推进路径作为切入点，研究分析我国公共机构绿色低碳转型实践活动，由此形成本书内容的基本框架——

✧ 第一章　公共机构绿色低碳转型概述

✧ 第二章　政策视阈下的公共机构绿色低碳转型

✧ 第三章　行政视阈下的公共机构绿色低碳转型

✧ 第四章　市场视阈下的公共机构绿色低碳转型

✧ 第五章　技术视阈下的公共机构绿色低碳转型

✧ 第六章　治理视阈下的公共机构绿色低碳转型

我国公共机构绿色低碳转型发展实践具有多样性、综合性、创新性等特征，本书以公共机构的角色定位为基点，以转型路径为观察视角，阐释我国公共机构的绿色低碳实践活动，研析公共机构绿色低碳转型模式的创新，探寻公共机构节能减碳体制机制变革方法，形成本书内容章节的主体架构。此外，笔者作为深圳大学机关事务研究院的负责人之一，利用与政府机关事务管理部门合作的机会，开展公共机构绿色低碳转型相关主题的调研，形成公共机构绿色低碳转型的若干研究样本，附在第三至第六章的最后一节（第六章为最后两节）。

本书能顺利出版，得益于深圳大学政府管理学院高水平学科建设基金的大力支持。感谢同事秦全德教授、耿旭副教授在专著写作过程中的鼓励与支持，感谢副院长吴海燕、系主任罗文恩的亲自过问与关心。

书稿撰写与编辑过程中，研究生黄钦旭在资料收集、编辑修改中付出大量时间与精力，这里特别表示感谢；研究生蓝晋羽、劳丽芬、陈晓钰参与书稿的校订，一并感谢。

最后，要感谢本书的策划编辑姜静老师、责任编辑王西琨、马伊宁老师，感谢她们的辛勤付出，感谢她们专业、细致及耐心的编辑服务。

本书为“深圳大学政府管理学院政府运行保障管理系列丛书”之一。本书的出版，有两个期待目标：一是能够引起社会各界对公共机构绿色低碳转型的广泛关注和深入思考，共同推动公共机构绿色低碳转型，为实现我国碳达峰碳中和目标贡献智慧和力量！二是期待本书出版能拓宽公共管理理论研究视野，推动机关事务实践进步，为政府运行保障管理学科建设添砖加瓦！

曾锡环

2024 年 11 月

目　录
CONTENTS

第一章

公共机构绿色低碳转型概述

公共机构绿色低碳转型，是指公共机构在日常运营管理和服务中采用绿色低碳理念，通过在组织结构、管理体系、运行机制、资源利用等方面采取一系列绿色低碳措施和技术手段，以降低能耗、减少碳排放、提高资源利用率、保护环境，实现低碳化、环境友好和可持续发展目标。因公共机构具有服务社会、面向公众、示范引领等特点，其绿色低碳转型有着独特的特点：①行政管理与公共服务相结合；②政策引导与自主创新相结合；③技术改造与节能减排相结合；④环境保护与可持续发展相结合[①]。2020 年 9 月，习近平主席在第七十五届联合国大会一般性辩论上提出，中国将提高国家自主贡献力度，采取更加有力的政策和措施，二氧化碳排放力争于 2030 年前达到峰值，努力争取 2060 年前实现碳中和。截至 2021 年底，全国公共机构约有 160 万家，包括党政机关、学校、医院、大型场馆等。公共机构能源消耗能力强，碳排放总量大，在碳达峰碳中和行动中负有重要的责任。在碳达峰碳中和背景下，研究公共机构绿色低碳转型路径具有重大意义。本章概要性说明我国公共机构绿色低碳转型的背景意义、职责使命、治理挑战、治理体系及推进路径。

第一节　公共机构绿色低碳转型的背景意义

2021 年，《中共中央　国务院关于完整准确全面贯彻新发展理念做好碳达峰碳中和工作的意见》明确将“公共机构”列为重点节能领域。公共机构绿色低碳转型推进工作被列入重要政策议程。

① 国家机关事务管理局公共机构节能管理司.绿色低碳发展的公共机构方案［M］. 北京：中国水利水电出版社，2024.

一、转型背景

（一）国际背景

气候变化问题已经成为当下人类生存和可持续发展的现实危机。联合国政府间气候变化专门委员会（IPCC）发布的评估报告指出，气候系统的变暖是不争的事实，人类活动带来温室气体排放成为最大可能主因。近些年，全球气候变化、能源危机、环境污染等问题更加突出，许多国家在努力推动低碳经济发展和绿色可持续发展。全球能源治理改革呼声日益高涨，中国通过理念、制度、技术等方面的努力，为全球能源转型以及实现“双碳”发展贡献中国智慧、中国力量[①]。

（二）战略背景

作为全球最大的能源生产国和能源消费国，中国高度重视气候变化问题，并将绿色低碳发展作为生态文明建设的重要内容。2020年，中央提出“双碳”目标，展现了我国在应对气候变化问题上的决心和信心。碳达峰碳中和战略的提出，彰显了中国推动构建人类命运共同体的大国担当，顺应高质量发展的时代主题，打造中国式现代化的能源转型路径[②]。党的二十大报告专门就“推动绿色发展，促进人与自然和谐共生”作出战略部署，提出“加快发展方式绿色转型”“积极稳妥推进‘碳达峰’‘碳中和’”等具体任务。以上任务的提出，为公共机构赋予了新的使命，即在完成自身节能降碳规划的同时，让其技术应用、治理模式或协同机制等对全社会低碳发展起到引领和示范作用。

（三）政策背景

绿色低碳发展是破除我国生态环境问题的“治本之策”[③]。为了深入推动

---

① 熊兴．“双碳”目标下全球能源治理改革的中国方案［J］．社会主义研究，2022（1）：155-162.

② 杨华磊，杨敏．碳达峰碳中和：中国式现代化的能源转型之路［J］．经济问题，2024（3）：1-7.

③ 陈明华，谢琳霄．新时代绿色低碳发展：实践逻辑、现实挑战与路径探赜［J］．马克思主义与现实，2024（3）：110-117.

公共机构的绿色低碳发展，我国陆续出台了一系列相关政策措施。2021 年 6 月，国家机关事务管理局、国家发展和改革委员会联合印发《“十四五”公共机构节约能源资源工作规划》，聚焦绿色低碳发展目标，实现绿色低碳转型行动的有力推进。同时，在党和政府带头“过紧日子”的要求下，2021 年出台的《机关事务工作“十四五”规划》提出要坚持厉行节约反对浪费，加快公共机构绿色低碳转型，持续深入推进节约型机关建设。党的二十大报告对加快发展方式绿色转型提出明确要求，强调推动经济社会发展绿色化、低碳化是实现高质量发展的关键环节。可见，推动公共机构绿色低碳转型，对于助力“双碳”目标的实现和建设人与自然和谐共生的美丽中国具有重大现实意义。

（四）现实背景

我国公共机构处于能源的消费端，碳排放覆盖面广、总量大。公共机构涵盖党政机关、学校、医院、大型场馆等多种类型，具有很强的辐射影响力和示范引领作用。相关数据显示，截至 2021 年底，全国公共机构约有 160 万家，2021 年，全国公共机构能源消费总量约为 1.7 亿吨标准煤，折算成碳排放量约为 3.8 亿吨，是我国节能降碳工作的重要内容[①]。作为一个系统性的重点领域，公共机构在碳达峰碳中和行动中责任重大、潜力巨大[②]。“双碳”目标实现关键时期，国家高度重视节能降碳面临的现实问题[③]。2021年出台的《深入开展公共机构绿色低碳引领行动促进碳达峰实施方案》明确提出，到 2025 年，全国公共机构年度能源消费总量控制在 1.89 亿吨标准煤以内，二氧化碳排放总量控制在 4 亿吨以内。

二、转型意义

公共机构在经济、社会和环境层面承担着重要责任，其行为和决策对整

---

① 徐永胜.深入学习贯彻党的二十大精神以公共机构绿色低碳转型助力碳达峰碳中和［J］. 中国行政管理，2022（12）：12–13.

② 赵峰涛.公共机构要为碳达峰碳中和作更大贡献［N］. 学习时报，2021–06–21（1）.

③ 锁利铭，丁凡琳.公共机构引领绿色低碳发展的内在机理、现实困境与优化路径［J］. 探索，2023（3）：113–125.

个社会的发展和环境的影响具有重要意义。

（一）引领全社会绿色低碳转型发展

公共机构既是能源资源的消费者，又是生态环保政策的制定者、执行者和监督者，带头推进全社会绿色低碳发展，对增强全体国民节约能源资源的意识、深化绿色低碳发展理念，具有积极的示范和导向作用。目前，各地大力开展节能改造、能源优化、绿色办公、建筑减碳、建设信息平台、应用低碳技术等工作，旨在提升公共机构在低碳社会建设中的示范引领优势。特别是，作为公共机构核心主体的党政机关，处于绿色低碳发展目标网络的中心位置。在“双碳”目标持续细化的高压力情景下，党政机关承担着能源资源节约的重大责任，更需要坚决走“近零碳”甚至“零碳”机关创建的转型道路。

（二）全面落实国家碳达峰碳中和目标

以碳达峰碳中和为工作目标，深入推进公共机构绿色低碳转型建设，是构建经济社会发展与生态环境和谐关系的重要一环，也是实现可持续发展的基本前提。目前，我国已出台一系列重要政策文件，逐步构建出国家碳达峰碳中和工作的“路线蓝图”。我国从碳达峰到碳中和的过渡期为 30 年，相对于世界多数国家，我国实现碳中和目标承诺的时间更为紧迫、任务更加艰巨①。为全面落实“双碳”战略目标，党和国家将碳达峰碳中和工作放在社会高质量发展的重要位置，大力建设绿色低碳循环经济体系，推进新能源产业与“零碳”社会发展，提出在能源、产业、建筑、交通等领域节约节能、减碳降碳。在碳达峰碳中和战略布局下，各类能源消费主体在思想观念与行为活动上面临绿色低碳转型的巨大压力。推进公共机构节能减碳，正是党政机关回应国家“双碳”目标全面落实需求的重要行动选择。

（三）促进社会经济转型升级

习近平总书记强调，实现碳达峰碳中和是一场广泛而深刻的经济社会系

---

① 顾佰和，于东晖，王琛，等.进一步深化碳达峰、碳中和战略转型路径的若干思考［J］. 中国科学院院刊，2024，39（4）：726 –736.

统性变革。公共机构绿色低碳转型能够减少能源消耗和二氧化碳等温室气体排放，有利于应对气候变化和解决环境污染问题。绿色发展是高质量发展的底色，新质生产力本身就是绿色生产力①。坚持绿色低碳发展道路，为我国实现经济社会高质量发展目标提供强大动力。公共机构在这场经济社会系统性变革中发挥示范引领作用②。公共机构绿色低碳转型能够推动城市和社会经济转型升级，带动新技术、新产业、新模式的发展和应用。

（四）推动政府管理体制创新

公共机构是国家治理体系和治理能力现代化的执行部门。公共机构绿色低碳转型是政府体系建设思想、模式与道路转变的鲜明体现。在“双碳”目标背景下，如何有效提升机关绿色低碳运行保障能力，成为公共机构有关部门工作压力的重要来源之一。推动公共机构建立绿色低碳管理的职能体系，日益成为政府治理体系与治理能力现代化的重要内容；在绿色低碳的发展理念以及先行示范要求与节能改造挑战的“双重压力”下，探索建设公共机构节能管理体制，有助于提升国家绿色低碳治理能力，强化绿色创新驱动，推动公共机构特别是党政机关探寻各类绿色低碳转型的创新模式。

（五）塑造公共机构管理新形象

在绿色低碳发展背景下，组织管理的工作方式和工作条件面临重大挑战，对公共机构建设与发展提出了新要求③。公共机构绿色低碳转型能够优化公共服务流程和管理方式，提高公众对公共服务的信任度和满意度，提升政府的形象和公信力。公共机构绿色低碳转型可以创新机构建设和管理模式，提高管理水平，增强公共机构的竞争力和可持续发展能力。

---

① 习近平在中共中央政治局第十一次集体学习时强调　加快发展新质生产力　扎实推进高质量发展［N］. 人民日报，2024-02-02（1）.

② 国家机关事务管理局公共机构节能管理司.发挥示范引领作用助力实现碳达峰、碳中和［J］. 中国机关后勤，2021（5）：6-8.

③ 吴童，胡余平. “双碳”背景下公共机构绿色低碳建设的现状、难点及路径研究［J］. 海南金融，2023（12）：81-87.

第二节　公共机构绿色低碳转型的职责使命

在绿色低碳发展与治理中，公共部门及机关扮演着至关重要的角色，承担着重要的治理职责，这对于推动绿色低碳发展、实现碳达峰碳中和目标具有重要意义。

一、公共部门绿色低碳转型的治理角色

（一）“双碳”战略的制定者

党政机关负责制定绿色低碳发展的总体战略和政策框架，为全社会提供明确的指导和方向。例如，《公共机构节能条例》《深入开展公共机构绿色低碳引领行动促进碳达峰实施方案》等政策法规出台，明确了公共机构绿色低碳转型的基本路线。《“十四五”公共机构节约能源资源工作规划》明确了“十四五”期间公共机构节能管理工作目标，即“实施公共机构能源和水资源消费总量与强度双控，能源消费总量控制在 1.89 亿吨标准煤以内，用水总量控制在 124 亿立方米以内，二氧化碳排放（以下简称碳排放）总量控制在 4 亿吨以内”。这些战略和政策旨在促进经济、社会和环境的可持续发展，确保绿色低碳转型有序推进。

（二）“双碳”政策的执行者

公共机构作为政府政策的制定者之一，负责出台与“双碳”目标相关的政策法规、标准规范等，为全社会的绿色低碳发展提供政策支持[①]。政府及有关部门通过制定和实施一系列鼓励绿色低碳发展的政策措施，如税收优惠、补贴奖励、绿色信贷等，引导企业和个人积极参与绿色低碳行动[②]。公共机构

---

① 严佳佳，蔡悦林．“双碳”背景下我国企业绿色低碳生态责任体系构建研究［J］．福建论坛（人文社会科学版），2023，（10）：110-120.

② 岳小花．公众参与绿色低碳发展探析［J］．环境保护，2017，45（20）：44-48.

作为“双碳”政策执行者，为了确保政策得到有效落实，通过内部管理和外部监督，注重加强绿色低碳政策的执行监管，建立健全监管体系和执法机制，将绿色低碳指标纳入绩效考核体系，加强节能减排工作考核评价，对违法违规行为进行严厉查处，推进绿色低碳政策目标有效实现。

（三）“双碳”治理的示范者

作为生态环保政策制定者、执行者和监督者，公共机构要在“碳达峰、碳中和”事业推进中承担更多责任，发挥示范引领作用①。在碳达峰碳中和行动中，党政机关既是能源消费者，又是节能减碳工作的决策者和管理者；公共机构推进绿色低碳转型，具有很强的辐射影响力，从自身公信力和节能监管能力角度而言，也是社会关注的热点。公共机构示范引领的“带动效应”，能够促进社会与经济领域绿色低碳生产生活氛围营造②。因此，公共机构作为“双碳”治理的示范引领者，一方面，应做好节能减排示范，公共机构通过自身的节能减排实践，如绿色建筑、绿色办公、绿色出行等，为全社会树立绿色低碳的典范；另一方面，应通过建设绿色低碳示范项目、节约型机关等方式，发挥示范作用，这些示范项目不仅展示了绿色低碳发展的成果和效益，还为全社会提供了可借鉴的经验和模式。公共机构应积极推广先进的绿色低碳技术，支持企业和个人进行技术改造和升级，并且提高全社会对绿色低碳技术的认知和应用能力，推动技术进步和产业升级。

（四）绿色资源优化的配置者

在“双碳”治理过程中，公共机构可以通过调整能源消费结构，减少化石能源的使用，增加可再生能源的消费比例，实现能源结构的优化升级。同时，公共机构可以通过节能工作，推动能源资源的优化配置和高效利用，减少能源费用支持，提高财政资金配置效能，落实“过紧日子”政策要求③，并且可以通过精细化管理、智能化改造等手段，降低能耗和碳排放。

---

① 朱呈义．完善公共机构节约能源资源工作体系［J］．中国机关后勤，2022（6）：8-11.

② 隋宇泽，锁利铭．公共机构低碳协同发展研究——以京津冀地区为例［J］．中国机关后勤，2023（7）：34-38.

③ 刘紫亮．公共机构节约能源资源工作高质量发展［J］．节能与环保，2023（4）：33-35.

（五）区域绿色协同的推动者

绿色低碳不仅仅是单一区域内部进行的管理活动，而是一个涉及跨区域跨行业的联动性治理问题。区域间绿色低碳发展，需要区域间公共机构的协同合作，通过信息共享、技术交流、联合行动等方式，共同推动区域绿色低碳发展，降低区域碳排放量。从我国具体实践来看，长三角等区域内的公共机构，通过建立跨区域的绿色低碳合作机制，强化区域间的政策协调、工作联动以及数据共享①，有力推进区域内不同行政区绿色低碳的一体化发展。

（六）绿色低碳技术的推广者

大量实践表明，公共机构日益成为绿色低碳技术的“推广者”、先进绿色技术的“应用场景”、节能减碳技术的“实验地”、“大数据+绿色低碳技术”的“创新地”，为先进技术的研发、应用提供更有力的支持保障。此外，公共机构还是绿色低碳理念的传播者。通过媒体宣传、公益广告、学校教育等多种渠道，公共机构广泛传播绿色低碳的发展理念，普及绿色低碳知识，倡导绿色低碳生活方式，提高全社会的环保意识和节能意识。公共机构通过举办绿色低碳示范项目展示会、交流会等活动，展示先进技术和成功案例，促进经验交流和知识共享。通过设立举报奖励制度、开展志愿服务活动等方式，鼓励公众参与绿色低碳发展行动，激发公众的参与热情和积极性，形成全社会共同参与的良好氛围。

（七）国际交流合作的促进者

全球治理视阈下的公共机构绿色低碳转型是应对全球气候、能源与环境危机的不可忽视的力量。公共机构是绿色低碳治理领域国际交流合作的重要促进者。公共机构通过参与国际会议、签订合作协议等方式，推动全球绿色低碳转型进程；公共机构参与有助于推动国际社会在绿色低碳发展领域的合作与交流，学习借鉴国际先进经验和技术推进绿色低碳技术的研发和应用，

---

① 罗守贵.协同治理视角下长三角一体化的理论与实践［J］.上海交通大学学报（哲学社会科学版），2022，30（2）：36–45.

提升我国绿色低碳发展的技术水平和竞争力。

总体而言，公共机构在国家绿色低碳转型发展中扮演着“双碳”战略制定者、“双碳”政策执行者、“双碳”治理示范者、绿色资源优化配置者、区域绿色协同推动者、绿色低碳技术推广者、国际交流合作促进者等多重角色，引领与推动全社会绿色低碳转型。

二、公共机构绿色低碳转型的政策职责

公共机构在绿色低碳转型过程中的政策职责涵盖规划与制定、执行与监督实施、投入与配置资金、引入与推广技术、引导社会主体参与、平衡环境与经济效益、开展示范点创建等方面。

（一）规划与制定政策

公共机构作为政策制定者，需要制定与完善绿色低碳发展的相关政策、法规和标准体系，包括修订各类关于公共机构节约能源、反食品浪费等法律法规，健全完善公共机构节能管理政策等配套标准，以及牵头制定区域统一的节能标准。政策或标准制定应紧密结合国家及地方重大发展战略，如全面贯彻党的二十大精神、党的二十届三中全会精神，深入学习贯彻习近平总书记关于机关事务工作的重要指示精神，确保公共机构节能降碳任务有效执行。

（二）执行与监督实施

党政机关不但要推动制定公共机构绿色低碳方面的重要政策，而且要评估这些政策的科学性、前瞻性和可操作性。政策内容涵盖节能减排、可再生能源发展、绿色交通、绿色建筑等多个方面。与此同时，党政机关还要监督政策实施，公共机构通过监测政策实施后的实际效果，如碳排放量的减少、能源利用效率的提升等，确保政策制定的有效性及政策实施的可行性。

（三）投入与配置资金

公共机构绿色低碳转型获得财政投入支持的同时需要管理与利用好财政资金。这要求公共机构评估绿色低碳项目的财政投入规模。这些投入间接推动了绿色低碳技术的研发、示范和推广。与此同时，实现财政资源配置上的

效率和公平性，确保绿色低碳项目得到充分的财政资源支持，并避免财政资金的浪费和滥用，也是公共机构的重要职责。

（四）引入与推广技术

公共机构是节能技术的“推广者”，在国家与地方政策的支持下，加大技术推广力度，并且评估绿色低碳技术推广方面的力度和效果。公共机构引入绿色低碳技术创新成果，如新技术、新工艺、新产品、新设备、新材料等，为节能服务技术创新提供“应用场景”。这些技术成果对于提升整个社会的绿色低碳水平具有重要意义。在此过程中，公共机构还承担技术管理及其风险应急的重要职责。由于技术路径本身存在各类风险问题，加强相关管理工作必不可少。

（五）引导社会主体参与

公共机构贯彻落实国家有关政策精神，通过各类宣传、教育、培训活动，引导干部职工、社会公众等形成绿色低碳的生活工作方式，在全社会营造节能降碳之风。在经济发展水平、居民受教育程度以及信息网络发达程度不断提升的背景下，公众形成了较高的环境治理诉求[①]。公众参与与公众认同，关系到特定政策或治理工作的合法性[②]。公共机构作为社会服务与管理机构，还要推动企业、社会组织、公众等社会主体参与绿色低碳发展活动。通过问卷调查、媒体宣传等方式，了解公众对绿色低碳发展的认知程度和支持力度，评估公共机构在提升公众绿色低碳意识方面的工作成效。

（六）平衡环境与经济效益

公共机构是公共管理与服务的核心主体，应主动衔接经济社会发展系统，承担更大的责任。一方面，公共机构强调绿色低碳发展中取得的环境效益，如碳排放量的减少、空气质量的改善、水资源的节约等。另一方面，经济效益也是重要的考虑因素，要确保绿色低碳发展对公共机构以及整个社会的经

---

① 郑思齐，万广华，孙伟增，等.公众诉求与城市环境治理［J］. 管理世界，2013（6）：72-84.

② 张金阁.环境治理中地方政府公众参与模式差异化选择的逻辑——基于“合法性-有效性”框架［J］. 社会科学家，2023（4）：82-88，95.

济效益产生积极影响，包括节能减排带来的成本降低、绿色产业的兴起和增长等。

（七）开展示范点创建

在国家节能降碳、节约资源等政策要求下，公共机构需要开展绿色低碳示范创建活动，如节约型机关创建、能效领跑者单位评选等；建设一批具有示范意义的绿色低碳项目，并评估这些项目的实施效果和社会影响力；通过树立典型、打造标杆、表彰先进，激励企业、公众等社会主体参与绿色低碳转型过程，形成共同参与的节能降碳关系网络。公共机构的示范创建活动一般注重实践的实效性和可复制性，确保创建的示范单位在节能降碳、资源循环利用等方面具有显著成效和广泛推广价值。

第三节　公共机构绿色低碳转型的治理挑战

随着全球气候变化问题日益严峻和绿色低碳发展理念深入人心，公共机构作为公共管理和社会服务的重要载体，是推动经济社会可持续发展的重要力量。但公共机构在转型过程中面临着体制机制建设、政策法规建设、绿色低碳技术应用、资金投入与管理、低碳管理体系建构以及经济与社会平衡发展、国际交流与合作等方面的挑战。

一、体制机制建设

体制机制是组织机构能力输出的决定性力量之一，健全的体制机制有助于组织机构正常运转、稳步前行，残缺的体制机制将影响组织机构正常运行。部分公共机构在绿色低碳转型方面的体制机制尚不健全，体现在：一是缺乏统一的规划和管理体系，导致转型工作缺乏系统性和协调性；二是节能降碳的考核激励机制不完善，难以充分调动公共机构及其工作人员的积极性；三是临时性机构过多过滥、衍生机构规模膨胀以及部门党政机构职责重叠等体制性问题，不利于公共机构低碳化管理。公共机构绿色低碳工作顺利推进，健全与完善体制机制是当下需要努力推进的重点工作[①]。

二、政策法规建设

绿色低碳转型发展需要政策支持和法规保障，但政策实施将受到各种利益性因素、方案合理性因素、行动可行性因素的挑战。同时，政策执行过程中还可能遇到各种预料之外的困难和阻力，影响政策效果。随着绿色低碳转型发展政策的深入推进，公共机构绿色行动需要相关法律法规的保障，需要解决不断出现的新问题。我国处于绿色低碳转型发展初期，面临政策法规制度不健全、法治化进程滞后等挑战，绿色低碳工作存在职责不清、权责不明、管理混乱、行政化色彩严重等问题[②]，公共机构绿色低碳转型发展必然遇到诸多困境与难题，需要我们制订科学的方案及开展合理的行动来应对。

三、绿色低碳技术应用

公共机构可通过利用一系列先进的节能环保技术手段，如建筑节能、新能源利用、绿色出行、绿色采购、垃圾分类和能源监测系统等，推进绿色低碳转型。由于绿色低碳服务市场发育不健全，公共机构面临以下几个技术层面的挑战。一是部分绿色低碳技术仍处于研发阶段，技术成熟度不高，且应用成本较高，这导致公共机构在绿色低碳转型过程中可能面临技术瓶颈。二是面临技术转化的挑战。技术成果的商业化应用、市场推广策略的制定以及消费者接受度的提升都是技术转化与推广过程中需要克服的难题。三是面临技术应用水平不高的挑战。近年来，虽然节能降碳技术在不断进步，但部分公共机构在技术应用方面仍存在不足。一方面，部分老旧设施设备的能效水平较低，难以实现节能减排目标；另一方面，新技术、新产品缺乏有效的推广机制和平台。

---

① 谭冰霖．行政主体低碳化的法律规制——一个组织法的视角［J］．东岳论丛，2016，37（2）：156-164.

② 杨健艳．公共机构低碳管理的制度安排［J］．公民与法（法学版），2014（12）：24-27.

四、资金投入与管理

绿色低碳转型需要大量的资金投入，包括技术研发、设备购置、基础设施建设等方面，资金成为制约公共机构绿色低碳转型的重要因素之一。一是公共机构自身经费有限，难以承担高昂的转型成本，很难满足全面推进绿色低碳转型的需求。二是政府和社会对公共机构绿色低碳转型的资金支持不足，缺乏稳定的资金来源。三是当前面临资金使用效率不高的挑战，部分公共机构在资金使用过程中可能存在浪费和滥用现象，影响资金使用的整体效果。在资金投入有限的情况下，如何确保资金使用的效率和效果成为一个重要问题。

五、低碳管理体系建构

公共机构在绿色低碳转型过程中面临着管理和执行方面的挑战，主要体现在以下几个方面。一是部门间的利益冲突与协作矛盾。绿色低碳转型涉及多个部门和领域，需要跨部门协作和信息共享，不同部门之间可能存在利益冲突和信息壁垒，导致部门协作关系难以建立。二是部分公共机构在绿色低碳转型过程中尚未建立完善的管理体系，导致转型工作缺乏系统性和科学性。管理体系的不完善可能导致转型过程中出现混乱和无效的情况。三是部分机构对节能降碳工作重视不够，缺乏有效的管理制度和监督机制，并且缺少完善的节能制度，造成公共机构人员消极的节能工作态度[①]。四是目前绿色低碳管理体系建设尚不完善，存在监测数据不准确、报告不透明等问题。

六、经济与社会平衡发展

绿色低碳转型面临社会经济发展与环境保护的矛盾。在推进绿色低碳转型的过程中，需要平衡好社会经济发展与环境保护的关系，部分公共机构在转型过程中可能过于注重经济发展而忽视环境保护，导致转型效果不佳。同

---

① 张伟. 新形势下公共机构节能工作的探讨［J］. 财经界，2022（26）：39-41.

时，公众对绿色低碳转型的认知度不高，缺乏对相关政策和技术的了解，这可能导致公众在绿色低碳转型过程中缺乏参与度和支持度，如何解决经济发展过程中的环境保护问题，以及激励公众广泛参与，是公共机构绿色低碳转型发展的公众难题。社会经济发展与环境保护的平衡关系把握，构成公共机构绿色低碳转型发展难以回避的挑战。

七、国际交流与合作

国际层面的挑战主要来自两大方面。一是国际绿色壁垒的挑战。在全球绿色低碳转型背景下，一些国家可能会通过设置绿色壁垒限制他国，这可能对我国公共机构绿色低碳文化输出以及节能改造产品出口造成一定影响。二是国际合作与交流的挑战。虽然国际合作对于推进全球绿色低碳转型至关重要，但不同国家之间的政策、技术和利益诉求存在差异，导致国际合作与交流面临诸多挑战。

为应对上述挑战，公共机构需要采取一系列措施，例如，加大政策制定与执行力度、增加技术创新与应用投入、拓宽资金来源渠道、完善管理体系建设、提高公众认知度和参与度、加强国际交流与合作、建立健全体制机制、提升技术应用水平、加强资金保障以及加大管理与执行力度等。只有这样，才能推动公共机构绿色低碳转型取得实质性进展，助力绿色低碳转型战略目标的有效实现。

第四节　公共机构绿色低碳转型的治理体系

政府及公共机构作为绿色低碳的领导者与示范引领者，有责任制定全社会绿色低碳发展战略、公共机构绿色政策体系，同时有责任确立公共机构绿色低碳治理内容框架，拟定绿色低碳政策与战略实施的监管评估指标体系，有效有序推动绿色低碳的转型与发展。

一、公共机构绿色低碳治理内容框架

公共机构绿色低碳治理维度涵盖了制度建设与管理能力、绿色化改造与技术创新、能源消费与资源利用、绿色行为与文化以及社会影响与示范引领等多个方面。这些维度相互关联、相互促进，共同构成了公共机构绿色低碳治理内容框架。

（一）制度建设与管理能力

在政策与制度制定方面，公共机构承担着制定绿色低碳发展政策、法规和标准体系的重要职责；在组织架构建设方面，设立专门的绿色低碳管理机构或部门，职责分工明确；在监督考核方面，建立健全绿色低碳发展监督考核机制，评估与跟踪考核结果的应用效果。

（二）绿色化改造与技术创新

在绿色建筑方面，强调公共机构中绿色建筑的比例，包括新建和既有建筑的绿色改造情况，构建绿色低碳运行的公共建筑；在可再生能源利用方面，突出太阳能、风能等可再生能源在公共机构的应用比例和效果，增强公共机构自身的“绿电”生产、利用与管理能力；在技术创新方面，重视公共机构在节能、减排、资源循环利用等方面的技术创新能力和应用成果。

（三）能源消费与资源利用

在能源消费方面，重视公共机构的能源消费总量、单位建筑面积能耗、人均综合能耗等指标，反映其能源消费水平；在资源利用方面，制定用水用电总量、人均用水用电量等指标测度计划，反映水电资源节约和利用效率；在碳排放方面，测量二氧化碳排放总量、单位建筑面积二氧化碳排放等，考察公共机构的碳排放水平。

（四）绿色行为与文化

在绿色办公方面，强调公共机构绿色办公的普及程度，如无纸化办公、电子文档管理等；在绿色出行方面，考察干部职工绿色出行（如骑行、步行、公共交通等低碳出行方式）的比例；在生活垃圾分类方面，评估公共机构生活垃圾分类的成效，包括分类设施的设置、分类参与率和准确率等；在绿色消费方面，倡导绿色消费理念，公共机构在采购、使用等方面形成绿色消费方案。

（五）社会影响与示范引领

在试点示范方面，公共机构在绿色低碳方面开展各类试点示范活动，如节约型机关创建、能效领跑者单位等；在公众认知与参与度方面，将公众纳入公共机构绿色低碳工作，引导公众形成绿色低碳发展的认知；在社会影响方面，评估公共机构绿色低碳工作对社会其他领域的示范引领作用和影响力。

二、公共机构绿色低碳转型的治理评估维度

绿色低碳治理内容评估体系与评估指标是衡量绿色低碳发展水平、监测治理效果、推动可持续发展的重要工具。绿色低碳治理内容评估体系是一个综合性的框架，旨在全面评估绿色低碳发展的各个方面。该体系通常包括经济、社会、环境、管理等多个维度，公共机构绿色低碳治理的评估维度是多元化且综合性的，旨在全面衡量公共机构在绿色低碳方面的表现。以下是根据多个权威来源归纳的评估维度。

（一）经济维度

经济维度主要包含如下要素：①绿色绩效生产水平，评估绿色低碳工作产生的经济效益，如绿色技术创新投入、绿色化改造投资、能源服务效益等；②资源利用效率，评估能源、水资源等自然资源的利用效率，如能源消耗强度、资源循环利用率等；③市场机制，评估市场机制在促进绿色低碳转型中的作用，如碳排放权交易等；④成本效益，评估实施绿色低碳措施的成本与其产生的环境和社会效益之间的关系。

（二）社会维度

社会维度主要包含如下要素：①公众参与与意识，即评估公众对绿色低碳发展的认知程度、参与度以及行为改变情况；②社会福利与公平，即关注

绿色低碳发展对就业、居民生活质量和健康等方面的影响，确保发展成果惠及全体人民。

（三）环境维度

环境维度主要包含如下要素：①环境质量，主要涉及监测空气、水、土壤等环境质量指标，评估绿色低碳治理对环境污染的改善效果；②生态系统保护，主要关注生物多样性保护、生态修复等工作进展，评估绿色低碳发展对公共机构生态系统的积极影响。

（四）管理维度

管理维度主要包含如下要素：①服务质量，评估绿色低碳转型对公共服务质量的影响，确保转型过程中服务不降低标准；②运营效率，评估绿色低碳转型措施对提升公共机构运营效率的作用；③财务可持续性，评估长期内公共机构绿色低碳转型的财务可行性和成本情况；④风险管理水平，评估绿色低碳转型过程中对财政风险、市场风险、技术风险等的识别与控制情况；⑤透明度与问责，评估公共机构在绿色低碳转型过程中的透明度和问责机制建设成效；⑥政策一致性，评估不同政策之间在推动绿色低碳转型方面的一致性和协同效应。

三、公共机构绿色低碳转型的治理评估指标

评估指标是绿色低碳治理内容评估体系构成的具体要件，功能在于量化绿色低碳发展的具体内容，综合评价绿色低碳政策、项目、措施的实施效果。以下为公共机构绿色低碳转型的一些常见评估指标。

（一）环境友好性指标

常见的环境友好性指标有 3 个。①碳排放量：衡量公共机构各项活动全生命周期中的二氧化碳排放量。②碳汇量：反映自然生态系统吸收二氧化碳的能力，如森林碳汇、土壤碳汇等。③温室气体减排量：包括二氧化碳、甲烷、氮氧化物等多种温室气体的减排量。

（二）经济可持续性指标

常见的经济可持续性指标有 2 个。①能源服务效益：体现绿色化改造工作及对经济发展的贡献。②绿色技术投入比例：衡量公共机构在绿色低碳技术引进与应用方面的投入比例。

（三）社会责任指标

常见的社会责任指标有 2 个。①福利与安全：评估公共机构绿色低碳转型为干部职工、社会公众创造的绿色福利以及安全保障情况。②社会责任项目：考查公共机构参与社会公益、环境保护等社会责任项目的数量和效果。

（四）政策合规性指标

常见的政策合规性指标有 2 个。①环保法律遵守：评估公共机构在绿色低碳转型过程中是否遵守环保相关法律法规。②环保政策响应：考查公共机构节能降碳工作对国家和地方政府环保政策的响应情况。

第五节　公共机构绿色低碳转型的推进路径

公共机构推进绿色低碳转型并不是只靠传统的党政机构行政行为，随着现代经济、技术的发展，其推进路径呈现多样化的趋势。公共机构可以通过政策路径、行政路径、技术路径、市场路径、治理路径等，推进绿色低碳转型发展，实现“双碳”目标。

一、政策路径

政策路径通常是指制定与实施能促进公共机构绿色低碳转型的一系列政策举措。公共机构实施绿色低碳政策内容丰富，主要包括：①实施绿色采购政策，要求优先购买环保材料、节能产品和提供可持续性服务；②实施能效提升政策，制定和执行能效标准，提高建筑物、交通工具和设备的能源使用效率；③实施可再生能源推广政策，鼓励和支持太阳能、风能、生物质能等可再生能源的使用和开发；④实施能源审计与能效标识政策，推行能源审计，建立能效标识制度，提高能源使用效率；⑤实施新技术推广与创新支持政策，支持节能降碳技术的创新研发和推广应用；⑥实施绿色低碳教育培训与宣传政策，加强节能降碳知识和技能的教育培训，提高公共机构干部职工的节能意识；⑦推行信息公开政策，增强节能降碳工作的透明度，公开能源消耗和碳排放信息；⑧实施循环经济与资源回收政策，推动循环经济模式，加强资源回收和再利用；⑨推行风险管理与应急响应政策，识别和评估节能降碳过程中可能遇到的风险，制定应急响应措施；⑩实施创建示范工程，政策遴选试点开展绿色低碳治理活动，积累实践经验，打造“样本”“典型”。目前，我国公共机构的绿色低碳政策体系正处于不断完善发展阶段。

二、行政路径

公共机构绿色低碳转型的行政路径涉及一系列内部管理策略和实践，旨在实现日常运营和长期战略的绿色化、低碳化，主要包括：①行政推进与监督，制定与监督绿色低碳转型的策略和实施；②实施能源管理，提高能源使用效率、降低能源消耗，制定和执行绿色采购政策，优先选择环保材料和产品，减少供应链中的环境影响；③碳排放管理，从能耗“双控”逐步转向碳排放“双控”，开展公共机构能耗定额预算制度设计研究，探索推进节约能源资源管理情况纳入相关审计工作，并且定期监测和报告碳足迹；④加强能效管理，对能源使用进行监控和管理，采取能效提升措施降低能源消耗和成本；⑤注重绿色文化建设，弘扬勤俭节约文化，组织开展全国生态日、全国节能宣传周等节能主题宣传活动，引导干部职工养成绿色低碳、简约适度、文明健康的生活方式，营造绿色生活、绿色办公、绿色出行的文化氛围；⑥强化培训与教育，对干部职工进行绿色低碳知识和技能的培训，提高环保意识和参与度；⑦推动绿色信息披露，通过报告方式，向公众披露公共机构的绿色低碳实践和成果；⑧重视绩效评估与激励机制，建立绿色绩效评估体系，将绿色低碳目标纳入部门绩效考核；等等。通过以上举措系统地推进公共机构绿色低碳转型，实现环境效益和经济效益的双重提升。

三、技术路径

技术路径是指通过开发和利用技术，推进公共机构节能降碳，实现绿色低碳转型。当前的技术路径主要体现在节能降碳技术应用、数字技术发展与应用以及新产品与新能源推广应用三大方面。

（一）节能降碳技术应用

公共机构大力推广新能源和可再生能源技术，提高能源资源利用效率、降低能耗。比如，在政府集中办公区使用分布式能源系统、LED 节能照明灯等，鼓励新技术和新产品的使用，推动公共机构低能耗建筑的示范推广工作，实施公共建筑绿色化改造以及高耗能设备节能改造，提升能源循环利用效能。在更新设备时，严格按照政府采购要求，优先选择节能产品和技术。做好公共建筑绿色建设，学校、医院、博物馆等公共建筑应该严格遵循绿色建筑标准，充分利用屋顶采光、雨水收集利用等技术；公共机构节能降碳工作，应特别重视对重点用能设备进行改造，优化用能效率。同时，实施可再生能源替代行动，推广太阳能、地热能等可再生能源，减少间接的碳排放[①]。在公务用车方面，倡导和鼓励公共机构带头推广使用新能源汽车，加大全国新能源汽车推广应用的工作力度。

（二）数字技术发展与应用

数字技术发展与应用对公共机构实现节能降碳具有显著作用，相关节能部门以数字化变革为重点，建立数字平台、实施赋能行动，促进公共机构能源资源消费向绿色低碳、运行安全、用能保障转型。随着云计算、大数据和人工智能等数字技术的广泛应用，“数字技术 + 公共机构节能”模式成为公共机构绿色低碳转型发展的工作模式。公共机构的内部功能分区复杂，能源资源消耗情况的统计工作难度大，依托数字技术建立的公共机构能源资源统计监测平台，实现实时监测与调控，提升能源资源利用率和节能工作效率。

---

① 邢丽峰. 公共机构“碳达峰”“碳中和”路径探析［J］. 中国机关后勤，2021（4）：29–31.

（三）新产品与新能源推广应用

公共机构采用先进的节能产品及新能源，如暖通空调群控系统、太阳能、地热能、生物质能等，加大新能源汽车推广应用力度，加快充电基础设施建设，推动终端用能电气化，以及积极应用光伏发电，建设储能设施。

四、市场路径

市场路径，是指借助市场化机制，积极探索新路径、新方式以推动公共机构绿色低碳转型。常见的方式有两种。一种是合同能源管理。采用费用托管型、节能保证型、效益分享型等合同能源管理方式，引导社会资本参与用能系统节能改造和运行维护。合同能源管理是一种新型的市场化节能机制，起源于20世纪70年代，20世纪90年代末被引入中国[①]。公共机构合同能源管理，是指节能服务公司与公共机构签订节能服务合同，为公共机构提供项目节能诊断、能源审计、方案设计、项目融资、设备采购、安装调试、工程施工、人员培训等一系列节能服务，保证节能量或节能率，并从节能效益中回收项目投资和取得合理利润的市场运作模式[②]。另一种是公共机构参与碳排放权交易市场。碳排放权交易的基础是科斯理论，强调在权利界定清晰与交易成本为零的条件下，通过交易机制或价格机制实现个体最优与社会最优[③]。碳排放权交易的核心原理在于，将二氧化碳排放权视为一种商品，买方通过向卖方支付一定金额，获得一定数量的二氧化碳排放权，进而形成二氧化碳排放权交易。公共机构参与碳排放权交易市场建设，能充分发挥市场机制作用，推动碳资源优化配置，实现低成本减排，推进节约型绿色公共机构建设，高质量实现“双碳”目标。

---

① 贺行洋，叶青，李颜娟.合同能源管理在公共建筑节能领域的应用［J］.湖北工业大学学报，2018（30）：61-63.

② 高小钧，杨春权，张兴平.我国合同能源管理的现状、存在问题及对策［J］.能源技术经济，2011（1）：63-66.

③ 倪娟.碳税与碳排放权交易机制研析［J］.税务研究，2016（4）：46-50.

五、治理路径

公共机构节能降碳目标实现以及绿色低碳转型发展，不是内部机构的封闭管理过程，而是公共机构与社会机构共同参与的协作实践，是一个多种工具复合应用的联动工程，也是“政府推动、市场支撑、机构履责、职工参与”的共治工程，是“政策 + 制度 + 技术 + 市场 + 管理 + 文化”综合施策的协同模式，因此，公共机构绿色低碳发展是一个多元主体参与，通过多元路径实现“双碳”目标的治理过程。

我国各级各类公共机构均不同程度地实施或践行以上绿色低碳转型的 5 种路径，因此，本书将这 5 种推进路径作为观察视角，对我国公共机构的绿色低碳实践活动进行分析、阐释与探讨。

第二章

政策视阈下的公共机构绿色低碳转型

第一节　公共机构绿色低碳转型政策概述

长期以来，我国重视推进公共机构绿色低碳转型政策工作，政府出台诸多文件推动公共机构绿色低碳发展（如表 2-1 所示）。20 世纪 80 年代，我国开始出台政策逐步推进公共机构节能工作，至今已初步建立起公共机构节能降碳政策框架。总体来看，公共机构绿色低碳转型政策涵盖了设施设备、用水用电、能源、建筑、汽车、消费、环境保护等领域，构成我国节能降碳事业的重要内容。主要的政策制定机构有国管局、国家发展改革委、国务院办公厅、国家能源局、生态环境部、财政部等。2008 年，《公共机构节能条例》规定国务院管理机关事务工作的机构在国务院管理节能工作的部门指导下，负责推进、指导、协调、监督全国的公共机构节能工作。各级公共机构节能事务大量归口至机关事务管理部门管理。近年来，国管局大力建立健全公共机构节能降碳政策体系。

表 2-1　公共机构绿色低碳转型政策文件

文件名称	发布时间	发文机构	相关内容
《国务院关于压缩各种锅炉和工业窑炉烧油的指令》	1980 年	国务院	油田和炼油厂及其附属企、事业单位烧油，应同其他单位烧油一样，分户、分项列入国家计划
《国务院关于节约成品油的指令》	1981 年	国务院	各地检察院、法院、银行业务用车，由各省、自治区、直辖市人民政府审定，报国务院备案。公安系统的业务用车，由公安部本着节约用油的精神，制定公安业务用车编制，报国务院批准后实行
《中华人民共和国节约能源法》（中华人民共和国主席令第 90 号）	1998 年	全国人大常委会	● 履行节能义务 ● 加强节能管理，制定并组织实施本单位的节能技术措施 ● 加强能源计量管理 ● 建立节能工作责任制

续表

文件名称	发布时间	发文机构	相关内容
《节能中长期专项规划》(发改环资〔2004〕2505号)	2004年	国家发展改革委	● "十一五"期间住宅建筑和公共建筑严格执行节能50%的标准，加快供热体制改革，加大建筑节能技术和产品的推广力度等，可分别节能5000万吨标准煤 ● 政府机构建筑物及采暖、空调、照明系统节能改造，按照建筑节能标准改造的政府机构建筑面积达到政府机构建筑总面积的20% ● 推广使用高效节能产品，将节能产品纳入政府采购目录 ● 实施公务车改革，带头采购低油耗汽车 ● 中央国家机关率先试点，2010年中央国家机关单位建筑面积能耗和人均能耗在2002年基础上降低10%
《国务院办公厅关于开展资源节约活动的通知》(国办发〔2004〕30号)	2004年	国务院办公厅	政府机构要在资源节约活动中发挥表率作用，制定节能实施方案和能耗水耗定额、支出标准，深化政府采购制度改革，降低费用支出，带头节约资源
《公共机构节能条例》(中华人民共和国国务院令第531号)	2008年	国务院	● 规范公共机构节能监督管理工作 ● 开展公共机构节能宣传、教育和培训，普及节能科学知识 ● 实行目标责任制和考核评价制度
《国务院关于进一步加大工作力度确保实现"十一五"节能减排目标的通知》(国发〔2010〕12号)	2010年	国务院	开展节约型公共机构示范单位建设活动，2010年公共机构能源消耗指标要在上年基础上降低5%
《关于印发〈中央和国家机关及所属公共机构节约能源资源考核办法〉的通知》(国管节能〔2012〕365号)	2012年	国管局、中共中央直属机关事务管理局(以下简称中直管理局)	推进中央和国家机关及所属公共机构节约能源资源工作，落实目标责任制，建立健全考核制度
《关于厉行节约反对食品浪费的意见》(国务院公报2014年第9号)	2014年	中共中央办公厅、国务院办公厅	餐饮企业和党政机关、企事业单位食堂不得随意处置餐厨废弃物，要按规定交由具备条件的餐厨废弃物资源化利用企业处置或进行就地资源化处理，鼓励有条件的家庭对厨余废弃物进行堆肥等资源化利用

续表

文件名称	发布时间	发文机构	相关内容
《国务院办公厅关于加快新能源汽车推广应用的指导意见》(国办发〔2014〕35号)	2014年	国务院办公厅	推进党政机关和公共机构、企事业单位使用新能源汽车
《中央国家机关及所属在京单位节约用水管理办法》	2014年	国管局办公室、北京市水务局	加强中央国家机关及所属在京单位节约用水管理，高效利用水资源
《国家能源局关于进一步落实分布式光伏发电有关政策的通知》(国能新能〔2014〕406号)	2014年	国家能源局	● 鼓励各级地方政府在国家补贴基础上制定配套财政补贴政策，并且对公共机构适当加大支持力度 ● 鼓励在大型体育场馆等公共设施系统推广光伏发电 ● 政府投资或财政补助的公共建筑、保障性住房、新城镇和新农村建设，应优先考虑光伏发电应用
《公共机构能源审计管理暂行办法》(中华人民共和国国家发展和改革委员会、中华人民共和国国家机关事务管理局令第32号)	2015年	国家发展改革委、国管局	加强公共机构节能管理，规范公共机构能源审计工作，提高公共机构能源利用效率，节约财政支出
《关于印发〈全民节水行动计划〉的通知》(发改环资〔2016〕2259号)	2016年	国家发展改革委、水利部、住房城乡建设部、农业部、工业和信息化部、科技部、教育部、国家质检总局、国管局	● 2018年起大型新建公共建筑和政府投资的住宅建筑应安装建筑中水设施 ● 新建公共建筑必须采用节水器具，在新建小区中鼓励居民优先选用节水器具 ● 率先推行合同节水管理 ● 完善用水计量器具配备 ● 推进用水分户分项计量，在高等院校、公立医院推广用水计量收费 ● 推广应用节水新技术、新工艺和新产品，鼓励采用合同节水管理模式实施节水改造，提高节水器具使用率，强制或优先采购列入政府采购清单的节水产品 ● 完善公共机构节水管理规章制度，严格用水设施设备日常管理，杜绝“跑冒滴漏” ● 开展节水培训，提高公共机构干部职工及用水管理人员的节水意识和能力 ● 建立完善考核奖励体系 ● 加强示范引领作用，组织开展节水型单位和节水标杆单位建设

续表

文件名称	发布时间	发文机构	相关内容
《公共机构节约能源资源“十三五”规划》	2016 年	国管局、国家发展改革委	● 健全节能组织管理 ● 规范能源资源消费统计工作 ● 加强监督考核 ● 开展试点示范
《中华人民共和国节约能源法》(中华人民共和国主席令第 16 号)	2018 年	全国人大常委会	● 公共机构应当厉行节约，杜绝浪费，带头使用节能产品、设备，提高能源利用效率 ● 国务院和县级以上地方各级人民政府管理机关事务工作的机构会同同级有关部门制定和组织实施本级公共机构节能规划。公共机构节能规划应当包括公共机构既有建筑节能改造计划 ● 公共机构应当制定年度节能目标和实施方案，加强能源消费计量和监测管理，向本级人民政府管理机关事务工作的机构报送上年度的能源消费状况报告 ● 公共机构应当加强本单位用能系统管理，保证用能系统的运行符合国家相关标准 ● 公共机构采购用能产品、设备，应当优先采购列入节能产品、设备政府采购名录中的产品、设备。禁止采购国家明令淘汰的用能产品、设备
《关于进一步推动公共机构生活垃圾分类工作的通知》(国管办发〔2019〕31 号)	2019 年	国管局办公室	把垃圾分类工作作为建设生态文明的重要举措，作为建设节约型公共机构的重要内容
《关于印发绿色建筑创建行动方案的通知》(建标〔2020〕65 号)	2020 年	住房和城乡建设部、国家发展改革委、教育部、工业和信息化部、人民银行、国管局、银保监会	在公共机构领域推广合同能源管理、应用绿色建材、研究绿色建筑科技等
《关于印发〈节约型机关创建行动方案〉的通知》(国管节能〔2020〕39 号)	2020 年	国管局、中直管理局、国家发展改革委、财政部	● 健全节约能源资源管理制度 ● 绿色办公 ● 生活垃圾分类 ● 开展节约能源资源宣传实践与教育培训活动

续表

文件名称	发布时间	发文机构	相关内容
《关于深入推进公共机构节约用水工作的通知》（国管办发〔2021〕33 号）	2021 年	国管局办公室、水利部办公厅	● 提高非常规水源利用率 ● 建设再生水利用系统和灰水处理装置 ● 推广成熟适用节水技术 ● 加大节水技术应用和节水产品采购力度
《“十四五”公共机构节约能源资源工作规划》（国管节能〔2021〕195 号）	2021 年	国管局、国家发展改革委	实施绿色低碳转型行动，包括绿化改造、可再生能源替代、节水护水、生活垃圾分类、反食品浪费、绿色办公等
《深入开展公共机构绿色低碳引领行动促进碳达峰实施方案》	2021 年	国管局、国家发展改革委、财政部、生态环境部	● 加快能源利用绿色低碳转型 ● 提升建筑绿色低碳运行水平 ● 推广应用绿色低碳技术产品 ● 开展绿色低碳示范宣传
《机关事务标准化工作“十四五”规划》（国管办发〔2021〕36 号）	2021 年	国管局办公室、市场监管总局办公厅	● 制定公共机构碳排放核算标准 ● 制定节能节水、垃圾分类、制止餐饮浪费等标准 ● 制定绿色公共机构评价标准
《关于印发〈机关事务工作“十四五”规划〉的通知》（国管办〔2021〕259 号）	2021 年	国管局	● 实施公共机构能源和水资源消费总量与强度“双控” ● 建立健全碳排放管理、反食品浪费、重点用能单位管理等制度体系，推进公共机构节约能源资源标准体系建设 ● 持续加大公共机构节约能源资源宣传教育培训力度 ● 强化监督考核，建立激励约束机制，落实奖惩措施 ● 持续开展绿色建筑创建行动，逐步推广超低能耗和近零能耗建筑 ● 推行合同能源管理、合同节水管理等市场化模式 ● 提高太阳能、风能、地热能等可再生能源利用比例 ● 推动形成简约适度、绿色低碳的工作和生活方式 ● 推动公共机构持续开展生活垃圾分类、塑料污染治理工作 ● 全面推进节约型机关创建行动

续表

文件名称	发布时间	发文机构	相关内容
《关于促进新时代新能源高质量发展的实施方案》（国办函〔2022〕39 号）	2022 年	国务院办公厅	● 到 2025 年，公共机构新建建筑屋顶光伏覆盖率力争达到 50% ● 鼓励公共机构既有建筑等安装光伏或太阳能热利用设施
《关于 2022 年公共机构能源资源节约和生态环境保护工作安排的通知》（国管节能〔2022〕16 号）	2022 年	国管局	● 构建公共机构绿色低碳管理制度标准体系 ● 可再生能源替代 ● 绿色化改造 ● 生活垃圾分类 ● 节约用水
《关于印发〈关于提高中央行政事业单位国有资产管理效能　坚持勤俭办一切事业的实施意见〉的通知》（国管资〔2022〕438 号）	2022 年	国管局	● 各部门及其所属单位要进一步强化“以俭修身、以俭兴业”的意识，提升勤俭节约的责任感和自觉性 ● 引导干部职工增强节约意识、珍惜物力财力，从节约每一度电、每一张纸、每一滴水做起，使勤俭节约的优良传统融入日常、养成习惯、蔚然成风
《关于进一步加强节能标准更新升级和应用实施的通知》（发改环资规〔2023〕269 号）	2023 年	国家发展改革委、市场监管总局	在公共机构领域，加快制定修订节约型机关、绿色学校、绿色医院、绿色场馆等评价标准
《关于进一步加强水资源节约集约利用的意见》（发改环资〔2023〕1193 号）	2023 年	国家发展改革委、水利部、住房城乡建设部、工业和信息化部、农业农村部、自然资源部、生态环境部	● 制定《公共机构节约用水管理办法》，强化用水计划和定额管理。具备条件的公共机构定期开展水平衡测试，实施节水技术改造，新建、改建、扩建公共机构建筑全面推行使用节水器具 ● 提高公共机构用水计量信息化水平，推广智能水表，逐步实现数据自动采集、统计信息直报、管网检漏智能化 ● 在机关、学校、医院等重点领域实施水效领跑者引领行动，深入推进节水型高校建设。倡导减少瓶装饮用水浪费
《关于推广合同节水管理的若干措施》（水节约〔2023〕242 号）	2023 年	水利部、国家发展改革委、财政部、科技部、工业和信息化部、住房城乡建设部、中国人民银行、市场监管总局、国管局	● 在公共机构、公共建筑、农业、工业、服务业、园林绿化等领域，结合县域节水型社会达标建设、节约型公共机构示范创建、节水型单位（灌区、企业、园区）创建、绿色建筑创建、农业节水灌溉、工业水效提升行动等工作。 ● 大力推广合同节水管理，遴选发布合同节水管理典型案例，发挥示范引领作用

续表

文件名称	发布时间	发文机构	相关内容
《关于促进汽车消费的若干措施》(发改就业〔2023〕1017号)	2023年	国家发展改革委、工业和信息化部、公安部、财政部、住房城乡建设部、交通运输部、商务部、中国人民银行、海关总署、税务总局、市场监管总局、国管局、国家能源局	推动公共领域增加新能源汽车采购数量。支持适宜地区的机关公务、公交、出租、邮政、环卫、园林等公共领域新增或更新车辆原则上采购新能源汽车
《关于2024年公共机构能源资源节约和生态环境保护工作安排的通知》(国管节能〔2024〕12号)	2024年	国管局	● 实施全面节约战略，推进资源节约集约循环高效利用 ● 开展节能减碳改造，严格规范项目监管 ● 强化能源资源消费统计，提升数据治理水平
《关于印发〈2024—2025年节能降碳行动方案〉的通知》(国发〔2024〕12号)	2024年	国务院	加强公共机构节能降碳管理
《加快推动建筑领域节能降碳工作方案》(国办函〔2024〕20号)	2024年	国家发展改革委、住房城乡建设部	● 制定完善建筑光伏一体化建设相关标准和图集，试点推动工业厂房、公共建筑、居住建筑等新建建筑光伏一体化建设 ● 未采取节能措施的公共建筑改造后实现整体能效提升20%以上 ● 加快建立并严格执行公共建筑室内温度控制机制，聚焦公共机构办公和技术业务用房、国有企业办公用房、交通场站等公共建筑，依法开展建筑冬夏室内温度控制、用能设备和系统运行等情况检查，严肃查处违法用能行为 ● 定期开展公共建筑空调、照明、电梯等重点用能设备调试保养，确保用能系统全工况低能耗、高能效运行 ● 选取一批节能潜力大的公共机构开展能源费用托管服务试点 ● 提高建筑电气化水平，推动新建公共建筑全面电气化，提高住宅采暖、生活热水、炊事等电气化普及率

续表

文件名称	发布时间	发文机构	相关内容
《节约用水条例》(中华人民共和国国务院令第776号)	2024年	国务院	• 新建、改建、扩建公共建筑应当使用节水器具 • 公共机构应当发挥节水表率作用，建立健全节水管理制度，率先采用先进的节水技术、工艺、设备和产品，开展节水改造，积极建设节水型单位

解读上述政策文本，我国公共机构节能降碳政策的内容框架大致归纳为如下11个方面。①节约能源资源。大量政策聚焦能源资源节约工作，包括油、水、电、气、办公设施设备、食物等，构成贯穿整个公共机构绿色低碳转型政策发展周期的主脉络。这与党和国家长期以来奉行的“勤俭节约”“反对浪费”等工作理念高度契合。对于机关事务行业而言，培育以节俭效能为核心的运行保障文化，有利于维护党和政府形象，引领社会风气[①]。因此，国家政策要求公共机构严控各类能源资源消耗水平，提升能源利用效能，减少资源浪费，促进循环利用，打造节约型、节能型、节水型单位。②能耗定额与能源计量管理。在党政机关、事业单位、高校、医院、大型场馆等公共机构场所，实施能耗定额管理，合理控制公共机构的能源消耗。同时，配套实施能源计量工作，采取多种方式，有效精准地统计水、电、油等能源资源消费量。③节能降碳改造与设备运维更新。政策强调在公共机构场所实施节能降碳改造项目，包括照明系统、空调系统、供暖系统等关键用能系统的节能改造。推广使用高效节能设备，如LED灯具、节能空调、节能锅炉等，替换老旧低效设备，同时，对重点用能设备进行调试保养，提升用能设备运行效能，降低能源损耗。④传统燃料消费减量替代。推进公共机构传统能源、燃料消费减量替代工作，鼓励使用太阳能等清洁能源替代石油、煤炭等，包括车辆用能、照明能源供应等领域，减少石油、煤炭等燃料在公共机构能源消耗中的占比，提高公共机构绿色化水平。⑤绿色出行、办公理念。在公共机构场所推广绿色出行、绿色消费方式，包括配备新能源汽车，鼓励搭乘公共交通工具、骑行或步行上下班，办公用品实施绿色采购，等等。倡导低碳办公理念，推广电子化办公、无纸化办公等低碳办公方式。⑥市场化机制建

① 焦焕成.以节俭效能的机关事务文化引领节约型机关建设［J］.求是，2012（6）：19–21.

设。鼓励采取合同能源管理等市场化模式，开展公共机构绿色化、低碳化改造项目。⑦技术引进与应用。引入节能降碳领域的新技术、新工艺、新产品，并开拓各类应用场景，提升公共机构节约、节能、减碳等领域工作成效。⑧能源管理与监测。建立能源管理体系，对能源消费进行全过程管理，包括能源采购、储存、使用、监测和评估等环节，确保能源利用的高效性和合理性。重点监测能源消耗和二氧化碳排放，实现数据动态管理与分析，为节能降碳工作提供科学依据和决策支持。⑨标准化建设。完善公共机构节能、碳排放等管理标准，提高规范化水平。⑩监督检查与绩效考核。实施能源审计，这一政策审计工作有效提升了公共机构现代化治理能力[①]。此外，构建能源工作的专业化监督机制，对节能降碳工作实施检查，并建立绩效考核制度，通过奖惩机制激励公共机构积极参与节能降碳工作。⑪节能宣传与教育。加大节能降碳以及垃圾分类工作宣传力度、提升公共机构工作人员和公众的节能降碳意识、营造绿色低碳文化氛围等。

第二节　公共机构绿色低碳转型政策发展

一、公共机构绿色低碳转型政策发展阶段

我国公共机构绿色低碳转型发展，可以理解为政策推动的结果。公共机构绿色低碳转型政策发展过程可以划分为三个阶段。

（一）起步阶段：1980—1999 年

20 世纪 80—90 年代，我国处于改革开放的重要阶段。由于受能源资源短缺等问题困扰，“节约”成为我国经济社会发展主线之一，如国家“六五”计划提出大力降低能源消耗、加强能源节约[②]；国家“八五”计划强调“坚持

① 黄卓，江莹.公共政策审计：新时代审计工作的重中之重［J］. 审计与理财，2019（10）：13–14.

② 关于第六个五年计划的报告［EB/OL］.［2023–11–20］. https://www.gov.cn/test/2008-03/11/content_916744.htm.

开发与节约并重的方针，把节约放在突出位置”[①]。政府部门开始倡导开展节能节约工作，制定节能政策和工作措施，政策注意力聚焦于节油、节电等方面。这一阶段公共机构节能政策数量很少，针对公共机构的节能政策尚未出台，绝大多数政策将公共机构、企业等统称为“用能单位”。与公共机构有关的政策措施具有明显的行政叙事倾向，如“列入国家计划”“备案”“统一规划”“全面考核”“工作责任制”等政策表述。此外，“节约”是这一阶段的政策导向，我国尚未建立起以“绿色低碳”为核心的政策框架。

起步阶段，国家节能政策建设主要为经济建设与发展服务，公共机构节能工作未受到足够重视。组织、管理、制度等建设行动处于初步探索时期，导致出现如下问题，即公共机构节能政策目标不清晰、政策主体间的职责关系不明确、政策措施单一且泛化等。因此，这一时期公共机构节能政策呈现粗放化特征。在国家政策重视不足与政策模糊的背景下，20 世纪 80—90 年代，地方公共机构节能工作进展滞缓，政策注意力与政策资源投入十分欠缺。

（二）发展阶段：2000—2017 年

进入发展阶段，国家逐渐重视环境污染治理与能源利用等工作。各届党代会报告凸显了这一趋势，党的十六大报告强调“改善生态环境”“提高资源利用效率”；党的十七大报告提出发展清洁能源，增强可持续发展能力；党的十八大报告指出要“大幅降低能源消耗强度”“推动能源生产和消费变革”；党的十九大报告要求“构建清洁低碳、安全高效的能源体系”“倡导简约适度、绿色低碳的生活方式”。因此，国家层面出台一系列环境保护、污染防治以及绿色发展政策文件。与此同时，我国公共机构数量规模日益庞大，能源资源消费持续增长，公共建筑老化与大量新建带来的能耗问题越发严重。公共机构节能政策工作进一步受到重视。这一阶段出台的政策数量增多，国家将公共机构纳入节能减排、资源节约、节水、食品浪费、光伏发电、新能源等政策领域，提出相关政策要求、目标及举措。在专项性政策出台方面，公共机构绿色低碳转型政策数量较少但重要性很高。比如，《公共机构节能条例》的出台，奠定

---

① 中华人民共和国国民经济和社会发展十年规划和第八个五年计划纲要［EB/OL］.（1983-06-10）［2023-11-20］. https://www.gov.cn/gongbao/shuju/1991/gwyb199112.pdf.

了公共机构节能管理的法律基础与工作原则；《公共机构能源审计管理暂行办法》的制定和实施，极大地提升了公共机构节能工作的监管强度；《公共机构节约能源资源“十三五”规划》则提出了具体的政策目标以及政策任务。初步发展时期，相关政策以节能管理、能源利用、能耗控制为导向，鼓励应用新技术、新能源、新产品、新管理方法等，旨在完成能源绿色消费、能耗总量降低等目标，政策取向与绿色低碳发展趋势相一致。在国家政策的大力推动下，诸多省份出台了公共机构绿色低碳转型政策，极大地推动了节能减排工作。

（三）优化阶段：2018 年至今

进入优化阶段，公共机构正式开启绿色低碳转型进程，这与碳达峰碳中和战略实施背景联系紧密。随着节约、节能、建筑、能源、碳排放等系列政策出台，公共机构绿色低碳转型获得高水平、全方位支持。“绿色低碳”构成这一阶段政策体系建设的主线，与国家“双碳”目标相衔接。“双碳”目标对国家治理目标、治理体系以及治理方式提出更高要求[①]。在公共机构绿色低碳治理领域，有关政策数量大幅增加，与此同时，公共机构生活垃圾分类、绿色建筑创建、节约型机关建设、节约用水工作、绿色低碳引领行动等政策专项的制定和实施，积极回应了国家治理体系与治理能力现代化的发展需求。政策主体不断多元化，国家机关事务管理局、国家发展和改革委员会、住房城乡建设部、交通运输部、水利部、工业和信息化部、市场监督管理总局、财政部、生态环境部等部门共同参与政策制定与执行过程。此外，政策还支持将社会公众、企业、高校等主体吸纳到节能降碳事业中。以“多元共治”为特征的新型治理模式，为复杂化、动态化的生态环境治理问题提供了重要解决路径[②]。政策措施全面细化，涉及绿色建筑、节约节俭、能源替代、能源审计、技术应用、低碳宣传等方面。政策措施组合应用，更容易形成政策干预合力，为公共机构节能降碳工作提供更有力支持。在政策推动下，公共机构开始采用更先进、更节能的技术手段，重视结合“双碳”目标制定具体行动方案，同时，强化绿地低碳管理的综合性，体现在目标多领域、工具多样

① 胡志康．“双碳”目标与国家治理现代化［J］．华中科技大学学报（社会科学版），2022，36（5）：136-140.

② 詹国彬，陈健鹏．走向环境治理的多元共治模式：现实挑战与路径选择［J］．政治学研究，2020（2）：65-75，127.

化、主体多元化等方面。

总体而言，我国公共机构绿色低碳转型政策发展逐步完善，说明国家越来越重视公共机构节能降碳工作，要求公共机构在碳达峰碳中和事业中发挥更加积极的作用，在全社会范围内树立示范引领的绿色低碳形象。

二、公共机构绿色低碳转型政策发展特征

我国公共机构绿色低碳转型政策发展具有如下特征。

（一）政府主导落实

政府机关作为政策的制定者和发布者，通过出台一系列节能降碳政策文件，为公共机构节能降碳工作提供指导和支持。政府通过设立专门的节能管理部门，如机关事务管理机构的公共机构节能管理部门，负责监督政策的落实和执行，某种程度上确保了节能降碳目标得以实现。以政府主导为特征的政策发展模式，有利于凝聚各方工作共识，提升资源汲取与治理能力，形成高水平的政策注意力管理与配置机制，保障公共机构节能降碳工作体系有效运行。

（二）战略规划推动

“规划治理”是一项具有中国特色的有效治理工具[①]。在公共机构绿色低碳领域，从“十二五”到“十四五”的国民经济与社会发展时期，公共机构节约能源资源工作规划的制定与实施，明确了公共机构节能降碳的原则、理念、目标以及路线。五年发展规划的工作推进机制，为公共机构绿色低碳治理注入了持续发展动力。

（三）多领域协同推进

公共机构绿色低碳转型是一项系统性工程，相关政策牵涉建筑、设备、能源、资源、办公、交通、市场、垃圾分类等多个领域，形成全方位、多层次的节能降碳体系。同时，注重跨部门合作，政府机关与相关部门不断强化

---

① 黄新华，黄英.推进中国式现代化的规划治理：过程、特征与机理［J］. 厦门大学学报（哲学社会科学版），2022，72（5）：30–43.

政策协作，联合发文与协同执行，共同推进公共机构节能降碳工作。

（四）技术与制度互构

技术与制度互构更有助于激发政策效能。我国公共机构绿色低碳转型政策明确支持节能降碳技术推广应用工作，鼓励公共机构采用新技术、新产品和新模式降低能源消耗与碳排放。重视发挥公共机构的示范引领作用，通过绿色化改造项目，展示先进技术。与此同时，政策强调完善能源预算、能源审计、监督考核、节能管理等制度标准，并推动公共机构节能工作法治化建设，为绿色低碳技术发展提供制度保障。

（五）市场与政策并重

公共机构绿色低碳转型政策强调运用市场化手段推动节能降碳工作，如通过合同能源管理等方式，激励公共机构采取节能降碳措施。同时，政策积极鼓励扶持绿色低碳活动，通过财政补贴、税收优惠等政策扶持手段，降低节能降碳的成本和风险，提高其积极性。发挥了我国“有为政府与有效市场结合”的制度优势[①]。

（六）监督与激励结合

公共机构的行为受到法律法规的约束和公众的监督。公共机构绿色低碳转型政策明确提出开展监督、检查、监测等工作，追踪节能降碳工作成效，并压实各级部门责任。监督工作与绩效考核工作紧密结合与衔接，积极采用多种激励手段，较好提升了公共机构及其职工节能降碳的积极性与主动性。

第三节　公共机构绿色低碳转型政策实施

合理运用政策工具可推进公共机构绿色低碳转型政策有效实施。转型政

---

① 马珺.推动有效市场和有为政府更好结合：中国的探索与理论创新［J］.学术研究，2022（11）：109–115.

策目标多元，本节主要分析节能减碳政策工具的功能及类型。

一、节能减碳政策工具的功能

基于特定的问题属性和行动逻辑，如何因地制宜选用合适的政策工具实现政策目标，需要在充分了解政策特定场域以及政策工具属性、功能、价值的前提下，关注政策工具与政策目标之间的内在联系，进而有目的地、精确地选择和运用政策工具。在公共机构节能减碳政策执行过程中，政策工具的功能价值主要体现在以下几个方面。

（一）决定节能减碳政策成效

公共机构节能减碳政策是公共机构为实现特定目标而采取的一系列政策活动，其中政策工具的选择是关键。政策工具为这些活动提供了路径，路径选择正确与否是政策执行成功与否的决定性因素。自 20 世纪 70 年代以来，全球面临的生态环境危机，主要是在政策工具层面上产生的，即传统的环境政策工具失灵。公共机构节能减碳工作重点不在目的而在手段。当代西方政府的环境治理运动正是因政策工具的重新选择而取得了初步成果。可见，公共机构节能减碳政策执行的前提是必须进行政策工具的谨慎、合理选择，要关注所选择的政策工具是否真正有利于公共机构节能减碳政策成效的达成，根据政策的内容特性和执行情境，选择最恰当的政策工具。特别是，在“精准时代”背景下，公共政策精准供给目标的实现过程，离不开政策工具的精准选定与有效组合[①]。

（二）实现节能减碳政策目标

政府为了有效地管理国家和社会事务，必须根据社会政治、经济、文化发展的需要和态势，针对现实中的重大政策问题，确定正确的政策目标。而政策目标要变成现实，必须以各种政策工具作为媒介。总体上看，政策工具的选择是执行公共机构节能减碳政策的核心所在。这体现在两个层面：一是

---

① 王春城.政策精准性与精准性政策——“精准时代”的一个重要公共政策走向［J］. 中国行政管理，2018（1）：51-57.

政策工具的选择旨在实现公共机构节能减碳工作提出的目标，二是政策工具的选择关系到公共机构节能减碳政策执行的成败。实际上，任何一项政策都是目标与工具的有机统一。在公共机构节能减碳政策执行过程中，政策目标主要是在政策制定阶段确立的，为政策执行提供方向，而政策工具的选择主要发生在政策执行阶段，是达成政策目标的重要手段。两者相辅相成，没有科学合理的政策目标，政策工具就像无米之炊，失去了行动的实际价值；而没有有效政策工具的支持，政策目标就成了空中楼阁，丧失了变成现实的可能性。从这一点可以看出，选择有效的政策工具是实现政策目标的基本途径[①]。

（三）连接节能减碳政策对象

从某种意义上说，执行公共机构节能减碳政策就是选择恰当的政策工具作用于客体对象，解决特定问题。对于公共机构节能减碳政策，其作用对象为政府管理部门和相关公共机构，要把二者有机地结合起来，很大程度依赖于政策制定者对政策执行工具的选择。通过政策制定者选择政策工具，在政府管理部门和相关公共机构之间架构起交流与合作的平台，进而不断增进交流与合作的深度，激发两者之间的内在活力，提升公共机构绿色低碳政策执行的质量。

（四）有效执行节能减碳政策

政策执行是一个复杂的过程，包含了一些基本环节或一系列功能活动，而这些活动的完成必须依靠一些必要的执行手段，即政策工具。在特定背景下，一些工具会比另一些工具更有效，而一种工具失效后，就要转变用其他工具。所以，政策执行活动作为一个动态过程，本质就是一个针对具体情况对各种执行工具不断做出选择、调整的过程。在执行公共机构节能减碳政策时，我们不能仅仅满足于在某一时段内选择的政策工具促进了相关政策的有效执行而取得的一些成果，而是要关注通过不断调整、选择政策工具，连续递进地推进政策的有效执行。实践证明，政策执行连续性遭受破坏，往往是因为政策工具选择出现了问题，如随着时代或者环境的改变，一些政策工具

---

① 吕志奎.公共政策工具的选择——政策执行研究的新视角［J］. 太平洋学报，2006（5）：7-10.

已经不适用，倘若墨守成规，不能及时启动新工具的选择，那么政策执行的有效性和连续性将面临不同程度的挑战。坚持与时俱进，关注政策工具的选择，创新政策工具的选择，是保证公共机构节能减碳政策执行连续性和有效性的基石。

二、公共机构节能减碳政策工具的分类

20 世纪 60 年代早期，林德布洛姆等美国政治学家开始从政治学视角关注政策工具的分类问题，不过他们过于追求分析框架的简洁，因此工具分类体系经常呈现非此即彼的二元性特征，对实践指导略显乏力。80 年代以来，国外公共政策领域的学者对政策工具的类别归属主要基于其特性进行判断，影响力较广泛的分类研究主要有 6 个（如表 2-2 所示）。其中，英国学者罗思韦尔的“三分法”影响最广泛，他认为政策工具主要可以划分为供给型、需求型和环境型三大类[①]。该分类方法能够将一般的政策工具涵盖进来，因此，在国内产业政策[②]与乡村振兴政策[③]等的理论研究中获得了广泛推崇。

表 2-2　6 个代表性的政策工具分类

年份	代表人物	政策工具分类
1983	胡德	权威工具、财力工具、信息工具、正式组织工具
1984	罗思韦尔	供给型工具、需求型工具、环境型工具
1989	狄龙	法律性工具、经济性工具、交流工具
1990	英格拉姆、施耐德	权威性工具、激励性工具、能力建设工具、学习性工具、符号性工具
1994	麦克唐纳尔、埃尔莫尔	命令性工具、报酬性工具、职能拓展性工具、权威重组性工具、劝告性工具
1995	霍莱特、拉梅什	强制性工具、混合性工具、自愿性工具

① ROTHWELL R O Y, ZEGVELD W. An assessment of government innovation policies［J］. Review of policy research，1984，3（3–4）：436–444.

② 宋伟玲，肖汝莉. 中国光伏产业政策工具演化路径及其启示［J］. 情报杂志，2022（1）：177–184.

③ 彭小兵，彭洋. 乡村振兴中地方政府的注意力配置差异与治理逻辑研究——基于410份政策文本的扎根分析［J］. 中国行政管理，2022（9）：80–88.

虽然学术界存在不同的政策工具分类，但均阐释了政策工具的选择及使用，并强调通过优化组合政策工具以实现政策实效的原理。实践证明，没有哪一种政策工具是完美无缺的，每种政策工具都有利有弊，除要科学设计外，还要提高其执行力并及时进行反馈和评估。

公共机构绿色低碳转型政策工具分类不仅要考虑技术性因素，还要重点关注政治制度、行政环境、目标群体价值观等社会性因素。在借鉴上述政策工具分类理论的基础上，本节构建了公共机构节能减碳政策工具的一个结构性分类维度，即行政性、技术性和市场性三大政策工具分类维度（如图 2–1 所示）。

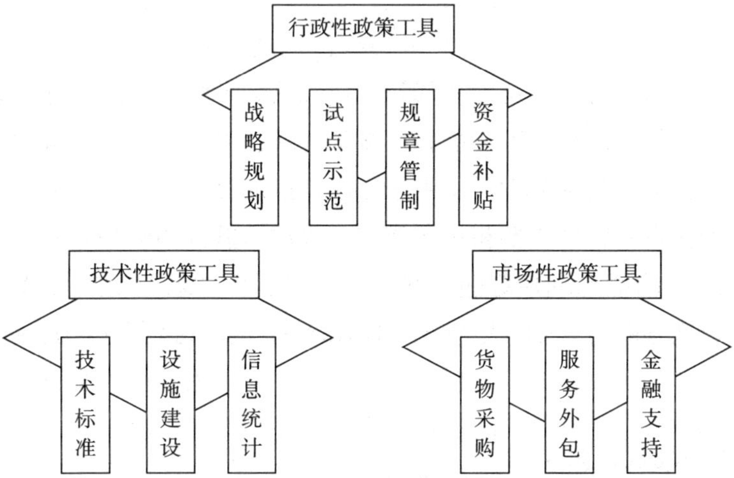

图 2–1　公共机构节能减碳政策工具分类维度

（一）行政性政策工具

公共机构绿色低碳转型政策执行具有典型的高位推动特征，遵循“自上而下”的行政管理途径。在公共机构节能管理实践中，一系列管理措施和要求被逐渐明确下来，如公共机构要实行能源统计报告制度、能效公示制度、能源审计制度，为支持能源统计，要求对办公建筑能源实行分户、分类、分项计量。可见，要做好公共机构节能工作并落实好政策目标，就要建立一整套具有系统特点的规范化行政管理体系。而政策执行本身就带有行政管理性质，只有具备高效、科学的行政管理制度和机制，公共机构绿色低碳转型政策执行才能有组织、有秩序地开展。因此，行政性工具的操作特点就是要让社会行为者的行为规范化，诸如法律法规、规定、规章等都属于行政性政策工具。同时，行政性政策工具不仅具有工具的功能，还具有规范和保障的功能，也具有回应性、强制性特征，并且这类工具的选择与使用通常需要组织监控和执行。总体而言，行政性政策工具包括战略规划、试点示范、规章管制、资金补贴。

（二）技术性政策工具

世界知识产权组织在《供发展中国家使用的许可证贸易手册》中，给技术下的定义是：技术是制造一种产品的系统知识，所采用的一种工艺或提供的一项服务。在政策目标的指引下，公共机构节能成为一项对技术能力有特殊要求的公共活动。公共机构绿色低碳各领域，不论是需要推动供暖制冷终端用能以电力替代化石能源，还是需要加大既有建筑节能改造力度，加快推广超低能耗、近零能耗、低碳建筑，提高建筑用能管理智能化水平，都离不开节能技术的发展。由于这种性质的存在，在公共机构绿色低碳转型政策的执行中，一定要积极应用好新兴的节能设施和技术管理工具，真正加快公共机构能源利用绿色低碳转型，让政策目标通过“技术之手”顺利落地。在政策执行实践中，主要的技术性工具包括技术标准、设施建设、信息统计。

（三）市场性政策工具

市场性政策工具是政府利用市场机制实现政策执行效果，以及资源优化配置的一种手段。推动公共机构节能减碳发展离不开市场要素。市场因为具有开放性、敏捷性、多元化的特点，能够满足节能工作中市场性活动的各项需求，通过经济调控推动我国公共机构绿色发展和破除能源资源瓶颈。选择市场性工具的根本目的在于，通过实行政府购买公共服务等方式吸引社会力量参与公共机构节能减碳事业建设，扩大公共机构节能服务的有效供给，对公共机构节能事业的发展可以起到有力的拉动作用。在社会主义市场经济体制下，除指令性的节能目标设定、节能监督考核外，几乎所有的节能活动，包括节能产品生产与消费、节能规划和设计、节能技术服务、节能政策咨询、节能技术推广、节能服务、能效投融资、节能交易，都在以市场化机制运行。实践证明，在公共机构节能减碳政策执行领域引入市场力量，还可以打破融资困境、降低政策成本、减小技术风险、提高项目改造效益。市场性政策工具主要包括货物采购、服务外包、金融支持。

依据行政性、技术性和市场性三大政策工具分类维度，政策工具类型及其相关含义如表 2–3 所示。

表 2–3 政策工具类型及其相关含义

政策工具类型	具体政策工具	相关含义
行政性政策工具	战略规划	是指政府制定的全面、长远的发展愿景，一般通过出台发展战略、规划纲要等政策性文件，确立某时期要达成的总体目标或详细规划，以指引未来公共机构节能减碳工作的开展路径
	试点示范	是以试验手段执行政策的一种常规工作方法，指允许下级政府根据实际情况摸索解决所辖区域公共机构节能问题的方法，成功的地方经验会被引入上级政府制定的政策并进行推广实施
	规章管制	通过执行与公共机构节能减碳政策有关的规章办法规范社会主体行为，为推动公共机构节能减碳工作发展营造有利的政策环境
	资金补贴	是政府对公共机构节能减碳各阶段各方面工作的直接资金投入，通过资金的运转推动公共机构节能减碳进程，是保障公共机构节能减碳持续发展的条件与基础
技术性政策工具	技术标准	指政府相关部门依据公共机构节能减碳目标为一定时间内政府部门、企事业单位或个人节能减碳情况的考评提供技术性标准
	设施建设	为公共机构节能减碳相关产业发展提供产业基地、数据中心、信息共享网站、设施设备或住处等基础设施
	信息统计	通过对建筑、水电、供暖等设备系统运行情况实施监测计量，掌握公共机构能耗情况及节能潜力，并实施科学的政策干预
市场性政策工具	货物采购	通过公开招标、公平竞争，由财政部门以直接向供应商付款的方式，依法购买、采购与公共机构节能减碳工作相关的货物、设备和工程
	服务外包	政府将社会管理、公共服务、后勤服务等技术性劳务类事务，委托给具备条件的企业、科研机构、高等院校或其他组织履行，并支付相应报酬
	金融支持	对公共机构节能减碳相关产业的融资、贷款担保和风险担保等提供补贴

第四节　公共机构绿色低碳转型政策实践研究

本节拟结合 T 市的实践，从政策工具运用角度，围绕 3 个问题进行研究：一是公共机构节能减碳政策实施存在哪些工具；二是公共机构节能减碳政策实施如何选择政策工具；三是公共机构节能减碳政策实施工具的选择与使用具有哪些特征。

一、文本分析方法

文本分析是以量化的形式，基于特定标准抽取文本关键性的特征词或特征项，通过研究其出现的频次等数据挖掘文本背后隐藏的信息与价值[①]。基于文本分析的政策文献量化研究，根据数据对文本内容进行再现和判断，具有操作规范、能够从非结构化文本中挖掘有价值的量化信息等优点。

T 市公共机构绿色低碳转型政策文本编码采用了“自上而下”的形式，根据研究主题设定节点，形成研究框架[②]。接着，运用 Nvivo12 软件，通过政策文本导入、节点创建、“自上而下”编码、可视化统计等步骤，深入分析 T 市公共机构绿色低碳转型政策工具的使用结构和特征，为进一步优化 T 市公共机构绿色低碳转型政策实施提供量化研究的依据和准备。

选取的政策文本时间跨度为 2006 年 1 月至 2022 年 7 月，内容涵盖 T 市公共机构绿色低碳转型由起步阶段至优化阶段所有可查询到的有效政策文本，包括市级层面出台的规章、办法等各种公共机构节能减碳政策文件。通过对政策文本的整理和遴选，以及对政策文本收集结果的调整与完善，最终梳理有效政策文本 31 份。政策文本选择遵循权威性、全面性、公开性原则。

依照“政策编号—章（节）序号—条款序号”“政策编号—条款序号”方

① 王芳，纪雪梅，田红. 中国农村信息化政策计量研究与内容分析［J］. 图书情报知识，2013（1）：36–46.

② GLASER B G，STRAUSS A L，STRUTZE L E. The discovery of grounded theory：strategies for qualitative research［J］. Nursing research，1968（4）：364.

式，对政策条文进行编码，最后从公共机构绿色低碳转型政策文本中提取出 59 个分析单元。

二、公共机构绿色低碳转型政策工具应用分析

如表 2–4 所示，在 59 个政策工具中，行政性政策工具 32 个，占比 54.3%；技术性政策工具 17 个，占比 28.8%；市场性政策工具 10 个，占比 16.9%。从整体上看，行政性政策工具、技术性政策工具、市场性政策工具在 T 市公共机构绿色低碳转型政策中均有较广泛的应用。

表 2–4　政策工具分布

工具类型	工具名称	编码号	共计（个）	占比（%）	占比（%）
行政性政策工具	战略规划	9–2–1–1、9–2–1–2、12–3–23、21–2、21–2–1–1、21–3–3–1、21–3–3–2、21–3–3–3	8	13.6	54.3
	试点示范	1–3–13–3、1–3–15、1–3–24、1–3–27、3–3–11、11–15–1、14–4–4、18–4–7–2、21–3–4–2、29–8–1	10	16.9	
	规章管制	1–3–27–1、2、5–1、17–7、18–4–6–2、22–31、30	7	11.9	
	资金补贴	4–5–10、11–14–2、16、17–25、20–3、28–3、31	7	11.9	
技术性政策工具	技术标准	6–4–2、7–1、9–2–3、10、24、25、26、27	8	13.5	28.8
	设施建设	6–4–1、8–2–2–2、11–5–2、15–2–4–2、18–4–5–3、18–4–5–4	6	10.2	
	信息统计	6–4–1（1）、12–3–12、21–2（1）	3	5.1	
市场性政策工具	货物采购	1–3–27–1（1）、4–2–4、17–12、21–3–2–3、23–4–2	5	8.5	16.9
	服务外包	9–3–4–2、13–6–16、19–3–3–5、21–3–2–2	4	6.7	
	金融支持	21–4–2	1	1.7	
合计	—	—	59	100	100

由表 2–4 可知，在行政性政策工具类型方面，试点示范工具占比达到了 16.9%，说明公共机构绿色低碳转型政策执行需要大量创新性、探索性的试点试验。战略规划和规章管制两类政策工具的占比分别为 13.6%、11.9%，说明政策制定具有较高战略意识和较强规划性，能保障公共机构节能减碳工作顺利推进。在技术性政策工具类型方面，技术标准工具得到广泛使用，占比达

到13.5%，这与公共机构节能减碳工作对技术有较高要求的特性分不开。政府实施节能技术标准，有助于推广前沿科技成果，淘汰落后的高耗能技术，且标准化政策工具操作规范、易于普及，是优化节能减碳工作具体细节较好的方法。在市场性政策工具类型方面，货物采购工具的使用频率最高，占比为8.5%。政府采购可以为节能产品和新技术增加市场需求与稳定的销售渠道，解决节能减碳创新活动中资金不足的问题，对社会层面的技术创新活动产生正向激励。另外，政府对金融支持工具的应用较少，有关部门对金融政策工具可能带来的风险持谨慎态度。图2-2为政策工具分布统计。

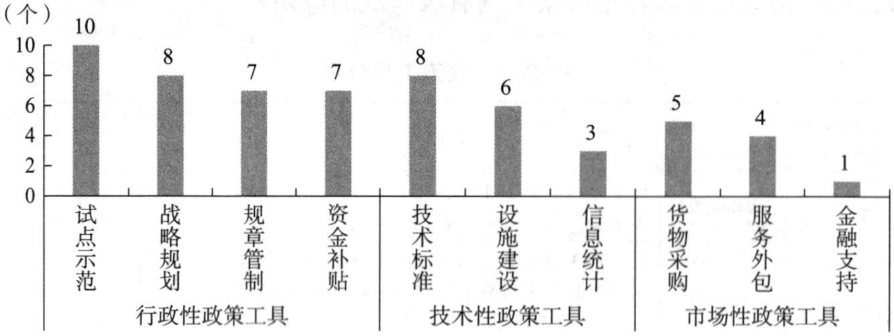

图2-2　政策工具分布统计

总体而言，T市公共机构绿色低碳转型政策工具应用具有以下特征。

（一）注重战略规划工具的引领作用

通过编制和实施公共机构节能减碳规划设定行动步骤、整合资源、引领发展，是T市政府政策实践的鲜明特色。考虑到公共机构节能减碳目标的长期性和复杂性，T市以专项战略规划和具体行动计划的方式布局整体、把握方向、明确目标、统合资源、部署举措。一方面，专项规划是长远规划或远景规划在重点领域重点行业的深化和具体化。T市实现公共机构绿色低碳目标，需要通过专项规划对相应节能领域提出明确要求，通过专项规划构建相关重点领域或行业节能任务、重点工程等。专项规划通常以五年为规划期限，时间上与国民经济和社会发展五年规划一致。另一方面，根据实际，T市制订了公共机构节能减碳的具体行动计划或工作方案，明确该年度的阶段行动目标、工作任务和具体措施。

（二）注重技术标准工具的规范功能

公共机构节能活动是以技术为核心进行的有组织的管理性活动，通过运用相关技术标准工具，不仅可以规避技术风险或减少管理死角问题，做到“凡事有章可循、有据可查”，还可以保证按既定标准操作，确保公共机构节能活动平稳顺畅进行。T市政策推动实施能源资源消耗定额“三大指标”法，涵盖约束值、基准值和引导值，不同等级值的考核要求不同；T市及其各区将技术标准工具引入公共机构节能管理活动，制定工作流程管理标准和技术安全标准，初步构建了公共机构节能活动标准化管理的体系框架。在T市公共机构绿色低碳转型政策工具使用中，评估标准占比较大。T市在公共机构节能减碳政策执行实践中，积极对标国际水平，立足基线提升，建立了覆盖公共机构节能减碳发展各领域的T市标准规则体系和评价认证机制，并策划推进了一批重大标准化专项，包括《T市单位GDP能耗统计指标体系及监测体系实施方案》《T市经济特区技术规范绿色建筑评价规范》等，以高标准引领高质量，促进新能源产业发展、公共机构节能管理、机关低碳治理等相关工作的科学化、程序化和精细化。

（三）注重试点示范工具的带动功能

20多年来，T市开展了低碳机关、低碳校园、绿色建筑等示范工程，充分调动了各类公共机构发展节能低碳工程的积极性。自试点工作开展以来，各试点加快建立了以节能为特征的工业、建筑、能源体系，加强了温室气体排放核算和清单编制基础能力建设，倡导了绿色低碳的生活方式和消费模式，提高了可再生能源消费占比。特别是，在低碳机关建设试点方面，各试点机关积极探索适合我国国情的政府机关节能管理模式，加快办公、出行和制冷等重点用能领域的绿色化改造，培育一批绿色低碳机关单位。总体而言，T市因地制宜地开展公共机构节能低碳实践工作，取得积极成效。

（四）注重战略规划工具的目标推动功能

政策工具为政策目标的落实提供了战略规划手段。任何一项政策都是目标与工具的有机统一。以《T市机关事务工作“十四五”规划》为例，T市机关事务管理局首先在总结“十三五”时期节能工作成果的基础上，围绕改革创新发展思路、主要目标、重点任务等，要求全市公共机构单位建筑面积能耗下降 5.5%，人均综合能耗下降 6%，人均用水量下降 7%，单位面积碳排放下降 7.5%；并要求 2025 年底前，创建节水型机关 400 家，市直及各区 70% 以上公共机构建成节水型单位。2023 年对规划实施进行中期评估，2025 年开展末期评估。通过目标设计、指标设置以及考核评估等战略规划举措，真正发挥政策工具的引领增效作用，形成主体明晰、责任明确、配合有力的目标落实责任体系。

（五）注重试点示范工具的风险规避功能

政策试点是一种平衡有效治理与风险控制的重要机制[①]。T 市政府一直鼓励政策试点示范创新活动，因而有效规避了一系列的风险。“十三五”期间，T 市共有 33 个公共机构被评为国家级节约型公共机构示范单位。T 市政策实践成效突出，结合使用试点示范和技术标准工具，政策推动开展新技术、新工艺基础上的系列节能试点建设，应对公共机构建筑老化、技术落后带来的能耗过大问题。

综上所述，T 市公共机构绿色低碳转型，形成以战略规划、技术标准、试点示范为核心的政策工具应用体系。T 市公共机构根据政策的内容特性和执行情境，谨慎、合理地选择政策工具，呈现出公共机构绿色低碳政策工具应用的多元化特征，为理解我国公共机构绿色低碳政策实施提供“典型”“样本”。

① 林仁镇，文宏.目标设定、资源整合与中国特色政策试点机制——基于T市建设中国特色社会主义先行示范区的分析［J］. 华中科技大学学报（社会科学版），2022（4）：129-140.

第三章

行政视阈下的公共机构绿色低碳转型

公共机构绿色低碳转型的推进路径包括政策路径、行政路径、技术路径、市场路径与治理路径，其中，行政路径是重要的传统路径之一。行政路径，是指通过行政机构的权力主导实现节能降碳的治理形式，具备刚性约束特征。行政路径对公共机构绿色低碳转型发展起着主导性作用。公共机构行政路径包含“行政管理职责”与“行政实施形式”两部分内容。

第一节　公共机构推进绿色低碳转型的行政路径

在政府行政法规及绿色低碳政策文件中，可以发现政府机关等公共机构在绿色低碳转型发展或“双碳”治理方面的管理职责，本节重点介绍公共机构推进绿色低碳转型的管理职责与公共机构推进绿色低碳转型的行政形式。

一、公共机构推进绿色低碳转型的管理职责

公共机构推进绿色低碳转型过程中的管理职责包含制定绿色发展战略目标、绿色能源与资源管理、绿色建筑与设施管理、绿色出行与交通管理、绿色采购与供应链管理、绿色文化与宣传教育以及绿色监督与考核机制等，它们相互关联、相互促进，共同推动公共机构绿色低碳发展目标的实现。

（一）制定绿色发展战略目标

明确绿色发展战略目标，制定符合公共机构实际情况的绿色低碳发展目标，如减少能源消耗、降低碳排放、提高资源利用效率等。制定并实施战略规划，将绿色发展目标纳入公共机构的长期战略规划，确保绿色发展的持续性和稳定性。

（二）绿色能源与资源管理

规范能源管理，推广清洁能源和可再生能源的应用，优化能源结构，提高能源利用效率，建立能源消耗监测系统，实现数据动态管理和分析；强化资源节约，实施资源节约措施，减少水、电、纸张等资源消耗。推广使用节能产品、设备和设施，如 LED 照明、节水器具等。

（三）绿色建筑与设施管理

推动制定绿色建筑标准，保证新建公共机构建筑达到绿色建筑标准要求，既有建筑应进行节能改造。采用绿色建材和低碳产品，提高建筑能效；加强公共机构内部设施的管理和维护，确保其正常运行并减少能耗；对高能耗设备进行更新换代，采用节能型设备。

（四）绿色出行与交通管理

推广绿色出行，鼓励员工使用公共交通、骑行或步行等低碳出行方式。为新能源汽车提供充电设施，推广使用新能源汽车作为公务用车。规范公务用车管理，优化公务用车的使用，建立公务用车油耗与碳排放量监管系统，并且减少不必要的公务出行。

（五）绿色采购与供应链管理

开展绿色采购工作，制定绿色采购政策，优先采购绿色产品和服务。加强对供应商的环境评估，推动供应链绿色化；与供应商建立长期合作关系，共同推动绿色供应链管理；要求供应商遵守环保法规和标准，减少采购过程中的污染和排放。

（六）绿色文化与宣传教育

推进绿色文化建设，在公共机构内部营造绿色文化氛围，提高员工的绿色意识和责任感。将绿色理念融入日常工作，形成绿色办公和绿色生活的良好氛围。开展绿色宣传和教育活动，丰富员工的环保知识并提高其技能。通过宣传栏、内部通信、培训等方式普及绿色知识和理念。

（七）绿色监督与考核机制

建立绿色监督机制，对公共机构的绿色管理工作进行定期检查和评估，发现问题及时整改并追究责任。完善绩效考核机制，将绿色管理工作纳入公共机构的绩效考核体系，将节能减排等指标作为考核的重要内容。通过考核激励员工积极参与绿色管理工作。

（八）加强节能管理

建立健全节能管理制度和机制，明确节能目标、任务和责任分工。通过加强日常节能管理，如减少待机能耗、及时关闭非必要设备电源等，降低能耗和碳排放量。同时，加强能耗统计和数据分析工作，及时发现和解决能耗异常问题，提高能源利用效率。

（九）实施节能技术改造

开展节能技术改造项目，如空调系统用能问题诊断服务、厨房和锅炉等设施设备节气改造等。通过技术改造提高设备能效和运行效率，减少能源消耗和碳排放。在实施节能技术改造时，应注重技术方案的可行性和经济性评估，确保改造效果和投资回报符合预期。推进绿色建筑和绿色化改造工作，在新建和改扩建项目中优先采用绿色建筑标准与设计理念，提高建筑能效和资源利用效率。同时，公共机构还应加强既有建筑的绿色化改造工作，如外墙保温、屋顶绿化、照明系统节能改造等，提高建筑整体节能水平。

二、公共机构推进绿色低碳转型的行政形式

“行政形式”，是指政府机关及公共机构的“行政实施方式”，公共机构推进绿色低碳转型的行政形式主要体现为行政规划、行政规制、行政协调与行政引导。

（一）行政规划

行政规划，是指“针对具体问题明确提出未来的构想，并以此作为行政奋斗的目标，引导社会发展，综合推进为实现该目标所必需的各种行政政策

及公共事业”[①]。行政规划在确定多元主体行动共同目标、行政资源有效利用、政策意见广泛吸纳等方面具有重要作用[②]。行政规划与节能降碳、绿色低碳转型紧密相关，它们共同构成了推动经济社会可持续发展的重要组成部分。政府制定节能降碳的政策规划，如《2024—2025 年节能降碳行动方案》，明确节能降碳的目标和具体措施，为各领域、各行业的节能降碳工作提供政策指导和支持。通过政策引导，鼓励企业、社会组织和公众积极参与节能降碳行动，形成全社会共同推进节能降碳的良好氛围。行政规划在产业布局中注重低碳环保，优化产业结构，推动传统产业转型升级，大力发展绿色低碳产业。通过限制高耗能、高排放产业的发展，鼓励和支持低耗能、低排放产业的发展，促进经济社会的绿色低碳转型。政府通过行政规划加大节能降碳的监管和执法力度，对违反节能降碳法律法规的行为进行严厉惩戒。通过建立节能降碳监测、评估和考核体系，确保各项节能降碳措施得到有效执行。行政规划与绿色低碳转型需要协同推进，将绿色低碳理念融入行政规划的全过程。在制定和实施行政规划时，充分考虑绿色低碳因素，确保规划目标与绿色低碳转型目标相衔接、相协调。

（二）行政规制

《元照英美法词典》从三个方面理解“行政规制”的含义：①各类管理办法、规则、规章、条例；②管理、管制、监督管控；③内部章程和内部规章[③]。由此可见，绿色低碳转型过程中的行政规制类型多样。政府行政规制与节能减排及绿色低碳转型密不可分，政府行政规制在引导机构主体向绿色低碳转型方面发挥着重要作用。通过制定具有前瞻性的政策，政府可以激励企业与社会各界积极参与节能减排和绿色低碳转型活动，推动经济社会的可持续发展。政府制定节能减碳的相关标准，如能耗限额标准、污染物排放标准等。这些标准为企业提供了可对照、可参考的绿色低碳发展“基准线”，有助于提升绿色低碳转型质量。内部订立绩效考核、奖惩等规章制度，也是公共机构规范节能行为、提高绿色低碳规则遵从度的重要方式。通过节能降碳法治化建设，加大监督、监管和执法力度，确保企业和个人遵守有关行为规范。

---

① 李昕．论行政规划的定性分析与规制、救济［J］．法学杂志，2013，34（11）：25-34.
② 周佑勇，王青斌．论行政规划［J］．中南民族大学学报（人文社会科学版），2005（1）：100-104.
③ 薛波．元照英美法词典［M］．北京：北京大学出版社，2014：1171.

在此过程中，各类具有强制性质的工具被广泛使用，比如，对于违反规定的企业和个人，政府将依法进行处罚，以维护制度的严肃性和有效性。总之，政府行政规制发挥着至关重要的作用。通过采取政策制定与执行、标准制定与推行、法治化建设、监督监管以及内部规章订立等手段，政府可以有效推动经济社会的绿色转型和可持续发展。在治理背景下，可促进传统行政规制框架中行政权力再分配、行政主体拓展、行政工具扩容、行政主体责任扩张，最终实现规制治理[①]。

（三）行政协调

古典管理学流派代表人物亨利·法约尔将“协调”视为管理的核心元素[②]。在政府行政过程中实施协调活动，可称为“行政协调”。所谓行政协调，就是“在行政运作过程中通过讨论、协商、调整的方式推行国家政务、体现国家意志的一种行之有效的手段”[③]。公共组织内部施行协调活动，则是一种制度性安排，对组织运转、配合以及履职有积极影响[④]。行政协调与节能减排以及绿色低碳转型发展的关系是多维度且相互促进的。行政协调具有“达成一体行政”“实现政策整合”“提高行政绩效”的核心功能[⑤]。具体而言，行政协调能够确保不同部门、不同政策之间的协同一致，避免政策冲突和资源浪费。在节能减排领域，政府推行协调工作，能整合部门资源和力量，构建基于一体化的行动体系，保证政策目标的顺利执行。矛盾和利益冲突在绿色低碳转型过程中不可避免，沟通、协商、讨论等行政协调机制有助于调解和平衡各方利益，改善各博弈方之间的关系，确保节能减排工作顺利开展。分工、合作、关系联结等行政协调策略能够强化各部门之间的沟通与协作联系，确保各项行动安排相互衔接、相互支持。

---

① 王莉.我国环境法律制度的结构性转向：从行政规制到规制治理［J］. 山东师范大学学报（社会科学版），2021，66（6）：124-137.

② 法约尔 . 工业管理及其一般管理［M］. 周安华，译 . 北京：中国社会科学出版社，1982.

③ 史瑞丽 . 行政协调刍议［J］. 中国行政管理，2007（6）：89-92.

④ 卢剑峰.行政协调的现实与规范［J］. 宁波大学学报（人文科学版），2020，33（6）：123-129.

⑤ 唐祖爱.我国行政协调机制的法律分析和法治化构建［J］. 武汉大学学报（哲学社会科学版），2007（4）：525-528.

（四）行政引导

管制型政府偏向使用具有强命令性、强制性干预工具。当前，社会发展要求政府从管制型政府转变为服务型政府，实现政府的高质量发展[①]。服务型政府的主要特点在于不断退出管制性领域，更多依靠“柔性”的治理手段，处理复杂关系以及应对管理难题。行政引导就是行政规制强制性、命令性强度弱化到一定程度的行政工具。行政引导通过说理劝诫、劝说、申饬、宣传、示范、教育、提供信息或知识等手段[②]，转变行政引导对象的意识、情绪或行为，使之达到理性、合规的目的。政府行政引导在节能降碳和绿色低碳转型发展中发挥着重要作用。一方面，公共组织实施节能宣传工作，并采取功能类型不同、具有针对性的宣传或培训方式，构建科学完备的节能降碳叙事框架，提供各类信息、知识的感官刺激，在宣传或培训对象意识或观念中留下节能降碳的深刻“印记”，潜移默化地改变目标对象各种不良行为习惯，如浪费水、乱丢垃圾、不随手关灯等，同时，可以营造绿色低碳发展的文化氛围；另一方面，发现并纠正偏离节能降碳目标的各类行为，主要通过劝诫、劝说、申饬等方式，制止各类不理性、不规范行为的发生。此外，“示范”在广义上也属于一种行政引导工具，通过树立“典型”“样板”，释放“善治”的实践信号，引导其他主体模仿、学习，并改变原先的行为。采取各类行政引导策略，在特定情况下，能够有效弥补行政规制的不足，高水平保证节能降碳工作的有效开展。

综上所述，上述四类“行政路径”的功能各不相同，行政规划在目标定位、路线选择、价值导向等方面为公共机构绿色低碳转型提供指引；行政规制强调采取标准化、制度化、规范化、法治化举措，保障公共机构节能降碳政策有效落实；行政协调突出多元行动主体间建立协作联系，包括权责、信息、流程、活动等方面；行政引导的核心功能在于通过观念或行为干预，纠正偏离目标方向的各类活动。实际上，上述行政路径包含多元化的行政实施机制，在不同治理情境下发挥积极作用，助推中国公共机构绿色低碳转型。通过政策制定、战略规划、组织管理、激励约束、技术支持、示范推广、宣

---

① 薄贵利，吕毅品 . 论建设高质量的服务型政府［J］. 社会科学战线，2020（2）：189-197.

② 达蕃钦 . 政府转型中行政引导功能的缺位与补位［J］. 特区实践与理论，2009（5）：68-70.

传教育等手段，公共机构可以引导全社会共同参与节能降碳和绿色低碳转型活动，推动经济社会持续健康发展。

第二节　公共机构推进绿色低碳转型的行政实践

上一节内容提到，“行政路径”是公共机构绿色低碳转型发展的重要推进路径，本节结合 T 市公共机构节能减排实践，说明并分析公共机构推进绿色低碳转型的行政实践。

一、行政路径之一：宣传动员

将顶层设计转化为全社会的广泛共识，除前者本身应具备社会认同的基本特质外，还需要政策动员机制的有效运行[①]。通过政策宣传动员，能够提升政策实施主体对政策的认同感，调动其实施行为的积极性，有利于公共政策被不折不扣地落实。在制定了公共机构节能减排政策目标以后，T 市机关事务管理部门展开了多个方面的政策宣传动员实践。

（一）解释宣传节能减排政策内容

公共机构节能减排重要政策文件颁布之后，相关部门应及时做好解释说明工作，如《T 市公共建筑节能改造设计与实施方案审查细则》《T 市公共机构节能管理办法》等颁布之后，“T 市节能在线”“政府信息公开”等政府官方网站上，均能浏览、下载政策文件，并能看到相关的解读说明，在一定程度上保障了人们对公共机构节能减排政策的认识和了解。此外，一些节能减排政策法规往往篇幅长、可读性差，但 T 市机关事务管理局会第一时间利用“T 市在线”网站以及微信公众号，发布政策解读文章，厘清政策脉络，制作政策内容的思维导图，方便有关机构及人员更加直白、更加清晰地理解政策

① 丁煌，马小成，梁健.从观念到行动：公共政策的共识型执行及其逻辑——以贵州数字经济发展政策为例［J］. 贵州社会科学，2022（6）：137-144.

内容，这有助于节能减排政策的执行推进。

（二）举办节能减排政策宣传活动

为推进T市公共机构节能，T市机关事务管理系统每年都在规定的时间范围内举行“节能宣传周”“全国低碳日”等系列宣传活动，活动内容包括能源紧缺体验活动、废旧物品回收利用宣传讲座、“科技助力公共机构节能”展示活动等，做到紧扣主题，宣传有针对性，采用多种方式让人们了解通过养成良好的行为习惯及运用先进的科技手段可以节约能源资源。此外，在日常工作中，T市机关事务管理系统还会通过条幅、海报、展板、温馨小提示等方式宣传节能降碳政策理念。各公共机构会定期更换公共场所悬挂的条幅、张贴的海报、摆放的展板，并利用多媒体机、电子显示屏等媒介循环播放节能宣传知识，从不同角度、不同层面宣传节能知识和节俭理念。

（三）强化节能管理人员培训

公共机构节能管理人员对政策内容的理解和执行重心的把握水准，很大程度上取决于节能减碳政策能否被有效落实。公共部门一般采用召开动员大会、组织经验分享会、举办专家咨询讲座、开展培训活动等方式，切实提升节能管理人员的业务水平和政策执行能动性。2018—2022年，T市多次邀请国内节能减碳领域的专家学者开展公共机构建筑节能技术培训讲座，由专家介绍国内外最新的节能技术成果，拓宽节能管理人员的专业视野，并针对公共机构建筑降耗、前沿技术的创新应用等问题举行答疑活动。同时，T市及其区级机关事务管理机构还多次召开能耗统计咨询会议，对不同机构建筑及其设备的能耗统计口径作了说明阐释，帮助节能统计员更加科学、规范地开展能耗统计工作。

（四）实践案例展示

为了让社会公众更直观地了解政府机关或公共机构的绿色低碳宣传动员活动，以2021年T市公共机构节能宣传月相关活动实施情况进行说明。2021年，T市公共机构节能宣传月时间为8月23日至9月23日，由T市机关事务管理局联合T市公共机构节能工作联席会议办公室，围绕“绿水青山，节能增效”主题，借助T市“公共机构节能网”，线上发布宣传月活动资讯、推送绿色低碳倡议文章、展示节能宣传海报和宣传片等，倡导公共机构人员参与节能降耗。2021 年 T 市公共机构节能宣传月活动安排如表 3–1 所示。

表 3–1　2021 年 T 市公共机构节能宣传月活动安排

主办单位	活动主题	时间	活动内容安排	地点	活动平台
T 市机关事务管理局、T 市公共机构节能工作联席会议办公室	公共机构节能宣传作品征集	8 月 23 日至 9 月 23 日	聚焦能源资源节约，围绕 T 市低碳机关、低碳图书馆、低碳高校建设等主题，面向全社会征集平面设计、摄影、绘画（海报）等类型的公共机构节能宣传作品，入选作品将作为节能宣传主题产品	全市公共机构	T 市公共机构节能网
	节能专项网络讲座	—	邀请 T 市生活垃圾分类蒲公英计划首批志愿讲师、市生态环境局和城管局专家就垃圾分类、无废城市建设等节约能源资源工作内容进行政策宣讲	全市公共机构	腾讯会议
	公共机构示范单位风采云展示	8 月 23 日至 9 月 23 日	在微信公众号上主题展示 T 市“最美节能工作者”风采、“节约型公共机构示范单位”经验	全市公共机构	微信公众号
	能源紧缺体验活动	8 月 25 日	关闭机关大楼运行的电梯设备，短距离公务暂停使用公车，号召工作人员采用步行、单车等低碳方式出行	市民中心市委办公区域	现场活动
	节能“微宣传”	8 月 23 日至 9 月 23 日	在食堂、电梯间、走廊以及其他公共区域，利用电子屏滚动观看节能减碳事迹榜样视频，在室内合适墙面张贴倡导节能减碳行为的海报等，宣传水电节约等理念	市民中心市委办公区域	现场活动
	公共机构节能知识“云竞答”	8 月 23—29 日	通过微信发布节能理念、节电节水常识、垃圾分类标准等节能知识问答题，邀请广大干部职工扫码进入竞答小程序参与答题，并向积极参与者派发节能宣传品	全市公共机构	微信小程序

二、行政路径之二：考核评价

有效的考核评价机制有助于政策目标精准落地。对政策实施主体的绩效进行考核，以此形成对主体积极行为的激励和消极行为的约束，在此基础上形成纠错纠偏的方法论[①]。诸多地方政府机关及公共机构注重对节能减碳政策实施绩效考核，出台政策文件，明确规定节能减排的主体责任、考核周期、考核形式、奖惩方法等。

（一）实施节能目标责任制

政府官员需要根据其行政级别和岗位职责，承担不同的政策执行责任，在合法范围内使用适当的手段尽可能达成最优的政策实施效果，否则必须接受制度或组织的问责。只有在这种责任导向下，政策实施才能取得良好的效果[②]。T 市教科文卫及公检法等机关均明确了公共机构节能减碳任务的主管部门，设立了责任人和联系人，建立了相关责任制度。市、区、街道三级公共机构节能管理人员达 2000 余人，形成了覆盖 T 市的管理网络。在确定节能目标及任务后，T 市政府与各区、市直重点用能单位签订《节能目标责任书》，各责任单位根据目标任务，统筹确定重点工作，自行分解节能指标。可以看出，T 市公共机构节能管理责任机制具有“自上而下”集中统一管理、任务目标由各层级领导干部承担主要责任等特征，节能目标责任制奠定了节能减碳工作发展的组织基础。

（二）实行周期性考核检查

T 市机关事务管理局每年参考市政府的目标责任考核方案，协同有关部门对公共机构节能减碳管理工作开展周期性考核，目前已覆盖 T 市所有重要机关单位，政府机关节能管理工作有序推进。考核内容包括实际节能效率、组织机构建立情况、制度机制是否健全、节能宣传是否到位、能耗数据

---

① 郑方辉，范嶙杰，李莹.政策绩效评价中的“过程绩效”与“结果绩效”：落差及消解——以L县“乡村教师生活补助政策”为例［J］.学习论坛，2021（6）：60–67.

② 贠杰.公共政策评估的制度基础与基本范式［J］.管理世界，2023（1）：128–138.

统计上报情况、年度目标完成情况等。通常结合自主呈报、档案调查、会议质询、实地考察、建议反馈等形式进行考核打分。当前，T市还划定了“重点用能单位”的分类标准，标准要素包括：每年能源资源耗费总额超过500吨标准煤，或是电能使用超过200万千瓦时，或是建筑面积超过10000平方米。2021年，符合该标准的重点用能公共机构共有428家，其用能占T市公共机构总能耗的90.14%。针对这些重点用能公共机构节能任务的完成情况，T市机关事务管理局的督查力度更大，确保公共机构有效落实节能减碳政策。

（三）运用考评结果奖惩

针对公共机构节能减碳政策实施，T市划定相关主体的绩效评价等级为优秀、良好、合格、不合格四类。考评结果纳入单位绩效管理，与人事、部门拨款相结合，并以此作为单位集体选优评先的依据。其中，较好执行节能减碳任务的机关单位，在国家级和省市级的相关表彰奖励活动中将被优先推荐。在市人社局、市公务员局的联合支持下，评个人立功受奖情况时，可将节能工作考核结果作为重要依据；对行政不作为、完不成任务、节能工作滞后的机构部门或单位，实行问责制，予以通报批评，并在“节约型机关”建设项目活动中按规定予以扣分，情节严重的按规定追究责任。以上这些考评奖惩机制的实践，对T市公共机构节能减碳政策执行主体的行为起到了有力的激励约束作用，有效规范了公共机构节能减碳政策的实施。

（四）实践案例展示

T市机关事务管理局制定了《T市公共机构节约能源资源考核评价标准》，从组织领导、节能目标、宣传培训、能耗监测、空调节能、节水管理、灯具照明、建筑结构、低碳消费等方面，对T市公共机构能源资源使用情况进行标准化考核，评价采用百分制形式。表3–2列出了评价标准的部分内容。

表 3–2 T 市公共机构节约能源资源考核评价标准（节选）

考核项目	考核内容	考核标准	得分
组织领导（9 分）	建立公共机构节能工作组织架构，明确各部门节能工作分工，指定各部门工作责任人（4 分）	● 建立公共机构节能工作领导组织，得 2 分 ● 组织架构职能明确、分工具体，得 1 分 ● 各部门工作责任明晰，有明确责任人，得 1 分	
	定期召开例会，及时研究部署工作解决问题（2 分）	● 每年例会不少于 3 次，得 2 分 ● 每年例会 2 次，得 1 分 ● 每年例会少于 2 次，得 0 分	
	制订节能工作计划及其他内部节能管理规章制度（3 分）	● 制订本单位节能工作计划并明确年度目标任务，得 1 分 ● 制定本单位内部管理规章制度，有一项得 1 分，共 2 分	
节能目标（15 分）	完成本年度公共机构节能主管部门下达的节能目标任务（15 分）	● 完成本年度能耗总量目标，得 4 分 ● 完成本年度单位建筑面积能耗指标，得 4 分 ● 完成本年度人均能耗指标，得 4 分 ● 完成本年度人均用水量指标，得 3 分	
宣传培训（9 分）	制定宣传、培训方案，有明确、可行的实施计划（2 分）	● 提前制定宣传、培训方案，得 1 分 ● 实施进度完整、明确、可行，得 1 分	
	开展节能宣传工作，在公共机关节能宣传周期间，按照主题要求开展宣传活动（4 分）	● 开展日常节能宣传工作，得 2 分 ● 公共机构节能宣传周期间，按照主管部门要求积极开展主题鲜明的宣传活动，得 2 分	
	积极参与公共机构节能主管部门组织的节能培训（3 分）	● 积极参与公共机构节能主管部门组织的节能培训，得 3 分 ● 有 1 次未参加节能培训的，扣 1 分	

T 市机关事务管理局还规定，在公共机构年终节能减排政策实施绩效考核中，主要采取自查申报、实地勘查、跟踪评议等方式，根据一定顺序交叉进行，具体流程如图 3–1 所示。公共机构政策实施的绩效水平要汇总上报联席会议，经审议通过后再在官方平台上公开。如果年度绩效考核不合格，则下达通报该公共机构的节能减排问题及其相应整改措施，对逾期未改进的公共机构，予以严厉的行政处罚，按当年 T 市制定的节能减排规划标准，相应减少其能耗核拨的财政资金。

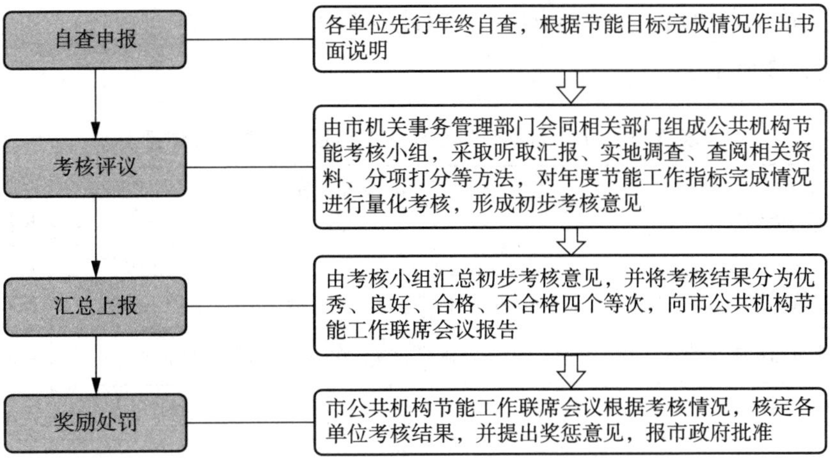

图 3-1　T 市公共机构年终节能考核流程

三、行政路径之三：行政规制清单

行政规制清单在落实节能减排政策及推动绿色低碳转型发展过程中扮演着至关重要的角色。通过制定和执行一系列具体的规制措施，政府能够有效地引导和规范社会各界的节能减排行为，促进绿色低碳转型的顺利实现。行政规制清单首先要明确节能减排与绿色低碳转型的具体目标和要求。这些目标和要求通常包括能耗降低比例、碳排放减少量、清洁能源占比提升等量化指标，以及产业结构调整、能源消费结构优化、生态环境改善等定性要求，同时为行政规制清单的制定提供了明确的导向。

根据实际情况制定行政规制清单是政府对节能减排行为进行规范和管理的具体手段。行政规制清单的内容包括以下几个方面。①能耗限额标准：对不同行业和产品的能耗设定限额标准，超过限额的企业需要进行整改或面临处罚。②排放标准：对各类污染物的排放设定严格的标准，确保企业排放达标。③项目审批制度：对新建、改建、扩建项目实行严格的节能评估和审查制度，确保项目符合节能减排要求。④市场准入制度：对高能耗、高排放的产品和服务实行市场准入限制，推动绿色低碳产品和服务的发展。⑤信息公开制度：要求企业公开能耗、排放等相关信息，接受社会监督。⑥法律责任制度：明确违反节能减排政策行为的法律责任和处罚措施，确保政策得到有效执行。比如，T 市对建筑物的碳排放实行严格行政规制，拟定《T 市近零碳排放建筑试点项目主要指标体系》，以此对T市的建筑物碳排放进行行政规制（如表3–3所示）。

表 3–3 《T 市近零碳排放建筑试点项目主要指标体系》

指标名称	参考值		指标类型
	居住建筑	公共建筑	
既有建筑碳排放总量下降率	较2020年下降40%以上	较2020年下降40%以上	核心指标
单位建筑面积碳排放量	≤近零碳排放建筑单位建筑面积碳排放量		核心指标
建筑综合节能率	—	≥60%	一般指标
建筑本体节能率	—	≥20%	一般指标
可再生能源利用率	≥8%	≥8%	核心指标
购买中国核证自愿减排量（CCER）、T市碳普惠制核证减排量占碳排放量的比例	≤5%	≤5%	一般指标
购买绿色电力比例	≤30%	≤30%	一般指标
碳排放管理体系	建立	建立	核心指标
碳排放监测系统	建立	建立	一般指标

为确保行政规制清单得到有效执行，政府部门需要加大政策执行与监督力度。①建立健全监管体系。构建覆盖全过程的监管体系，包括事前审批、事中监管和事后评估等环节。通过加大监管力度，确保企业按照规制要求进行生产和运营。②加大执法力度。对违反节能减排政策的企业进行严厉查处，依法追究其法律责任。通过加大执法力度，形成有效的震慑作用，推动全社会形成节能减排的良好氛围。③强化社会监督。鼓励公众参与节能减排工作的监督，通过举报、投诉等方式揭露违法违规行为。同时，加大媒体监督力度，对节能减排工作进行广泛报道和宣传，提高全社会的节能减排意识。

公共机构节能减排的行政推动工作涉及面广、内容多样、情况繁杂琐碎，政府应注重用行政方式推进公共机构节能减排政策实施，主要运用“宣传动员”“考核评价”“行政规制”等形式，推进绿色低碳转型政策的具体实施，并发挥节能减排政策实施的积极作用。

第三节 公共机构绿色低碳转型的样本研究

2020年9月，习近平主席在第七十五届联合国大会上首次提出“双碳”目标。公共机构能源消耗能力强，碳排放总量大，在碳达峰碳中和行动中具有重要的责任担当。绿色低碳发展，公共机构先行。目前，全国各地已经掀起了绿色低碳发展的浪潮，开创了公共机构节约能源资源的崭新局面。在碳达峰碳中和背景下，研究公共机构绿色低碳转型路径具有重大意义。本节结合我国公共机构的发展实际，尝试性探索公共机构绿色低碳转型的制度化、技术化、市场化三大发展路径。

作为重要的能耗综合体，公共机构是名副其实的碳排放大户。截至2021年底全国公共机构约有160万家，涵盖党政机关、学校、医院、大型场馆等多种类型，能源消耗与碳排放总量大且覆盖面广，仅建筑用能就占到全社会能耗总量的4.26%，其节能效能直接关系着我国低碳战略的实施，有很强的社会影响力。作为一个系统性的重点领域，公共机构在碳达峰碳中和行动中责任重大、潜力巨大。

T市G区深入贯彻落实习近平生态文明思想，努力探索工业大区绿色低碳发展新路径，把绿色低碳理念融入G区经济社会发展各领域、全过程。在国家“双碳”政策指引下，T市G区机关事务管理局采取了一系列节能减碳举措，推动各领域节能减碳，全面加强能源资源节约和环境保护，在公共机构绿色低碳转型过程中发挥了重要作用。其中，统筹G区182家公共机构节能降碳，稳步实施节能改造项目，落实节能保障措施，节能减碳成效明显，节能减碳行动先行示范，走在T市前列。2022年，T市G区从全国区县级地方政府中脱颖而出，成为唯一入选“2022年度低碳榜样”的地方政府案例。本节将总结T市G区节能减碳举措及成效，分析其面临的挑战，提出T市G区公共机构绿色低碳转型的对策建议。

一、T 市 G 区绿色低碳转型发展的举措与成效

碳达峰碳中和国家战略为城市经济、政治、文化、社会等方面带来一场广泛而深刻的系统性变革。T 市 G 区确立“绿色发展，低碳先行”的发展路径，“低碳绿”正成为 G 区城区的重要底色。T 市 G 区高度重视城区绿色低碳转型，注重发挥公共机构在绿色低碳转型中的引领作用，确立规划，拟定政策，建立制度，制定方案，配置资源，开展活动，采取一系列有力有为的绿色低碳措施，公共机构能源资源节约成效显著，绿色低碳发展进入新局面。

（一）建立健全公共机构绿色用能制度

制度建设是保障工作长效开展的坚实基础。T 市 G 区机关事务管理局高度重视建立和完善有效的制度机制，加强能源资源管理工作，为公共机构节能用能提供了坚强保障。

第一，完善能源管理常规制度，贯彻落实上级节能决策部署。深入贯彻落实《中华人民共和国节约能源法》《公共机构节能条例》《T 市公共机构节能管理办法》等，先后出台了《G 区公共机构节能工作联席会议制度》《G 区公共机构节能“十三五”规划》《G 区公共机构合同能源管理暂行办法》等，保障公共机构节约型机关创建、合同能源管理、节能行为规范等节约能源资源标准体系的规范化建设，有助于加快各领域项目工作的开展进度，保障公共机构工作的规范化、标准化。

第二，制定专门性政策制度，保障公共机构节能减碳政策落实做优。拟定《T 市 G 区节能减碳项目保障措施》，推行“全生命周期管理制度”。全生命周期管理与质量理念相结合，能够产生突出的管理效应①，这对于提升全区节能减碳项目整体实施效果具有重要作用。公共建筑节能改造项目全面引入社会投资，实现项目批量打包审批、统一立项，优化推广合同能源管理制度，完善统一投资运营管理，实现可持续运营。

第三，建立有针对性的工作机制，协调单位部门间的节能工作开展。拟

---

① 刘心报，胡俊迎，陆少军，等. 新一代信息技术环境下的全生命周期质量管理［J］. 管理科学学报，2022，25（7）：2-11.

定《T市G区公共机构节能工作联席会议制度》，通过建立联席会议制度机制，负责统筹协调、宏观指导、督促检查G区公共机构节能工作。将公共机构节能用能协调工作上升到全区统筹高度，加强单位部门间的联系沟通与联动协调，提升了G区公共机构节能用能项目实施的效率与效能。

第四，注重节能工作的制度化落实，提升公共机构能源管理效能。按要求制订年度节能工作推进计划或实施方案，明确了年度节约能源资源目标和具体指标。在节水方面，“十三五”之后实现了公共机构节水工作制度化、规范化、常态化管理，针对八大类55个大项目108个小项目，按照《G区公共机构节水型单位创建工作指南》，精心筛选创建对象，明确节水型单位创建工作目标、具体要求以及创建标准。目前，已建成165家公共机构节水型单位，创建数量名列T市第一，取得了单位人均综合用水量较“十三五”同期下降19.3%的成绩。在节能方面，创新性开展合同能源管理工作，成功推动多家单位加大对新型绿色节能技术和可再生能源推广应用，经第三方公司能源审计核准，改造后照明系统节电率可达60%以上，空调系统节电率达30%以上，全部改造项目每年可节约电力446万千瓦时，节约电费500余万元。

（二）大力推广应用新型绿色节能技术

T市G区把创新作为引领发展的第一动力。针对公共机构分布散、设施旧的实际情况，G区将公共机构作为低碳技术的运用场景，加大节能技改投入，提升节能效果，建构科技型的“绿色公共机构”。

第一，积极推进智能化节能改造项目。通过建立能耗监测系统、改进照明系统、改造空调系统、换用高效节能型水泵、加装电梯回馈装置等节能改造措施，极大地提升了公共机构能源资源利用效率。一是对北京中医药大学T市医院（G区）进行综合节能改造，建立了能耗监测系统，实时监测、自动统计建筑能耗数据，用户能及时了解建筑用能设备的用能状况。改进照明系统，将传统灯具更换成相应的LED灯具，营造良好的照明环境，降低照明运行能耗；将车库灯具更换成感应灯具，减少灯具照明时间。换用高效节能型水泵，提高流体输送效率，降低水泵功耗；加装电梯能源回馈节能装置，将电梯下行发出电力输送到交流电网供周边其他用电设备使用；改造空调系统，用磁悬浮离心式冷水机组替换老式螺杆式冷水机组，提升空调机组能耗效率。二是多角度、多维度综合改造公共建筑，北京中医药大学T市医院（G

区）EMC 综合节能改造项目改造建筑面积约 7.8 万平方米，年综合节能率可达 20% 以上。T 市 G 区通过采用新技术、新工艺等一系列节能改造项目，深入挖掘公共机构节能改造潜力，于 2021 年获得了由 T 市住房和建设局颁发的表彰牌匾，北京中医药大学 T 市医院（G 区）综合节能改造项目被评为“公共建筑能效提升示范项目”。

第二，大力推广新型绿色节能技术。在 T 市 G 区公共机构倡导优先使用自动启停水泵控制系统、用电设备时间控制器、太阳能热水器等节能装置或设备。在检察院办公楼节能改造项目中，自创了中央空调系统运行参数的集成分析与动态优化控制算法模型。该技术可以根据中央空调负荷及环境的变化择优选择空调系统的运行参数，实现空调运行参数的实时检测、集成分析、动态优化和在线调节，实现变负荷工况下整个空调系统的优化运行，大大提高了空调系统的能源利用效率。

第三，优先采购科技节能产品。政府采购中优先选购科技节能设备、器具，推广应用先进适用的节能新技术和新产品，对耗能较高的用能设施设备及时组织更新淘汰。仅 2021 年，T 市 G 区公共机构更新安装节水器具 21452 套，确保了 G 区各创建单位节水型器具使用率达 100%。此外，在机关建设工程中，T 市 G 区机关事务管理局大量使用节能节水产品，积极推动节能节水设备更新换代。

第四，统筹建立全区统一技术体系。T 市 G 区建立全区节能减碳项目技术、产品超市，公布适用于全区的节能技术、产品、服务、场景化解决方案的目录清单，如技术产品包括分布式光伏以及智能关断技术、组串式储能及簇管理包优化技术、暖通空调节能系统、超级充电站、能管系统等；节能服务产品包括低碳建筑设计、建筑节能诊断、暖通节能服务、数据中心节能服务等；公布行业内排名前十的技术供应商名单，并规定必须在这些技术供应商中选择合作对象。

（三）不断加强公共机构能源节约管理

公共机构节能不仅要通过技术路径推进，还要加强日常常规管理，改变人们的用能习惯，提高用能效率。T 市 G 区机关事务管理局坚持党建引领，完善能源管理制度，推进公共机构能耗管理提质增效。

第一，认真落实日常节能行动举措。T 市 G 区将节能举措落实到日常管理各个环节，建立区政府大楼能耗实时监控平台，实施了水、电分项计量和监控管理，综合节能率达到20%以上；率先在区政府食堂推行中水回收试点工程，将食堂洗菜用水进行沉淀、过滤、消毒后产生的中水用于拖地清洁、绿化浇灌，将区政府大院人工湖排放水回收为绿化灌溉用水。通过多项节水举措，G区每年可节约市政用水1万多吨，实现优水优用、循环循序利用。

第二，积极推动公共机构能源审计工作。公共机构能源审计是实现“节能、降耗、增效”的有效手段。通过能源审计可以实现对公共机构能源消耗的监督管理，提高能源利用效率，从而发挥其示范表率作用，提升经济效益和社会效益。G区是T市能源审计数量最多，且唯一超额完成任务的行政区。通过能源审计，摸清底数，评估潜力，为各单位制定更有针对性的节能方案。按照“全面客观、突出重点、量化细化、安全保密”的原则和T市机关事务管理局的要求，T市G区机关事务管理局积极推进重点用能单位的能源审计工作，圆满完成“十三五”期间62家公共机构能源审计任务。与此同时，T市G区机关事务管理局积极申请财政预算，主动承担G区所有重点用能单位能源审计工作。2017—2018年，T市G区机关事务管理局通过两批招标完成64家重点用能单位能源审计，提前2年实现上级下达的62家任务目标，为64家重点用能单位在“十三五”期间开展节能改造工作争取了大量时间。此外，T市G区政府以开展能源审计工作为依托，全面加强与第三方机构在能源管理方面的合作，充分利用专业优势资源助力提升公共机构节能管理。

第三，稳步推进合同能源管理项目。合同能源管理是一种以降低运行成本、减少能源费用来支付节能项目全部成本的节能业务方式。T市G区机关事务管理局通过市场引用手段、整合社会资源等方式，成功推动了包括北京中医药大学T市医院（G区）EMC综合节能改造项目、区政府大院地下停车场充电桩项目、区政府大院节水器具改造项目、中小型公共机构落实新建雨水收集利用项目、节水型器具更换项目、污水处理和中水回用项目，深入开展包括节约能源资源改造工程等在内的一系列合同能源管理项目。其中，海关大厦、城管环卫大楼、劳动就业培训大楼项目节能效益分享型合同能源管理项目，改造前基准期能耗为836.2914万千瓦时，照明系统改造后，2019年10月至2020年9月节能量为85.6087万千瓦时，折合节约105.213吨标准煤，节电率为10.24%，提高了能源利用效率。

第四，定期开展能源节约考核监督。T市G区定期开展能源节约考核监督的具体措施有以下几个。一是实施清单管理。建立健全巡回检查、设备维护、用水计量等用水管理制度，以“清单管理”明晰岗位职责，加强对G区公共机构节能节水情况全方位动态监督检查。二是将各楼栋节能工作纳入物管公司考评体系。严格落实“日检查”“周巡检”“月考核”“季通报”“年考评”督查制度，对物业公司的履约情况和服务质量进行常态化、全周期实地考核，对物业管理服务各环节、各岗位进行标准化、常态化监督管理，确保履约到位。三是实施常态化监督。切实做好公共环境监督管理，严格检查环境卫生、园林绿化、垃圾分类等工作的落实情况，改善机关办公环境。2022年上半年，巡查物业400余次，发现并整改问题162处，补种灌木6000余棵、种植草皮500余平方米。

（四）积极开展公职人员节约能源资源教育活动

T市G区机关事务管理局开展针对公职人员的节约能源资源教育活动，主要举措有以下几个。一是以“能力作风提升年”行动实施方案为契机，推进“23项”实实在在的举措，全力打造一支守纪律、勇担当、尚实干、善作为、讲奉献的机关后勤队伍。二是向G区干部职工发出公共机构作表率倡议，牵头厉行节约制止餐饮浪费行为工作，与各部门形成“厉行节约、反对浪费”联动共建机制和联合督导检查机制，进一步规范机关事业单位食堂管理。三是举办各类节约能源资源活动，推动G区公共机构节能降耗。2021年12月，由T市G区机关事务管理局牵头，向G区机关事业单位印发《“节水清瓶”行动工作方案》，号召各单位在举办会议、展会等活动时履行节水责任，将实施“节水清瓶”行动纳入会议服务全过程，在主要用水场所摆放节水提示牌，在瓶装水瓶身张贴节水标识。通过开展上述活动，T市G区公共机构在节水、节电、减碳等方面取得了显著成绩。如表3–4所示，相比于2020年，2021年T市G区公共机构的水、天然气以及油方面的消耗总量均有所下降。另外，根据T市G区机关事务管理部门发布的有关数据，2021年，该区公共机构单位建筑面积能耗、人均综合能耗以及人均用水量分别比2020年下降3.59%、2.64%和4.97%，超额完成上级下达的节能指标任务。此外，广大干部职工通过参与“光盘行动”“熄灯一小时”等节能公益活动，进一步增强了对绿色低碳的体验感。

表 3-4　2020—2021 年 T 市 G 区公共机构能耗数据

年份	水消耗量（万立方米）	电消耗量（万千瓦时）	天然气消耗量（万立方米）	油消耗量（万升）
2020	706.63	14010.69	131.93	185.45
2021	677.17	14617.96	130.85	143.15

（五）持续开展公共机构节能宣传工作

实现“双碳”目标不仅是一场广泛而深刻的变革，也是一项复杂工程和长期任务，必须全社会动员、全方位引导。T 市 G 区机关事务管理局创新形式开展公共机构节能宣传工作，进一步增强绿色低碳的社会共识。

第一，广泛开展节能宣传教育活动。结合全国节能宣传周、全国低碳日、世界水日等活动，组织开展形式多样的宣传实践活动，一是通过“T 市 G 区节能科普知识竞赛”线上有奖答题活动，倡导绿色环保的工作和生活方式。二是大力开展“校园垃圾分类”宣传实践活动。通过“小手拉大手”的影响力，带动家庭及社区，以实现全民参与为目标，进一步扩大低碳政策的影响力。T 市 G 区机关事务管理局以节能宣传周为契机，切实加强公共机构节能宣传活动信息反馈，建立健全节能宣传长效机制。“十三五”期间，T 市 G 区公共机构节能工作多次刊登在 T 市公共机构节能公众号和 T 市侨报等媒体上，并多次被 G 区电视台报道。“十三五”期间，T 市 G 区累计发放宣传手册 8000 余份，张贴海报 2100 余份，设置展板 110 个，积极推广节能管理和节能改造中的好做法、好经验，在 G 区各公共机构取得了良好的宣传效果。

第二，积极开展节能教育培训工作。近年来，T 市 G 区机关事务管理局通过岗位培训、工作交流会、学习读书月活动、节能技改现场观摩会等形式，开展节能知识培训和讲座 10 余场；利用宣传栏、电子屏幕，大力宣传节约资源和节能减排的重要性，深入普及绿色低碳知识，将“双碳”理念贯穿服务保障的全过程，努力推动“双碳”目标追求成为全体领导和干部职工的行动自觉，从而带动全社会人员参与到“双碳”目标实现过程中。与此同时，T

市G区机关事务管理局基于能源审计发现的问题，有针对性地对各个单位开展节能专题工作培训，对相关工作人员进行节能知识和技能的培训。

（六）推进节约型机关示范性创建行动

T市G区机关事务管理局积极推进节约型绿色机关示范性创建行动，充分发挥党政机关的引领作用，以及其在生态文明建设中的示范作用。

第一，创建节约型绿色机关，强化机关示范效应。2021年5月，T市G区出台《关于推广示范创建经验建设节约型机关实施办法》，明确要求对标国家级节约型公共机构示范标准，明确单位节能工作职责，要求做到绿色采购、绿色办公与绿色出行。T市G区按照“同类可比、优中选优”的原则，将横岗街道办事处、坪地街道办事处等6家单位创建成区级节能管理示范点；截至2021年底前，又完成了31家节约型绿色机关单位的创建，占G区区级党政机关总数（43家）的86.0%，超额完成2022年达到80%的预定目标任务。

第二，推进垃圾分类工作，发挥机关引领作用。为有效推进垃圾分类工作，T市G区制定了《生活垃圾分类宣传教育督导行动方案》和《生活垃圾分类工作激励方案》，将生活垃圾分类、源头减量、停止使用一次性用品等工作作为节约型机关创建的重要内容，并从约束与激励两个方面，强力保障各项节约型机关创建工作的有效开展。

（七）“五型五化”建设低碳“品质机关”

为了全面提升机关运行保障和服务效能，T市G区机关事务管理局提出以“五型五化”为核心的“品质机关”建设思路，有力地促进了机关绿色低碳转型与发展。

“五型机关”是指打造政治型、服务型、学习型、安全型、节约型“五位一体”的高品质机关。把党的政治建设摆在重要位置，以政治建设为统领，强化“政治机关”建设；以新时代大讲堂、九个党支部学习园地、党建书吧为阵地，将绿色低碳作为重要学习内容，在日常服务保障中严格落实，如在办公运行、公务接待、会议服务、政府采购、膳食供给等工作中，行节约、倡俭朴、戒奢华，压减一般性支出，严控机关工程修建成本，提高资金、资产、资源使用效率，推行绿色办公，践行垃圾分类，杜绝餐饮浪费，培塑机关节俭文化。

“五化机关”建设，要求机关事务管理部门提升标准化、规范化、专业化、精细化、信息化管理水平。将绿色低碳理念贯穿机关事务管理具体工作，对标高质量发展要求，确立专业性管理、服务与保障标准，引进“6S”管理模式，各项工作“有标可循、有标可量、有标可依”；引进专业力量，强化专业训练，餐饮布局、会务等服务形成规范；细化报账要求，逐月通报财政支出，在项目预算、财务执行上“精打细算”；运用先进技术手段和先进科技产品，赋能管理服务，推进机关节能降耗，实现机关事务管理向科学化、数字化、智能化、智慧化、集约化、高效化转型。

（八）机关绿色低碳示范效应初步显现

一直以来，T 市 G 区深入贯彻落实习近平生态文明思想，努力探索工业大区绿色低碳发展新路径，把绿色低碳理念融入 G 区经济社会发展各领域、全过程。G 区在推进绿色低碳发展过程中特色明显，天蓝地净、水清岸绿，已成为 T 市一张亮丽的名片。作为广东省第一批碳中和试点示范市（区），T 市 G 区培育引进了一批绿色低碳企业，并不断改善水环境与空气环境，推进“近零碳社区”建设，绿色生活方式正在成为市民追求的“新时尚”，在推进绿色低碳发展过程中，获得一系列国家级荣誉，如获评“国家生态文明建设示范区”“全国‘绿水青山就是金山银山’实践创新基地”，获得全国唯一的“‘2022 年度低碳榜样’政府案例”荣誉，绿色低碳示范效应初步显现。

国家的绿色低碳政策方针为公共机构节能工作提供根本遵循、指明前进方向。T 市 G 区依据自身实际，建立健全绿色用能制度，大力推广新型绿色节能技术，积极开展公共机构能源节约活动，不断加强公共机构能源管理、持续开展公共机构节能宣传活动，推进节约型绿色机关示范创建行动，创新开展“品质机关”建设，有力推动公共机构向绿色低碳转型发展。T 市 G 区机关事务管理局在 G 区首获“国家节约型公共机构示范单位”和“国家节约型机关”称号。在此基础上，T 市 G 区机关事务管理局于 2022 年先后指导和推动 G 区街道办、G 区中心医院等 4 家单位获评“国家节约型公共机构示范单位”称号，区委（府）办、区委组织部、区委宣传部、区发展和改革局等 5 家单位获评“国家节约型机关”称号，充分发挥了公共机构在贯彻落实碳达峰碳中和决策部署中的示范引领作用，促进“双碳”目标实现，以实际行动助力生态文明建设。

二、T 市 G 区绿色低碳转型发展面临的挑战

“十三五”时期，T 市 G 区公共机构在绿色低碳转型发展方面取得了显著成绩，其示范效应也开始显现。“十四五”时期，国家、省、市公共机构绿色低碳规划提出新目标。为达成政策预期目标，T 市 G 区公共机构绿色低碳转型工作面临多重挑战。

（一）建筑设施逐渐老化耗能

大部分公共机构大楼建设时期较早，各类建筑以及各项设备老化严重，能源消耗居高不下，亟须减碳降碳。由于建设初期缺少先进的建设技术和节能材料，公共机构区域建筑结构性能不高，建筑表面黏结强度降低，出现瓷砖脱落与室内渗水问题，存在一定的安全风险，且建筑整体运行的能耗较高，建筑节能工作问题突出。空调、配电、供水和消防系统等能耗系统投入使用时间长，智能化程度较低，运行效率不高，能源浪费严重。目前，设备依旧采用较粗放的管理方式，基本上依靠人工。各类绿色低碳改造工作由于施工工期长，影响办公秩序，难以推进。

（二）节能管理基础较为薄弱

一是能耗统计手段、方法较为滞后。能源统计手段单一，部分单位到目前还未能建立更有效的能耗计量、统计、监测、分析系统，数据的记录、统计、汇总、上报等方面采用的工作方法和技术手段滞后。二是节能管理流程不规范。公共机构新增设备的增量能耗统计计量器具的配备和管理台账未及时形成，增量能耗数据汇总和统计数据也没有统一的规范，从而影响了能耗症结分析和有效节能措施制定，对进一步推行能耗定额管理造成阻碍。三是对新问题、新情况的适应力不强。面对新设备的增量，如何精准统计能耗，这一问题尚未得到有效解决。四是能源管理的运行程序不规范。例如，虽然 T 市 G 区机关事务管理局联合区财政局出台了区级公共机构合同能源管理暂行办法并每年安排相关培训，但部分单位仍对政策理解不透彻、项目流程不

清晰，曾导致项目实施方与业主方对节能管理模式、节能量的理解存在分歧，此类问题在一定程度上阻碍了公共机构节能改造项目的发展进程。

（三）节能队伍建设亟须加强

节能专业队伍是推进公共机构节能工作发展的强有力抓手，公共机构节能管理工作是一个系统工程，不仅需要建立完备的节能管理体系，还需要配置专业的管理人员。目前，政府部门严控岗位编制，公共机构配备专业人才难度较大。T市G区虽然通过业务培训、知识竞赛、现场走访等一系列措施，狠抓节能队伍专业素质，提升公共机构节能队伍的能力和管理水平。但从调研情况来看，节能管理人员不足以及队伍不稳定的问题较为突出，多数部门节能管理人员由单位内部其他岗位的人员兼任，部分单位节能管理工作人员变动频繁、工作交接不顺畅，即使有新任员工，也需要一定时间适应工作，影响节能工作的顺利开展。与此同时，能源资源统计工作人员的专业性有待提升。能耗统计工作的项目、种类、数量繁多，而公共机构的能源统计工作人员多为兼职，专业性不强，造成工作烦琐、覆盖面不全、数据存在误差等问题，对口径理解有偏差或者不正确收集、填报数据，从而影响公共机构能耗统计工作和统计数据的准确性与公信度。

（四）能源经费呈现“紧约束”

为落实市政府“过紧日子”要求，近年来，T市发改和财政部门严控资金使用范围，T市G区机关事务管理局申报的公共机构节能工作预算也是逐年锐减，节能宣传和节能培训等常规工作已无资金保障，需要调剂其他费用开展，为利用市场化机制引入第三方机构的节能咨询服务费用更是无从谈起。这给“十三五”需要完成的公共机构节能管理平台建设等工作任务以及“十四五”将要开展的节约型机关创建、“无废城市细胞”创建、公共机构能源审计等重点工作带来很大挑战。

（五）合同能源管理模式单一

尽管T市G区机关事务管理局联合财政局出台了区级合同能源管理暂行办法并每年安排相关培训，但部分单位仍对项目流程不清晰、政策理解不透彻。节能保证型、能源费用托管型合同能源管理模式未能应用在节水、节油等领域，合同能源管理项目开展类型比较单一，未能充分利用市场力量参与公共机构节能项目，亟须上级发改、财政部门及机关事务管理部门破除协调统筹与相互合作的各类阻碍，提升与改变公共机构能源管理理念、管理模式。

三、T 市 G 区绿色低碳转型发展的改革策略

作为 T 市国际低碳城所在地，近年来，G 区深入贯彻国家关于碳达峰碳中和相关工作部署，锚定碳达峰碳中和先行示范区新目标，以先行示范标准探索碳达峰碳中和发展路径，全力打造绿色低碳发展典范。在国家“双碳”目标背景下，T 市 G 区公共机构绿色低碳转型成绩斐然，但仍然存在困难与挑战。T 市 G 区进一步推进公共机构绿色低碳转型，可选择如下路径与策略。

（一）统筹布局“转型一盘棋”

T 市 G 区公共机构绿色低碳行动要以绿色低碳为核心主导，“一盘棋”统筹发展，可采取如下措施推进公共机构绿色低碳高水平转型。一是建立网络化的公共机构绿色低碳管理体系。发挥各级各类公共机构的联动作用，增进公共机构节能方法交流与绿色改造经验共享，构建集绿色办公、绿色生活、绿色改造、绿色采购、绿色出行、绿色服务等于一体的公共机构绿色低碳管理网络体系。二是建立区域化公共机构节能工作合作机制，共同推进公共机构绿色低碳转型和机关运行保障工作。三是建立互惠化的政企节能减碳合作机制。积极推进政企合作，通过与科技企业合作，创新应用新型节能技术，互惠共赢，提升专业性节能减碳能力，拓展绿色空间，优化绿色环境，推动美丽机关建设。四是建立绿色低碳专业知识交流培训制度。加强各类公共机构和绿色低碳专业机构的交流与沟通。五是提升绿色低碳的标准化、规范化水平。制定适用于区域的制度标准，规范节约节能行为，建立评估和通报制度，加大节约型机关创建力度。六是建立绿色用能节能数据平台，统筹推进 T 市 G 区公共机构能源管理工作。T 市 G 区要紧扣落实碳达峰碳中和目标，建好能源管理大平台，完善协同创新机制，推动 T 市 G 区绿色低碳区域优势与制度优势紧密结合。

（二）优化升级“两个系统”

T市G区公共机构绿色低碳转型，需要改造升级与优化完善“两个系统”：一是“用能—节能”运行系统，二是“线上—线下”能源监测系统。

1. 改造升级“用能—节能”运行系统

G区政府大院供配电系统已经老旧，能耗大、效率低。只有通过升级改造才能实时监控，消除各种用电安全隐患，进而提升区政府大院建筑使用的整体效益。

一是实施智能化的供配电系统管理模式。通过项目制的方式升级改造区政府大院中压系统继电保护装置，实现区政府供配电系统的更新升级，高质量推进区政府大院供配电工程。在各项限制条件的约束下，持续优化工程设计方案，最大限度减少对机关办公的影响。

二是强化配电系统风险控制，确保电力系统持续运作。保证24小时监管配电房的安全运行环境，实现门禁、视频、红外、烟感等监控功能，进行安全集中监管，不断提高信息的精确性及时效性，杜绝火灾隐患，确保电力系统正常供电。

三是应用先进低碳技术解决设施设备老化问题。降低能源消耗，减少碳排放，实现“技术+减碳路径”发展模式，是当下公共机构的普遍做法，只有采用先进技术，才能提升能源资源利用效率，推进公共机构绿色低碳转型发展。

四是建造“造能—储能”运行系统。公共机构绿色低碳转型，不仅仅是“用能—节能”运行系统的工程改造，更关键的是能否建构“造能—储能”运行系统。打造“造能—储能”运行系统注意做好两点。①建设公共建筑屋顶分布式光伏。推动公共机构办公区采用节能新技术，大力推行屋顶光伏、光伏幕墙等项目建设，利用遮阳技术、温室效应及余热回收等技术减少能耗。一方面，面向G区各级各类公共机构开展屋顶光伏建设资源普查，内容涉及年度用电量、变压器容量、屋顶可利用面积、构筑物使用时间等，摸清工作家底，掌握可利用资源。另一方面，以G区成为T市唯一“全国整县（市、区）屋顶分布式光伏开发试点”为契机，加快推进G区公共建筑屋顶光伏项目，对有条件的建筑增设光伏设备；择优选取条件较好的公共机构作为项目建设第一梯队，提升项目可行性、操作性，加快项目对接推进速度，力争“十四五”期间全面落实G区光伏发电项目指标。②建立以可再生能源为核心的能源管理体系。一方面，开展可再生能源建筑一体化的试点应用。结合公共机构新建以及既有建筑维护结构改造工作，对有条件的建筑，使用一种或多种可再生能源，创新试点光伏建筑一体化、微型风机建筑一体化项目的建设。结合建筑景观要求，选取不同类型的光伏组件，进行光伏建筑一体化项目的试点。探索微型风机与建筑一体化结合的形式，开展风电建筑一体化项目的试点。试点成功后，逐步推广至G区有条件的公共机构。另一方面，创新开展公共机构智能微电网项目。建设可再生能源微电网管理系统，通过能源大数据技术对风电、光伏、储能及用电负荷进行数据分析，探索形成G区公共机构智能微电网系统。提升公共机构电能管理水平和电能利用效率，建立以可再生能源为核心载体的高效、可靠、清洁、智能的一体化及供需无缝衔接的可再生能源体系，并试点推进动力电池的循环利用。

2. 优化完善“线上—线下”能源监测系统

T市G区公共机构数量多，分布范围广，除了改造升级“用能—节能”运行系统，还要优化完善“线上—线下”紧密结合的能源监测系统。

“线上能源监测系统”建设，即建立T市G区公共机构能耗监测平台——能耗在线监测系统，也称为“能源信息监测系统”，是通过对用能单位的电、热、水、煤、温度等能耗数据进行分项计量、采集、传输和监控，最终实现用能管理的数字化和可视化的能源管理系统。其依托计算机网络、无线通信、计量采集等信息化技术，能够反映数据的动态变化，对历史数据进行存储和查询，可用于能耗统计、节能诊断、能效管理、分析决策、企业能源调度等。

对于各单位的用能节能数据收集，T市G区机关事务管理局已经在各单位建立联络员制度，建设“线下能源监测系统”，可以将目前的“节能联络员制度”深化完善为“低碳专员制度”，建立相关配套制度，明确“低碳专员”的工作职责，健全“低碳专员”的工作机制，与上面提及的能耗监测平台——能耗在线监测系统紧密结合，组建“线上”与“线下”紧密联动的“T市G区公共机构能耗监测中心”，由T市G区机关事务管理局专门管理。

“线上”“线下”相结合的能耗监测模式，目前在国内尚未有成熟做法，建议T市G区机关事务管理局将其作为一项制度创新，尽快落实，先行示范。

（三）创新推进“三化融合”

T 市 G 区绿色低碳转型发展应该走“数字化 + 标准化 + 市场化”融合的综合路径。

1. 数字化路径

数字化改革与绿色低碳赋能是机关事务管理工作高质量发展的重点和突破口。以数字化变革为重点，建立数字化平台，推动公共机构能源资源消费向绿色低碳、运行安全、用能保障方面转型，实现高质量发展。

第一，搭建数字化能源平台以监管重点用能单位。能源管理系统是降低能源消耗、提高能源利用效率的关键环节。通过搭建公共机构数字化能源平台，采用数字化智能平台与工作人员手机等移动端的统筹管理，实现数据采集、共享、传输等各项管理数字化。并且，各类公共建筑可结合设备更新升级契机，在保证原有系统稳定运行的基础上集成自动化、智慧化的管控功能，同时加大节能意识培养及技能培训力度，使节能降碳理念深入人心，设备管理人员落实操作规程，从而充分发挥平台系统功能，促进硬件设备与软件系统的协同管理，用好、用实信息化手段，为建筑全生命周期的节能低碳运行提供“智慧大脑”。

第二，优化公共机构能源监测统计系统。可借鉴德国在能源监测统计方面的经验做法，通过对用能单位能源管理全过程实施控制，使各项活动、过程及其要素不断优化，利用能源评审、监视测量和评价等要素，不断提高对公共机构能源管理平台持续改进的有效性，实现绩效管理的目标。建议 T 市 G 区对本单位现有能源管理工作进行梳理、整合和提升，充分识别节能机会，找出薄弱点和重点控制目标，通过能耗监测平台，整合各类数据信息，提升节能的整体效果和效率，建立健全对能源资源消耗的实时监控机制和瞬时预警机制，不断提高能耗统计管理水平。

第三，推动数字能源管理平台与物业服务管理相结合。利用数字化手段促进绿色低碳运行标准化的落地实施，探索“数字技术 + 节能降碳”工作模式。一是利用数字能源管理平台对物业服务进行统一标准化管理，将节能目标完成情况、日常巡检和垃圾分类管理等纳入对物业公司的考核内容。用数字化方式推进标准化流程，并评估标准的实施情况，提高标准的综合利用率，实现数字化与标准体系的全面融合。二是通过数字化赋能，让节能管理工作更加有序高效。物业人员可以通过平台进行能源资源消耗量、计量器具、设备设施台账、垃圾分类清运量的登记，日常设备设施巡检、水电抄表一键扫码进行数据上传，各类数据统计情况在平台显示，管理人员可实时查看能耗数据情况，及时进行监督管理。

2. 标准化路径

标准化是国家治理体系现代化的重要组成部分，也是机关事务管理工作高质量发展的基础性、战略性工程①。引入标准化管理有助于更好地促进公共机构绿色低碳转型，不断提高管理和服务保障水平，公共机构绿色低碳转型应充分发挥标准化的支撑引领作用。

第一，构建公共机构节能管理标准化体系。构建公共机构节能管理标准化体系应以集中统一、多元参与、科学完备为目标导向，兼顾技术、用能设备和能效评价等各项管理体系的重要内容②。一是建立完善节能管理制度体系，加强制度标准化建设。T 市 G 区应充分发挥标准对节能工作的规范、调节、约束、控制功能，建议组织编制物业管理、变电服务、暖通消防、节约用水、设备维护等地方标准，通过完善管理办法，细化管理流程，全面提升节能管理的规范化制度化水平，提高节能管理效能。二是拓宽标准，增添绿色低碳内容。在构建公共机构节能管理标准化体系过程中，要积极完善标准化内容，融入绿色低碳元素，以此加大节能降碳标准的执行力度，形成强有力的标准化管理格局。

第二，建立绿色管理的评价约束标准体系。建构公共机构绿色管理服务的评价约束标准体系，推动“双碳”工作标准的进一步落实。建立健全公共机构节能降碳目标责任制，加强绿色标准考核和监督；明确规定实行年度绩效考核制度和考核办法，逐级分解落实节能降碳目标，做到考评全覆盖，把节能降碳目标完成情况作为考核评价的重要内容，实行公共机构绿色低碳运行工作通报、奖惩、综合考评机制，强化结果运用。同时，借鉴国内外优秀

---

① 尹利民，丁杰，吴茗．机关事务标准化：理论逻辑、实践困境与路径选择［J］．理论与改革，2020（2）：113-121.

② 郭峰．公共机构节能标准体系建设探究——以北京市为例［J］．中国机关后勤，2023（12）：47-50.

标准化评价体系成果。系统归纳总结国内外公共机构标准化建设做法和经验，充分吸收其标准化建设指标；结合T市G区实际情况，制定T市G区公共机构绿色低碳标准化建设政策清单；通过委托第三方机构开展T市G区公共机构绿色低碳建设测评，不断完善标准化指标体系，助推T市G区公共机构绿色低碳转型，进而发挥其先行示范作用。

第三，强化用能系统和设备的绿色低碳标准化管理。通过对公务用车油耗、建筑能耗、人均能耗构成的节能重点领域进行常态化监督、检查，建立标准化、规范化监督管理模式，推进节能工作向前发展。诸如，公务用车管理检查时限、地点常态化，夏冬两季用能高峰期的温控检查规模化，节能宣传周检查、年终考核评估、数据统计质量抽查结果运用绩效化等。

3. 市场化路径

市场机制是加强公共机构节能管理工作的重要渠道，公共机构需要充分利用市场化模式开展节能改造，积极探索解决节能改造投入不足问题，努力形成多元协同、多方发力的节能用能治理机制。

第一，创新应用市场化模式实施节能技改。合同能源管理模式解决了用能单位节能改造资金、技术难题，在实现节能改造和运行管理的同时，提高了能源利用效率，降低了能源费用支出，对于多数公共机构具有非常好的应用空间。T市G区需要大力推广公共机构合同能源管理用于节能降耗工作，通过应用市场化方式吸收社会资金，降低项目运行成本，为财政节约大量经费；同时，将提高绿色办公效率和数字经济“一号发展工程”相结合，借助社会资本，通过市场化合同能源管理手段，新建能耗监控系统，打破数据壁垒、打通部门界限，加强设备管理，进一步推进水、电等设备改造，提高利用效率，真正实现高效节能、绿色办公。

第二，引入市场化机制完善办公区新能源汽车充电服务体系。按照“适度超前、投资合理”的原则组织实施建设，引导社会资本参与公共机构充电桩建设运营，不断提高公共机构充电桩覆盖率。①统筹推进公共机构充电基础设施建设，主动摸查公共机构实际需求，持续推进新能源汽车充电系统建设，以实际行动引领绿色环保出行新风尚。②针对充电站建设的资金问题，建议T市G区推动充电设施连接成网，采取市场化运作模式，引进社会力量，与企业合作，对选址、电力容量、办公区新能源汽车增长数量进行详细调研，通过科学规划，先行建设政府办公区新能源汽车充电示范站，根据使用情况安排扩建事宜，中心与企业共同服务用户，承担社会责任。

（四）整体提升“四个能力”

公共机构绿色低碳转型，不仅需要优良的制度机制、先进的技术，还需要提升自身的综合管理能力。

1. 提升党建引领力

积极推动党建工作和绿色低碳转型同向发力、同频共振、融合发展，以党建“红”引领生态“绿”，创新举措抓实碳达峰碳中和工作，赋能公共机构绿色低碳转型；打造一支思想过硬、业务过硬的高素质节能人才，赋能机关事务管理工作高质量发展。

第一，党建引领“先行示范”，创建生态文明示范点。深入贯彻落实习近平生态文明思想，聚焦“走在前、作表率”，依托机关党建质量提升行动，树立用“红色”党建引领“绿色”新风尚发展目标，充分发挥机关党组织战斗堡垒作用和党员先锋模范作用，推动机关厉行勤俭节约、反对铺张浪费，健全节约能源资源管理制度，大力宣传勤俭节约的生活理念，推行绿色办公，实行生活垃圾分类，强化绿色宣传教育，引导党员干部践行绿色低碳的工作和生活方式，形成党建引领节约型机关创建新风尚。以培树典型为重点，通过加强组织领导，强化协同联动，广泛宣传引导，全面总结推广示范单位创建的好经验和好做法，充分发挥典型的示范、辐射带动作用。

第二，党建业务“双融双促”，构建绿色低碳工作新格局。坚持把党建引领作为创建工作的“红色引擎”和有力抓手，采用“党建+”模式，助力党建与创建工作深度融合。党支部主动介入、全程参与，释放党建引领和党员示范带动作用。党支部书记以身作则，率先垂范，带头践行并督导干部职工树立绿色环保意识。要求党员干部既当节约的执行者，又当环保的宣传者，不仅在单位自觉践行，还将绿色节能的理念带到家中，让绿色环保的种子在单位内外生根发芽、遍地开花。

第三，党员下沉“创绿一线”，塑造绿色低碳队伍。明确以党建“红”引领生态“绿”党建品牌，认真学习贯彻党的二十大精神，将绿色低碳列为节能工作人员特别是党员重点学习内容，通过学习教育，着力塑造一支思想好、作风正、纪律严、业务精的节能队伍。严格落实“三会一课”“主题党日”等制度，扎实开展与绿色低碳有关的主题活动，推进理论学习与节能工作有机结合，充分焕发党组织的战斗力、凝聚力和号召力。结合各类学习教育，通过听报告、参加座谈会、撰写学习心得等方式，加强环保业务知识培训，使人员队伍整体素质进一步提升，增强推动绿色低碳发展的能力本领。同时，出台相关配套政策，提高公共机构节能工作人员的待遇，制定相应的激励措施，在稳定现有队伍的基础上，吸纳更多专业人员从事绿色低碳转型工作。

2. 提升物业管理专业力

以“绿色物业管理”为抓手，持续有效落实T市G区公共机构绿色低碳转型的各项举措，不断提升“专业化、精细化、绿色化”服务水平。

第一，提升绿色物业管理水平。通过先进运营理念、高新技术应用和精细管控的经验等，推动机关委托的物业公司向绿色低碳转型，不断提升物业管理水平，实现绿色低碳运营。①将节约型机关、绿色机关创建等相关要求融入物业管理过程，从基本要求、组织管理、房屋及设施设备管理、环境管理、生活垃圾分类管理、会议服务、公共秩序维护及安全防范等方面提高物业服务质量。②建立绿色合同管理指标及绿色低碳指标台账，实行绿化合同指标清单管理，做实绿色过程监管。制定出台物业服务企业绿色管理考核办法，采取“周巡考、月定考、季轮考、年综考”方式，抓日常、强管理、促提升，推动绿色物业管理的规范化和精细化。此外，还将绿色物业管理转变为“绩效考核”，不仅有数量概念，更注重节能、减排和环保效果。

第二，提高绿色物业服务能力。物业公司要转变服务理念，调整优化思维，努力向绿色物业管理领域转型。要以“十四五”规划和2035年远景目标纲要提出的降低单位GDP能源消耗和二氧化碳排放的约束性指标为依据，促进物业管理行业绿色发展，提升物业管理设施设备技术人员专业素质和运维管理水平。同时，将节能工作落实情况纳入对物业公司的招标合同和考核，促使节能管理责任落实到位，每年组织水电工、维修工等能耗关键岗位上的工作人员，进行节能减排技能培训，在操作、使用、维修和维护等方面提高节能业务水平。

第三，建立绿色物业评价体系。绿色物业评价体系的建立，需要考虑不同类型物业项目的特点，对物业项目运行寿命期内的基本制度、节能管理、节水管理、垃圾分类管理、环境绿化管理、污染防治管理等方面进行综合评价。建议T市G区结合实际情况，建立一套绿色物业评价体系，对物业公司项目服务情况进行考核，全面开展物业服务质量综合评价，落实质量评价制度。

3. 提升科技保障力

科学研究和新技术开发是推动公共机构绿色转型发展的重要保障，尤其是信息化建设，对公共机构节能降碳重要业务开展与政策执行全过程效率提升具有关键支撑作用。[①] 绿色建筑节能层面的创新，包含先进技术的开发与应用，如节能管理模式包括供热、通风和空调设备节能技术，能耗监控系统，水、电、气、热等的分项计量，水循环利用，新型绿化灌溉技术，垃圾分类收集与处理技术，楼宇能源自动管理系统等。建议在T市G区公共机构建筑维修和旧改过程中，深入学习并借鉴国内外绿色低碳节能模式，不断提升建筑绿色低碳节能减排设计能力，大力推广5G应用、人脸识别、智能监控、门禁一卡通等先进科技设施，努力提升机关事务管理科学化、数字化、智能化水平。

4. 提升创建示范力

通过创建公共机构绿色低碳示范单位，引领社会机构开展能源结构调整、低碳行动推广等工作，形成齐抓共管的格局，营造全社会绿色低碳的良好氛围。措施主要有以下几个。一是大力开展绿色低碳转型行动。通过采取推动绿色低碳用能转变、强化绿色低碳建筑管理、倡导绿色低碳行为方式、加强绿色低碳示范宣传以及提升绿色低碳治理水平等举措，高质量实现能源消费结构优化和节能降碳目标，树立机关集中办公区绿色低碳发展的引领型标杆。二是挖掘与创建公共机构绿色低碳特色项目。推出能反映T市G区公共机构减碳降碳优势特征的示范性项目，促进公共机构绿色低碳元素融入区域“双碳”治理品牌体系，进而促进公共机构低碳管理品牌化发展。三是开展公共机构绿色低碳试点示范。在集中办公区重点打造探索技能标准化指标体系建

---

① 邹圣锋，朱呈义，张韫. 公共机构节能管理信息化建设的思路与重点［J］. 中国行政管理，2024，40（2）：154–157.

设的示范点，采取典型引领、示范带动、整体推进的方式，前期选择区政府大院、海关大厦、建设大厦为试点单位开展标准建设，以点带面，加快示范创建工作进度，形成示范效应，并不断推广。四是开展绿色低碳单位、案例示范。遴选公共机构绿色低碳示范单位，征集并向国管局推荐公共机构能源资源节约示范案例，进一步增强示范效能，创建一批有特色、有示范、有引领的节约型公共机构。

（五）重点打造“五大品牌”

T 市 G 区公共机构绿色低碳转型，应注重发挥公共机构的“品牌示范”作用。创建“公共机构绿色品牌”，通过示范创建工程，推动公共机构绿色低碳的高水平转型。

1. 节约型机关品牌创建

以街道及职能部门作为创建对象，大力推进节约型机关创建工作。健全节能降碳管理制度，强化能源资源消耗及碳排放目标管理，加大政府绿色采购力度，带头采购更多节能、节水、环保、再生等绿色产品，更新公务用车优先采购新能源汽车。推行绿色办公，使用循环再生办公用品，推进无纸化办公。

2. 节水型单位品牌创建

加大对区、街道两级党政机关、事业单位等公共机构节约用水工作梳理力度。按照因地制宜、分类指导、经济适用的原则，各公共机构结合自身实际，积极主动对照标准，开展节水型机关（单位）创建申报。

3. 绿色学校品牌创建

以 T 市 G 区大中小学作为创建对象，开展生态文明教育，提升师生生态文明意识。打造节能环保绿色校园，积极采用绿色产品，提升校园绿化、美化、清洁化水平。培育绿色校园文化，组织多种形式的校内外绿色生活主题宣传活动。推进绿色创新研究，有条件的大学要发挥自身学科优势，加强绿色科技创新和成果转化。

4. 绿色医院品牌创建

倡导低碳、绿色、健康的生活方式，改善医院环境，加强医院节能减排管理，提升医疗质量，提高患者、社会和医务人员环境满意度。倡导环保节能，绿色办公，低碳出行，降低耗材使用，节约用电用水，规范各项制度，提高工作效率。根据国家和T市G区相关政策要求，积极推进绿色医院创建工作。

5. 绿色食堂品牌创建

以T市G区公共机构食堂为创建对象，公共机构节能主管部门联合制定T市G区绿色食堂创建标准，进一步摸清公共机构粮食消费状况，全面落实绿色机关食堂建设要求，实现能源资源集约节约利用，提升公共机构食堂绿色化、电气化、精细化管理水平。完善监督考核机制，将反食品浪费纳入贯彻落实中央八项规定及其实施细则精神和整治形式主义为基层减负情况专项督查，以及机关事务管理系统先进创评工作内容。

通过“公共机构绿色品牌”创建，推进T市G区公共机构绿色低碳转型。T市G区拟会同有关研究机构，结合T市G区实际情况，围绕上述“五大品牌”设计一套评价指标体系，着力打造具有T市G区特色的绿色品牌，并成为T市G区绿色低碳转型的亮丽名片。

第四章

市场视阈下的公共机构绿色低碳转型

第一节　市场路径推进公共机构绿色低碳转型的形式

《中共中央 国务院关于加快建设全国统一大市场的意见》提出“要坚持有效市场、有为政府的工作原则”。“双碳”发展背景下，如何发挥市场在公共机构绿色低碳转型过程中的有效性，是具有现实价值的研究议题。在我国，依靠市场化手段开展节能降碳工作，已成为公共机构绿色低碳转型的关键选择。《深入开展公共机构绿色低碳引领行动促进碳达峰实施方案》强调，要持续推进公共机构节能的市场化机制建设，鼓励借助能源托管等合同能源管理方式开展节能管理工作，依靠市场机制解决公共机构节能改造难题。市场路径作为增强绿色低碳转型能力的重要方案，为实现国家碳达峰碳中和目标提供有效支撑。由此可见，公共机构应统筹运用行政与经济手段，充分借助市场力量开展节能改造工作，充分发挥市场主体活力，提升公共机构能源资源利用效率，实现公共机构节能降碳工作专业化管理，构建多元协同、多方发力的绿色低碳治理体系。推动公共机构绿色低碳转型的市场路径主要包括合同能源管理、PPP（Public Private Partnership）模式、碳排放权交易、绿色保险。

一、合同能源管理

根据《合同能源管理技术通则》（GB/T 24915—2020），合同能源管理是指“节能服务公司与用能单位以契约形式约定节能项目的节能目标，节能服务公司为实现节能目标向用能单位提供必要的服务，用能单位以节能效益、节能服务费或能源托管费支付节能服务公司的投入及其合理利润的节能服务机制”。该模式的运行模式如图 4-1 所示。合同能源管理实施的关键在于两点。①以减少的能源费用支付节能项目全部成本。此类节能投资方式允许用户借助未来的节能收益进行绿色化升级改造，降低能源损耗等带来的运行成本。②节能服务公司以承诺节能项目的节能效益或承包整体能源费用的方式为用户提供节能服务。

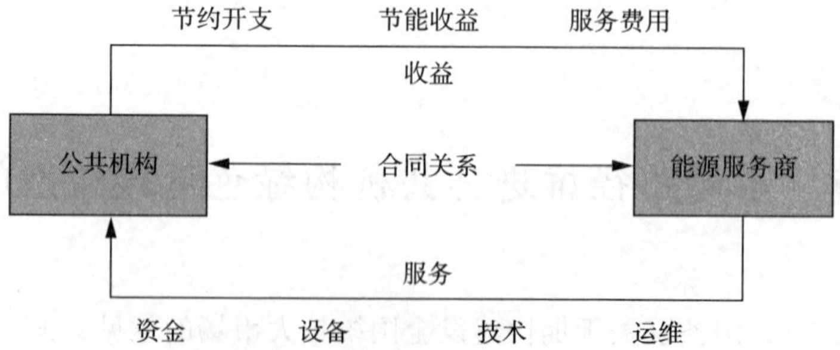

图 4-1　合同能源管理项目运行模式

合同能源管理作为一种基于市场运作的节能服务机制，广泛应用于节水、节电、光伏发电、能源改造等领域，对绿色低碳长效发展具有重要推动作用。公共机构是国家节能降碳工作的重要对象之一。目前，诸多公共机构不仅面临改造资金短缺问题，还缺乏成熟的管理手段和专业技能。因此，公共机构要想取得良好的节能发展效益，必须改变过度依赖行政手段的传统干预方式，建立行政机制与市场机制紧密结合的绿色低碳转型推进模式。合同能源管理是当前公共机构主体实施的最为成熟的市场化节能模式，被视为公共机构实现碳达峰碳中和目标的关键路径①。如表 4-1 所示，当前我国有诸多由政府机构与企业合作积极推进的合同能源管理应用工作。从具体实践来看，能源费用托管型的合同能源管理项目的应用更为普遍。

表 4-1　开展合同能源管理项目合作实践案例列举

合作单位	项目	时间	主要内容
宁波市奉化区机关事务管理局—国网浙江综合能源公司	奉化区行政服务中心能源费用托管型项目	2020 年	改造能源设备、打造建筑能效平台、建设车棚光伏与充电桩等
浙江省平湖市机关事务管理中心—国网（嘉兴）综合能源服务有限公司	平湖市行政中心能源费用托管型合同能源管理项目	2021 年	对办公大楼进行综合能源节能改造

① 张晓卯.合同能源管理：公共机构碳达峰与碳中和的解决之道——以上海市公共机构合同能源管理为例［J］. 中国行政管理，2021（11）：157-159.

续表

合作单位	项目	时间	主要内容
江苏省镇江市机关事务管理局—国网江苏综合能源服务有限公司、镇江供电公司	镇江市行政中心综合能源托管项目	2021 年	对空调系统、电梯系统、照明系统、供热锅炉系统等进行节能改造，建设末端空调集中管控和综合能源管理平台等
上海市机关事务管理中心—上海麟祥环保股份有限公司	徐汇区行政服务中心能源费用托管型项目	2022 年	对机关厨灶具、照明灯具、发电系统、空调机房进行节能优化，建设能源管理平台，等等
浙江省温州市机关事务管理局—正泰集团	温州市行政中心能源费用托管型合同能源管理项目	2022 年	节能技术应用、能源管理软件开发、能源改造等

依照具体的业务开展方式，合同能源管理可划分为节能量保证型、节能效益分享型、能源费用托管型。不论实施哪种合同能源管理形式，核心都在于以减少的能源费用支付节能项目全部成本[①]。公共机构实施合同能源管理，节能改造成本或风险由一家承担转变为共同分担，这一机制有效提升了公共机构节能减排效力，有效促进了绿色低碳转型。公共机构实施合同能源管理项目，需要形成分工明确的组织关系、健全的财务管理和法律体系，以及合理的项目激励机制。优化设计合同能源管理流同样十分重要，包括项目申报、能源审计、计划管理、招标、合同签订、项目设计、项目监理、施工、施工验收、项目审计、节能量审核、节能确认、资金拨付、项目合同期内设备运行的维护与管理、系统移交等环节[②]。此外，在项目推进过程中，仍不能忽视能源资源消耗基准统计等基础性工作，有条件的机构可以引入第三方专业审核机构，开展绩效评估与监督工作，确保合同项目的高质量运行。

二、PPP 模式

PPP 模式，即公私合作伙伴关系，是指公共机构和私人机构建立起来的一种合作关系，是为提供传统上由公共机构提供的公共项目或服务并实现其公共效益而建立的融资、建设与管理模式。与公共部门提供公共物品或服务

① 王文博.合同能源管理：开启公共机构节能市场化之门［J］. 中国机关后勤，2022（8）：24–25.
② 于海生 . 公共机构合同能源管理的应用及问题浅析［J］. 上海节能，2021（12）：1403–1406.

的传统模式相比，PPP 模式促进社会资本参与公共物品和服务供给过程，使公共部门获得更多资金和技术支持[①]。PPP 模式运行机制如图 4–2 所示。通过这种公共机构与私人机构合作的模式，可使双方资源与能力优势产生更大影响，既能满足私人机构的投资营利目标，又能有效地为社会提供公共产品和公共服务[②]。PPP 模式是管理模式与社会治理机制的创新，具有伙伴关系、利益共享以及风险分担等重要特征[③]。在绿色低碳转型的政策背景下，PPP 模式为公共机构减缓节能降碳工作压力提供了重要途径。

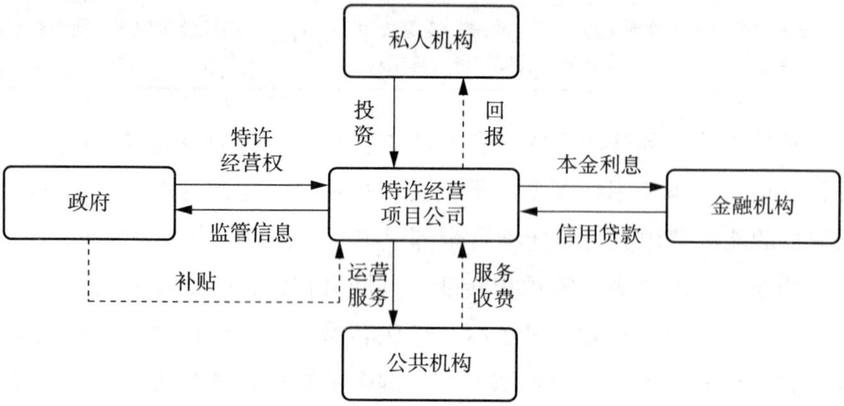

图 4–2　PPP 模式运行机制

在公共机构污水、垃圾处理等付费保障性和运营属性较强的领域，适合引入 PPP 模式，由公共机构与企业主体联合运营。通过激发私人部门的治理活力，促进资金、技术、服务以及管理等资源有效配置，助力社会可持续发展。根据《全国 PPP 综合信息平台管理库项目 2022 年 10 月报》数据统计，截至 2022 年 10 月末，我国已落地污染防治与绿色低碳 PPP 项目 5911 个，投资总额高达 5.7 万亿元。这些项目推动大量企业投入生态环保治理事业，有效缓解了政府部门财政负担重、能力不足、资源匮乏等压力，助力建设更有韧性、绿色、可持续的基础设施，提高我国应对气候变化的能力[④]。通过 PPP 模

① 刘闯 .PPP 模式与环保产业发展［J］. 前线，2019（4）：76–78.

② 贾康，孙洁 . 公私伙伴关系（PPP）的概念、起源、特征与功能［J］. 财政研究，2009（10）：2–10.

③ 刘薇 . PPP 模式理论阐释及其现实例证［J］. 改革，2015（1）：78–89.

④ 敖阳利 . 以 PPP 模式助推全球低碳与可持续发展［N］. 中国财经报，2022–12–06（6）.

式引导社会资本参与绿色低碳项目投资建设运营的过程，可以有效整合政府与市场双方优势，推动财政资金运营、公共服务供给提质增效。但是，PPP模式支持绿色低碳发展的各类业务，存在行业分布不平衡、民营企业参与不足、绿色低碳理念贯彻不到位等问题。未来应更好地发挥政策引领与规范作用，激发企业参与积极性，以融合创新开拓绿色发展新空间[①]，真正推动PPP模式融入公共机构绿色低碳治理格局。

三、碳排放权交易

碳排放权交易是实现我国“双碳”目标的核心政策工具之一。如图4–3所示，碳排放权交易理论的核心在于“碳排放额具有商品属性”[②]，可用于交易。简言之，碳排放权交易是将二氧化碳排放权视为一种商品，买方通过向卖方支付一定金额，获得一定数量的二氧化碳排放权，进而形成二氧化碳排放权交易的过程。在碳排放权交易过程中，买方将所购减排额用于减缓温室效应，从而实现其减排目标。基于碳排放权交易的市场体系建设，有利于充分发挥市场机制的经济效应，促进碳资产的优化配置，整体降低碳减排成本，同时，能推动技术、资金向绿色低碳发展领域流转，加快产业结构、能源消费转型升级。

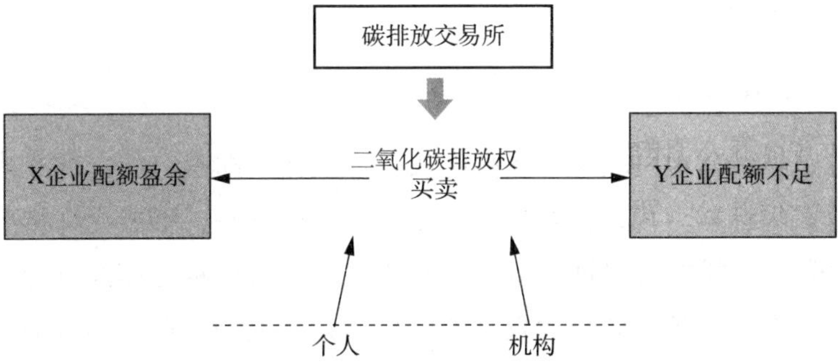

图 4–3　碳排放权交易运行机制

① 夏颖哲．规范发展政府和社会资本合作（PPP）模式为绿色发展增动力添活力［J］．环境保护，2022，50（16）：45–47.

② 徐瑶．马克思商品理论下的碳排放交易研究［J］．中国经济问题，2016（1）：50–55.

碳排放权交易机制主要包括：清洁发展机制（Clean Development Mechanism）、联合履行机制（Joint Implementation）、排放交易（Emission Trading Systems）。

（一）清洁发展机制

清洁发展机制是一种全球合作机制，在降低温室气体减排、推动发展中国家产业转型以及实现可持续发展等方面具有重要影响作用[①]。清洁发展机制的运行机理在于，由发达国家投入资金、技术等资源，推动发展中国家开展温室气体减排项目，“目标在于减少限制排放的成本，允许成员在国内或国外寻求最为廉价的削减排放的机会”[②]。这一机制在《京都议定书》的承诺框架下发挥作用，帮助诸多发展中国家降低碳排放、控制能耗，实现可持续发展，实现发达国家减少温室气体排放的目标承诺。

（二）联合履行机制

联合履行机制是实现全球合作的重要路径，能够推进不同国家在各个领域开展合作，促进多边主义发展。各国基于自身优势与利益考量，开展项目合作活动，一方面协助减排成本较高的国家降低减排成本，有效实现温室气体减排承诺；另一方面为减排成本较低的国家提供资金、技术等资源支持，旨在推动全球节能减排进程。

（三）排放交易

排放交易过程中，政府开展碳配额管理工作，即确定特定行业或地区的碳排放总量的标准上限，并对标准上限进行合理分解，形成允许排放的额度（排放许可证）。排放许可证可以在参与排放交易的机构主体间进行买卖，形成碳排放权交易市场。碳排放权交易市场运行的关键，在于倘若某机构主体实际碳排放量低于排放许可证允许的排放量，则该机构能够将剩余的排放额度出售给其他有需求的机构主体，这一过程会产生经济收益。另外，倘若某

① 刘航，杨树旺，唐诗. 中国清洁发展机制：主体、阶段、问题及对策［J］. 理论与改革，2013（2）：78–82.

② 周立胜.《SCM 协定》视野下的清洁发展机制［J］. 环境保护，2008（16）：11–12.

机构主体实际碳排放量超过了排放许可证允许的排放量，则该机构可以购买额外的排放额度，这一交易行动有助于规避被处罚的风险。

2021 年 11 月，国家机关事务管理局、国家发展和改革委员会等四部门联合印发《深入开展公共机构绿色低碳引领行动促进碳达峰实施方案》，明确提出有条件的地区 2025 年前实现公共机构碳达峰、全国公共机构碳排放总量 2030 年前尽早达峰，鼓励有条件的地区推动公共机构以适当的方式参与碳排放权交易。目前，国家与地方政策支持公共机构参与碳排放权交易（如表 4–2 所示），部分地区为公共机构参与碳排放权交易提供了具体的支持，不过大多数政策仅在“鼓励”层面做努力，缺少明确的参与方案。此外，深圳市、上海市将“公共建筑”纳入碳排放权交易试点项目建设内容。

表 4–2　国家与地方政策支持公共机构参与碳排放权交易

政策名称	发布时间	发布单位	内容概要
《碳排放权交易管理办法（试行）》	2020 年	生态环境部	● 全国碳排放权交易市场的交易产品为碳排放配额，生态环境部可以根据国家有关规定适时增加其他交易产品 ● 重点排放单位以及符合国家有关交易规则的机构和个人，是全国碳排放权交易市场的交易主体
《深入开展公共机构绿色低碳引领行动促进碳达峰实施方案》	2021 年	国家机关事务管理局、国家发展和改革委员会、财政部、生态环境部	● 积极运用市场化机制 ● 鼓励有条件的地区推动公共机构以适当的方式参与碳排放权交易
《“十四五”公共机构节约能源资源工作规划》	2021 年	国家机关事务管理局、国家发展和改革委员会	● 对标碳达峰、碳中和目标，编制公共机构碳排放核算指南，组织开展公共机构碳排放量统计 ● 制定公共机构低碳引领行动方案，明确碳达峰目标和实现路径 ● 开展公共机构绿色低碳试点，结合实际深化公共机构参与碳排放权交易试点
《西安市深入开展公共机构绿色低碳引领行动促进碳达峰实施方案》	2022 年	西安市机关事务服务中心、西安市发展和改革委员会、西安市财政局、西安市生态环境局	鼓励有条件的地区推动公共机构以适当的方式参与碳排放权交易

续表

政策名称	发布时间	发布单位	内容概要
《关于2023年公共机构能源资源节约和生态环境保护工作安排的通知》	2023年	国管局	结合实际深化公共机构参与碳排放权交易试点，优化在京公共机构参与北京市碳排放权交易试点，利用经济手段推动公共机构节能降碳
《深圳市生态环境局关于印发〈深圳市碳交易支持碳达峰碳中和实施方案〉的通知》	2023年	深圳市生态环境局	● 加快深圳市碳普惠体系建设。丰富完善低碳场景体系，完善相关制度标准和方法学体系，制定减排量和碳积分兑换规则，形成碳普惠场景创建指引，探索与产品碳足迹标识认证制度衔接 ● 鼓励各类主体在主管部门统筹指导下开发基于公众低碳行为的碳普惠应用程序，推动深圳市碳普惠核证减排量按规则用于重点排放单位碳市场履约，推动碳普惠体系与碳市场实现互联互通，鼓励社会积极开展碳普惠创新 ● 探索开设公益碳账户。鼓励组织、个人开立公益碳账户，通过购买核证减排量抵消碳排放，实现组织、个人碳中和。探索基于公益性质企业碳账户和个人碳账户，核算并记录减排行为数据、碳排放行为数据和碳抵消、碳中和情况 ● 建设深圳市碳普惠和碳市场统一管理平台。建设碳普惠统一平台系统，开展碳普惠项目及核证减排量的签发、登记、转移及消纳等记录工作，管理低碳场景方法学、碳积分等内容。完善深圳市碳市场管理系统，为重点排放单位生产活动产出数据及碳排放数据报送、配额分配与转移、履约等工作提供数据平台支撑
《中共中央 国务院关于全面推进美丽中国建设的意见》	2023年	中共中央 国务院	构建绿色低碳产品标准、认证、标识体系，探索建立“碳普惠”等公众参与机制
《国管局关于2024年公共机构能源资源节约和生态环境保护工作安排的通知》	2024年	国家机关事务管理局	鼓励应用市场化机制，积极引入社会力量

续表

政策名称	发布时间	发布单位	内容概要
《碳排放权交易管理暂行条例》（中华人民共和国国务院令第775号）	2024年	国务院	● 碳排放权交易应当逐步纳入统一的公共资源交易平台体系 ● 纳入全国碳排放权交易市场的温室气体重点排放单位以及符合国家有关规定的其他主体，可以参与碳排放权交易
《北京市人民政府关于印发〈北京市碳排放权交易管理办法〉的通知》（京政发〔2024〕6号）	2024年	北京市政府	● 实行碳排放权交易制度 ● 加强碳排放权交易市场价格监测 ● 安排资金支持碳排放权交易管理相关技术支持、委托竞价、配额回购等
《广东省能源局关于2024年公共机构节能降碳工作安排的通知》	2024年	广东省能源局	● 分类开展“碳达峰”试点研究工作 ● 加快更换国家明令淘汰的落后用能产品和设备 ● 鼓励应用市场化机制，采用合同能源管理开展节能改造，研究探索小散项目集中整合托管模式和分片区、分类型集中整合托管模式

四、绿色保险

近年来，保险制度被引入公共机构节能降碳事业，形成基于市场运作的绿色保险保障机制。绿色保险本质是一种市场化、社会化的环境风险治理机制。绿色保险“包括开发绿色产品、进行绿色宣传、树立绿色行业形象、开展绿色服务等一系列绿色经营活动以及集约化发展模式”。[①] 作为绿色金融的组成部分，绿色保险在绿色低碳转型风险管理中扮演着重要角色，能够通过风险保障，赋能能源结构、交通、建筑行业、农业农村等转型升级[②]。从广义上看，凡是能推动经济、生态与社会可持续发展，减少碳排能耗，提升能源利用效率的保险产品供给行为，均被视为绿色保险活动。中国银保监会发布的《绿色保险业务统计制度》提出了“绿色保险”的具体定义，即“保险业

① 吕秀萍，黄华，程万昕，等.基于可持续发展的绿色保险研究——一个新的视角［J］. 生产力研究，2011（11）：74-75+78.

② 降彩石 . 为绿色发展贡献保险力量［J］. 中国金融，2022（5）：48-49.

在环境资源保护与社会治理、绿色产业运行和绿色生活消费等方面提供风险保障和资金支持等经济行为的统称”[①]。绿色保险运行模式如图 4-4 所示。

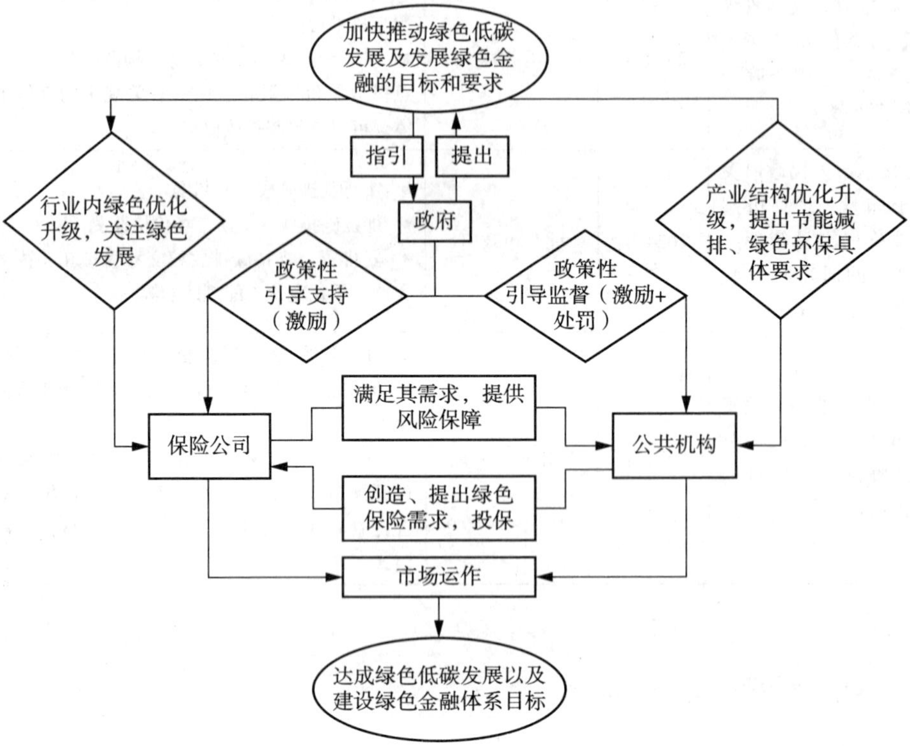

图 4-4 绿色保险运行模式

绿色保险具有如下特征。其一，外部效益性。绿色保险的受益主体除了保险合同相对人外，还包括社会公众以及生态发展利益群体。通过借助保险策略，促进涉及社会公众利益的环境外部风险内部化以及分散化，并且利用政策引导、保费补贴、产品提供、服务创新等方式，提供良性运行的保障，这一过程赋予绿色保险以鲜明特征。其二，激励约束性。绿色保险是基于安全风险保障的保险活动，同样具有绿色金融的激励约束性。由于风险具有成本高、周期长、不确定性、可补偿性高等特征，绿色保险可通过保险标准、风险分担制度、信息披露制度、担保贴息激励政策、监督评价机制、绿

① 国家金融监督管理总局.中国银保监会办公厅关于印发绿色保险业务统计制度的通知［EB/OL］.(2022-11-11)［2024-06-07］. https://www.cbirc.gov.cn/cn/view/pages/ItemDetail.html?docId=1081027&itemId=925&generaltype.

色保险产品约束措施等内容设计，形成对金融机构及其服务对象的激励约束作用[①]，进而提升绿色保险在服务生态治理方面的积极作用。其三，服务性。绿色保险是基于环境友好、可持续发展和资源合理高效利用的新型保险工具，相比于传统的政策运作和补贴保障模式，是一种更具效能的服务方式。从发展绿色保险的政策目的来看，绿色保险发展应聚焦服务效能，核心在于通过“保险”这一风险化解机制实现风险防范和控制功能体系的高水平建构[②]。其四，系统性。绿色保险作为一项系统工程，需要在技术、理念、资金、政策、产品、服务、管理、人才等方面开展全方位建构，为公共机构绿色低碳治理工程提供保障。

建筑业是碳排放和污染物排放重点行业，对绿色保险产生较大的市场需求。因此，绿色建筑保险成为绿色保险应用的重要产品。目前，已有青岛、宁波、天津、湖州等城市尝试推行绿色建筑保险，其中，青岛将绿色保险引入公共建筑领域。绿色建筑保险保障模式的运行原理在于，在建筑建造前，施工方购买绿色建筑保险。此保险主要用来确保建筑建成后具备良好的绿色节能性能。银行据此保险单向开发商进行绿色授信。建筑建造完成后开展性能评定，倘若绿色节能目标无法达成，保险公司则需要按照合同规定赔付。因此，保险公司为了规避赔付风险以及保证项目质量，会参与绿色建筑建设和运行过程。在此过程中，绿色建筑保险一般通过承担评级风险、推动节能改造、提供保障资金等方式支持公共建筑绿色低碳转型。

第二节　市场路径推进公共机构绿色低碳转型的作用

市场路径具有强大张力，公共机构绿色低碳转型工作引入市场机制，既可能是“赋能”，也可能是“负能”，即市场路径既可能积极推进公共机构节能降碳工作，也可能给公共机构节能降碳工作带来风险。

---

① 王波，岳思佳 . 我国绿色金融激励约束保障机制研究［J］. 西南金融，2020（10）：79-87.

② 秦芳菊 . 我国绿色保险体系的建构［J］. 税务与经济，2020（3）：52-57.

一、市场路径的积极作用

第一，减轻财政压力。在“过紧日子”的政策背景下，实施市场化机制，连接节能服务市场资金，能够有效减轻财政资金不足的问题。合同能源管理模式允许用能单位在尽可能规避不确定性风险的情况下，通过节能服务公司技术与资金引进，实现节能降碳目标。PPP 模式鼓励私营部门在设计、建设和运营过程中进行管理、服务甚至制度性创新，提高项目性能，降低运行成本。同时，PPP 模式可以吸引私营部门和金融机构的多元化投资，为公共项目提供更广泛的融资渠道[①]。因此，政府可以在不增加直接财政负担的情况下，利用私营部门的资金和资源实施公共项目，减轻财政压力。在推行碳排放权交易工作过程中，用能单位通过技术改进减少排放量，或通过市场购买碳排放权履行减排义务，降低绿色低碳治理成本，灵活性较高。实施绿色保险机制，则有助于绿色金融产品的创新和多样化，为用能单位提供更多的融资渠道和投资机会。

第二，增强管理能力。市场主体具备良好的技术与知识能力，能有效改善公共机构节能降碳工作理念、思维与模式，增强公共机构绿色低碳发展能力。在合同能源管理项目中，节能服务公司通常具备完善的管理体系和专业的技术团队，能够为用能单位提供全方位的节能服务[②]。这不仅可以提高用能单位的能源管理水平，还可以促进其内部管理科学化与规范化发展，用能单位通过降低能源消耗以及减少运营成本，提高竞争力。PPP 模式强调专业化分工。私营部门通常在建设和运营方面具有专业知识与丰富的经验，而政府则在政策制定和监管方面具有优势，PPP 模式可以充分利用各自的专业优势，开展绿色化改造项目。在此过程中，私营部门的参与可以引入市场竞争机制，通过竞争性招标选择最优合作伙伴，提高项目的建设和运营效率，获取创新激励。此外，PPP 项目还有助于建立政府和私营部门之间的长期合作关系，确保项目的持续运营和维护。碳排放权交易机制则会产生巨大的管理成本效

---

① 唐祥来，谢雨轩. PPP模式与地方财政压力：来自中国地级市的经验证据［J］. 财贸研究，2023，34（9）：58–68.

② 王博武. 公共机构能源费用托管实证研究［J］. 上海节能，2024（7）：1147–1152.

益，通过价格信号激励，碳排放权交易推动用能单位减少能源消耗和碳排放，更加关注能源使用效率，形成碳定价机制，促进资源向低碳领域配置，以最低成本实现减排目标。实际上，市场化节能改造项目改善了环境品质，公共机构通过树立“绿色形象”，进一步提升组织声誉。

第三，提升发展效益。遵循经济理性的市场逻辑，市场路径通过各种手段，提升公共机构绿色低碳发展效益。具体表现为：在合同能源管理项目中，节能服务公司通常拥有丰富的节能技术和经验，能够为用能单位提供专业化的节能服务。这不仅可以提高节能项目的实施效率，还可以确保节能效果的稳定性和持久性。与此同时，合同能源管理还改善了公共机构的“现金流”，公共机构可以在项目实施初期就获得节能效益。PPP 模式则强调私营部门参与对提高服务质量和响应速度的重要性，私营部门在市场变化和用户需求方面具备更高的敏感度，更有利于公共机构节能降碳需求的获取与整合，实施针对性更强的工作方案。此外，碳排放权交易与其他减排机制如用能权交易等形成衔接，能为用能单位带来最大化节能减排效益。随着国家对碳排放的管控越来越严格，参与碳排放权交易的用能单位具备了强大的适应政策变化的能力，确保合规。

第四，强化风险应对。市场拥有更强的风险吸纳与规避能力，实施市场机制，能够有效分散公共机构绿色低碳转型过程中的风险负担。比如，PPP 模式通过合同形式明确风险分配，使得风险由最适合管理该风险的一方承担，从而降低整体项目风险。因此，PPP 模式在减轻政府初期建设投资负担和风险的前提下，提高基础设施建设的服务质量。绿色保险本身就是一种以保险形式参与绿色发展的经济活动，即为环境资源保护与社会治理、绿色产业运行和绿色生活消费等关键领域提供市场化风险管理服务及资金支持的工具[①]。保险资金的长期稳定优势以及增信功能，与绿色项目长融资期限和长期投资的需求十分契合，能够满足绿色发展过程中不同的融资需求，有效解决资金支持不足的问题。此外，绿色保险继承了传统保险产品风险转嫁和风险分散功能，可以有效监督投保企业的信息披露情况，具有独特优势。公共机构通过参与绿色保险，可以展现其对环境保护和可持续发展的承诺，提升机构的

---

① 周雷，殷凯丽，车旻昌，等.保险创新服务新质生产力发展：风险特征、实现路径与对策建议［J］. 西南金融，2024（6）：94-106.

社会形象和公信力。最重要的是，绿色保险支持用能单位强化环境风险的评估和管理能力，通过保险机制实现环境风险成本内部化，减少环境问题对社会的冲击破坏。

二、市场路径的应用风险

市场路径是一把“双刃剑”，既能为公共机构绿色低碳转型带来诸多优势，也会激发潜在的问题及风险。问题及风险在合同能源管理、PPP 模式、碳排放权交易以及绿色保险等路径中，呈现不同的表现形式，具体如下。

第一，合同能源管理的问题及风险。随着合同能源管理市场的快速发展，越来越多的节能服务公司涌现出来。然而，这些公司的专业水平和服务质量参差不齐，一些不良公司可能会给用能单位带来损失，导致一些用能单位对合同能源管理模式持观望态度，缺乏参与的积极性[①]。与合同能源管理相关的法律法规尚不完善，导致节能服务公司和用能单位在合作过程中可能面临法律风险，在一定程度上制约合同能源管理模式的推广和应用。合同能源管理产业是一个风险较大而且收益回收周期较长的行业[②]。合同能源管理项目的实施通常需要较大资金投入，而节能服务公司往往难以从银行等传统金融机构获得足够的融资支持。合同能源管理项目的实施周期通常较长，需要经历项目前期调研、方案设计、施工安装、调试运行等多个阶段。在此过程中，用能单位可能难以在短期内获得明显的节能效益，进而遭遇各类压力。

第二，PPP 模式潜藏的问题及风险。在政策连续性方面，政策变动可能影响项目的稳定性和可预测性。在法律和监管方面，法律法规变更后，新的法律法规可能对项目产生不利影响。在财政管理方面，政府与私人部门之间的风险分配不当，可能会导致PPP项目隐性债务风险问题[③]。在金融运作方面，项目可能因融资困难或成本上升受到影响，因为我国 PPP 项目主要依靠银行

---

① 白世贞，吴东秀，鄢章华. 不同资本结构下节能服务公司参与供应链减排合作策略研究［J］. 运筹与管理，2023，32（7）：7–14.

② 陈晓春，唐嘉. 合同能源管理的激励政策研究［J］. 求索，2016（6）：121–125.

③ 李丹，王郅强. PPP 隐性债务风险的生成：理论、经验与启示［J］. 行政论坛，2019，26（4）：101–107.

贷款与间接融资，并且社会资本的融资渠道并不畅通。[①]此外，市场利率变动或汇率波动也可能导致财务成本增加。在建设和技术应用方面，成本面临超支风险，实际建设成本超出预算。另外，技术选择不当或技术更新也会导致项目进程落后。在运营管理方面，项目运营往往会因管理不善而效率低下，影响收益。政府和私营部门均会面临信用风险问题，可能是因为合同条款有漏洞或不明确。此外，项目还会受到环境影响评估不足或社会反对的约束性影响。

第三，碳排放权交易机制实施的风险表现。碳排放权交易活动容易受到政策和市场因素的影响，存在不确定性，可能导致价格波动和投资风险[②]。碳排放权交易需要更有效的监管机制以确保市场公平、透明，但在现实中，监管难度很大，欺诈和不当操纵行为的规制水平有待提升。此外，由于市场信息缺乏透明度，用能单位可能因信息不对称而做出非最优决策，影响其在碳排放权交易市场中的表现。考虑到分配性问题，在碳排放权交易推进工作中，碳排放配额的分配可能存在不均，对于一些行业和地区来说，减排成本较高，可能造成不公平现象。由此可见，碳排放交易也会存在市场失灵风险问题，需要建立健全国家干预机制体系[③]。

第四，绿色保险面临的困境难题。目前，绿色保险险种单一，相关产品在大多数行业中缺乏吸引力，公共机构节能领域受到诸多制度限制，更是难以引入保险产品。从实践情况来看，诸多投保企业对环责险承保方案、理赔手续、理赔率等并不满意，并且很多产品对污染、生态的损失都不予承保，客户体验感差，也降低了企业投保意愿。多方间的信息不对称以及发展不稳定性，严重制约了绿色保险机制在各行业的推广应用。因此，对于公共机构而言，如何引入绿色保险制度并且发挥其独特的功能优势，是当前面临的重点难题。

在公共机构绿色低碳转型过程中，市场路径具有“赋能—负能”的双重作用。公共机构引入市场化机制，可以激发实施主体能耗管控运营的正向效

---

① 郭威，王丹.基于PPP模式的公共服务完善：作用、障碍与路径［J］.华东师范大学学报（哲学社会科学版），2018，50（6）：127–132，176.

② 叶强，高超越，姜广鑫.大数据环境下我国未来区块链碳市场体系设计［J］.管理世界，2022，38（1）：229–249.

③ 刘明明.论碳排放权交易市场失灵的国家干预机制［J］.法学论坛，2019，34（4）：62–70.

能，但是可能出现各种可预见或不可预见的问题或风险。公共机构引进市场机制开展节能减碳工作，应该以辩证的思维积极应对，高质量推进绿色低碳转型发展工作。

第三节　市场路径推进公共机构绿色低碳转型的机制

公共机构应该根据单位情况及实际需要，引进合同能源管理、PPP 模式、碳排放权交易或绿色保险等市场方式，同时，应该建立相应的运行机制，积极发挥市场方式的功能优势。

一、服务优化机制

依托专业化的服务模式，市场服务主体（包括节能服务商、能源管理公司等）为公共机构提供可持续、高效能的绿色低碳服务。市场服务主体通过项目化运作方式，推动各类优质的服务资源进入公共机构运行保障体系，实施绿色化、减碳化改造，建立能源或碳排放管理体系。在服务供给上，市场服务主体重点为公共机构提供多元化的服务内容。①需求分析服务。通过实地调研了解公共机构在能源利用、低碳产品及节能减排等方面的需求和偏好，同时揭示公共机构绿色低碳运行存在的问题及原因，帮助公共机构识别绿色低碳转型的机遇与挑战，从而确定服务优化的方向及路线。②政策解读服务。在专业化的信息收集、整合与分析工作基础上，对国家与地方的政策条文进行专业化解读，帮助用能单位理解与把握绿色低碳领域的政策导向及有关约束。③定制化服务。市场服务主体遵循客户管理模式，充分了解公共机构用能、减碳、环保等方面的多元化需求，设计与实施定制化的绿色低碳解决方案。④技术集成与服务。将新型节能减碳技术集成到绿色服务体系中，制定先进、有效、便捷的绿色低碳技术服务方案，解决现实面临的各类问题。⑤客户关系服务。在市场服务主体与公共机构之间建立稳定的桥梁关系，前者追踪用能单位需求或问题反馈，持续提升绿色服务质量，建立长期的客户关系。由此可见，节能服务主体的独特性在于它不同于传统的销售节能产品、设备或技术，而是销售一个整体节能降耗方案[①]。

二、资金保障机制

公共机构依赖财政资金开展工作。在“过紧日子”的政策背景下，公共机构实施节能工作，往往面临着巨大的资金支出压力，我国节能服务市场连接着规模庞大的“资金池”。公共机构引入市场机制落实节能减排政策任务，意味着在充分借助市场资金优势的背景下推进有关工作开展。市场服务主体可以通过如下方式为公共机构绿色低碳转型提供资金保障。①能效项目融资。节能服务公司可以为公共机构的能效提升项目直接提供资金支持，如照明系统升级、暖通空调系统改造等。②公私共同投资。建立公私合作伙伴关系，共同投资绿色低碳项目，分担风险和收益。③绿色债券。节能服务公司可以协助公共机构发行绿色债券，筹集资金用于资助环保和可持续发展项目。④国际资金合作。与国际金融机构，如世界银行、亚洲开发银行等合作，获取优惠贷款和赠款。

三、技术支撑机制

先进的节能减碳技术是节能服务主体的关键资源优势。公共机构与节能服务公司建立项目合作方案，核心目标在于利用技术手段对公共机构建筑、用能设备等实施绿色、环保、低碳化改造，提高能源利用效率，增强低碳运行与管理能力。市场路径推动建立的技术支撑机制，在诸多方面为公共机构绿色低碳转型提供动力，具体如下。①能效评估与诊断。为公共机构提供全面的能源审计和能效评估服务，识别节能潜力和改进点。②定制化节能方案设计。根据评估结果，设计符合公共机构特定需求的节能改造方案，包括技术选型、成本效益分析等。③智能能源管理。建立智能能源管理系统，实现能源使用的实时监控、数据分析和管理优化。尤其是建立用于大型公共建筑能源管理的能效管理系统是中国的必要选择，因为该技术系统具备计量、审计、信息披露、能源配额等多元化功能，这有助于构建长期的能源效率提升

---

① 张冬梅.我国节能服务市场主体的博弈分析［J］. 生态经济，2012（5）：107–109，114.

机制[①]。④先进节能技术应用。引入高效照明、智能控制、变频技术、太阳能和风能利用等先进节能技术。为公共机构提供老旧设备的升级替换服务，如更换为高能效比的暖通空调系统。利用太阳能、风能、地热能等可再生能源技术，为公共机构提供能源供应的多样化解决方案。对建筑围护结构进行节能改造，提高建筑的保温隔热性能，降低能耗。帮助公共机构实施废物分类、减量和循环利用措施，减少废物产生和处理的环境影响。⑤技术培训与能力建设。为公共机构的工作人员提供节能知识和技能培训，提高他们的节能意识和操作能力水平。⑥持续技术支持与维护。提供持续的技术支持和系统维护服务，确保节能措施长期有效运行。⑦技术合作与研发。与科研机构、高校等合作，共同研发、推广新的节能技术和产品，打造更为先进的公共机构绿色低碳技术体系。

四、市场激励机制

公共机构实施市场路径，本质上是一项牵涉关系塑造、制度创新、流程再造、项目运作等活动的全方位改革。这也意味着，公共机构开展节能降碳工作，将会面临各种困难和障碍，需要强大的动力支持。与此同时，市场路径的引入，也为公共机构提供了诸多潜在的激励机会，具体如下。①能源绩效激励。通过能源绩效合同，节能服务公司与公共机构分享节能项目实施后的能源成本节约，从而为公共机构提供无须前期投资的节能改造机会。②节能奖励计划。设置节能奖励机制[②]，鼓励公共机构采用节能措施，如对达到特定节能目标的机构提供奖金或税收减免。③经济收益激励。帮助公共机构通过参与碳排放权交易市场实现碳排放减少，并通过出售碳排放配额获得经济收益。④能源效率竞赛。帮助公共机构在能源效率竞赛中胜出，获得绿色低碳发展的示范性声誉。⑤风险规避激励。通过市场化运作的风险和收益共享机制，降低公共机构在绿色低碳项目中的投资风险。⑥技术展示和交流激励。促进公共机构与节能服务公司之间的技术展示、信息交流和经验分享。⑦成

---

① YAN-PING F，YONG W，CHANG-BIN L. Energy-efficiency supervision systems for energy management in large public buildings：necessary choice for China［J］. Energy Policy，2009，37（6）：2060-2065.

② 胡强，穆海林，李淼 . 节能奖励机制研究［J］. 节能，2011，30（Z1）：7-11.

功案例宣传。通过宣传成功的节能案例，展示公共机构绿色低碳转型的经济效益和环境效益。

五、风险管理机制

公共机构绿色低碳转型过程隐藏着各类潜在的风险，包括经济、政策、技术、管理等。因此，如何有效控制、规避与分散风险因素，是公共机构面临的现实问题。实施市场路径，能在一定程度上为公共机构节能降碳工作提供“安全阀”，从诸多方面提升公共机构的风险规避与治理能力，具体如下。①风险评估。提供风险评估服务，帮助公共机构识别和应对绿色转型过程中可能遇到的风险，提高公共机构风险识别水平。②风险分散与担保。与保险公司合作，为绿色低碳项目提供保险产品，如性能保险、责任保险等，减少项目实施过程中的不确定性。通过风险分担协议，明确项目各方在面对风险时的责任和义务，减轻公共机构的负担。③风险预警与响应。通过建立风险预警系统，实时监控项目进展和外部环境变化，及时发现潜在风险并采取应对措施，提供应急响应服务，为可能出现的风险事件提供快速反应和解决方案。④风险管理能力强化。组建专业的风险管理顾问团队，为公共机构节能工作提供风险管理咨询和支持。对公共机构的决策者和管理人员进行风险管理培训，增强风险意识和风险管理能力。采用成熟技术和设备，以及提供技术维护和升级服务，降低技术实施风险。⑤外部风险解读能力。通过市场研究和分析，帮助公共机构理解市场趋势，制定应对市场波动的策略。提供政策风险咨询服务，帮助公共机构应对政策变化带来的影响。进行环境风险评估，确保绿色低碳项目符合环保法规，降低环境责任风险。

六、公众参与机制

公共机构节能降碳事业“以人民为中心”，增进广大人民群众的利益，为国家碳达峰碳中和战略实现贡献力量。在此过程中，公共机构需要调动社会公众的主动性与积极性，引导公众投身公共机构节能减排工作，提升社会认可度与群众满意度。采取市场路径开展绿色低碳转型工作，能够为紧密公共机构与社会公众的关系提供诸多方面的支持，具体如下。①信息披露。提供信息披露平台支持，公开公共机构的能源消耗、碳排放量和绿色低碳治理信息，提高透明度。②公众参与机制建设。鼓励公众参与绿色低碳项目的规划、实施和监督过程。通过教育和培训项目，提高公共机构干部职工和公众对绿色低碳转型的认识与参与度。通过社区沟通项目，如研讨会、工作坊和公开课，让公众了解绿色低碳转型的好处和参与方式。③信息反馈和建议系统。提供信息反馈和建议系统的服务支持，让公众能够对公共机构的绿色低碳措施提出意见和建议。④媒体宣传。利用媒体宣传公共机构的绿色低碳成就，提高公众的认知度和参与意愿。⑤互动式信息工具。开发互动式信息工具，如移动应用或网站，让公众能够轻松获取绿色低碳信息并与之进行良性互动。

市场路径通过多元化的功能机制，为公共机构绿色低碳转型提供支持与保障。但是，由于公共机构运行保障过程中的诸多限制，目前很多功能机制的价值效用尚未被充分发掘。在高质量发展及政府“过紧日子”背景下，公共机构应勇于创新，建立健全市场路径支持节能降碳的体制机制，打造绿色低碳生态治理体系。

第四节　公共机构绿色低碳转型的样本研究

市场在政府机关服务保障方面发挥积极作用。2013 年，党的十八届三中全会明确提出要“推广政府购买服务，凡属事务性管理服务，原则上都要引入竞争机制，通过合同、委托等方式向社会购买”。政府通过委托、合同等方式向市场购买服务，主要涉及机关绿化、机关食堂、保洁、安保、水电维修、物业管理等领域。

近年来，公共机构绿色低碳政策落实力度不断加大，各地政府主动引入市场机制，解决能源以及碳排放“双控”问题。从资源能力方面来说，引入市场服务资源能使政府有机会借助市场的专业服务力量，为机关绿色低碳转型提供优质服务保障，提升节能降碳工作品质；从运营管理方面来说，引入市场竞争机制，既能帮助政府提高机关运行服务保障的效率和效能，又能增强服务供给主体的成本控制意识，降低机关运行成本，助力节约型机关建设。实践证明，我国公共机构节能领域的市场机制建设取得了良好效果，引入合同能源管理、绿色保险等机制，在技术、资源以及管理层面，高效推动公共机构绿色低碳治理体系建设。

结合各地实践情况，本节遴选了两个典型的市场化改造案例，用以理解各类市场机制的运作情况及功能效用；同时，揭示公共机构利用市场路径推动绿色低碳转型的障碍，并给出有关对策。

一、案例来源

湖北省 N 市绿色医院建设案例来源于“公共机构能源资源节约示范案例数据库”。此案例运用了合同能源管理的市场路径，通过订立市场化改造项目契约，引入节能服务市场资金、技术与产品，吸纳专业化的节能降碳服务与管理经验，打造了可持续的绿色运行体系，具有良好的示范价值，因此，入选国家机关事务管理局发布的“公共机构能源资源节约示范案例名单”。山东省 J 市“零碳政府”建设案例来源于对当地政府官方网站及媒体宣传有关材料的整理与分析。该案例采用“合同能源管理 + 绿色保险”的混合路径，开展节能降碳改造工程，项目运行取得突出效益，获得当地政府、知名报社的宣传与推介，同样具有示范价值。

二、公共机构推行市场路径的案例分析

（一）湖北省 N 市绿色医院建设：合同能源管理

1. 案例情况

湖北省 N 市中心医院创建于 1966 年，编制床位 1500 张，实际开放床位 1800 余张，现有在职职工 1777 人。因为医院的建筑年限增长、设备使用年限增长及整体的门诊量、住院量上涨等因素，能源费用持续逐年呈 10%~15% 上涨趋势，医院现有管理人员缺乏对设备的专业维护及管理经验，对设备用能、效率缺乏专业分析，设备损耗、安全运行及医院整体节能，如用水管道阀门已使用近 10 年，出现阀门关不严、无法关闭等问题。从 2019 年起，湖北省 N 市中心医院开展合同能源管理项目。通过“节能效益分享 + 费用托管”

服务机制，实现用能单位与节能服务主体双赢。

2. 合同能源管理项目及服务内容

2019年，经过长期细致的调研考察工作，湖北省N市中心医院综合测算医院目前运营成本1203万元为基准值，通过公开招投标模式，以1139万元/年与X节能服务公司签订能源管理合同，5年内收费不变。在合同期内，X节能服务公司全额投资149万元，对空调系统、热水系统、照明系统等进行节能改造、维护清洗。5年后，所有投入的节能改造设备产权归属医院所有，最大限度降低医院系统能耗，实现节能管理目标。实施合同能源管理项目，X节能服务公司提供重点领域用能技术及管理优化服务，具体如下。

①技术节能服务。具体包括：节能灯改造。将医院原有照明灯具改造为LED灯管，实现高效节能、超长寿命、光线健康、绿色环保、保护视力、光效率高、安全、防蚊虫，以及使用省心、维护简单、安全节能等价值，累计更换灯具2.38万盏，实现医院照度提升30%，整体照明耗能降低15%~20%，同时，合同期内灯具更换由X节能服务公司免费提供。水系统优化。将原有系统阻力变大、浪费水泵电耗的Y型过滤器，更换为企业自主研发的专利——零阻力过滤器，减小管道系统阻力，提升输配扬程，降低水泵电耗10%~15%。冷却水系统改造。对现有75千瓦冷却水实施冷却水系统改造，减少水泵工频运行时间，在大幅提升水泵运行寿命的同时有效降低水泵电耗约25%~30%。

②问题诊断服务。X节能服务公司对各类用能设备进行技术“问诊”，发现用能低效或管理风险等问题。比如，通过专业化技术分析及系统诊断，精准定位系统节能空间以及发现系统技术问题，针对医院主机、辅助设备、末端及系统设备运维，提供节能及技术改善方案。

③用能管理服务。制定专业化运行管理规范，根据负荷、环境温度合理控制空调供水温度，减少主机制取不必要的冷热量而造成浪费；通过行为节能、管理、宣传节能，有效减少楼宇室内空调浪费；每月编制现场能源管理服务总结，通过图文并茂的形式向医院清晰展现现场服务主要工作及细节，使医院轻松了解现场服务工作、状况及管理价值；建立“15分钟响应机制”，解决人手不足导致的服务响应速度慢、技术能力不足导致的报修难题难以彻底解决等问题，有效提升医院服务满意度；建立运营管理档案，每周对医院

系统进行安全检查、巡视、记录，同时与医患人员做好空调服务沟通，保持良好舒适的工作及就医环境。

④风险评估及管控服务。利用暖通及工程领域的专业能力和资源，对医院现有系统运行风险状况进行整体评估，精准处置系统老化问题、设计漏洞，改善医患就医环境，提高舒适度。2020 年，新冠疫情期间，提供臭氧静电空气消毒机 30 台及臭氧消毒仓 1 台，利用臭氧杀灭病菌；启动全新风改造项目，采用全新风设备对医院感染楼区域、发热门诊区域及急诊区域进行了全面新风改造。在急诊大厅及感染楼大厅设置风检测系统，将实时检测的室内外空气质量数据显示在大厅内，让医护人员和患者更直观地了解空气质量状况。

在合同能源管理项目中，X 节能服务公司通过硬件改造、技术革新、管理提升等节约能源，并按照节能效果分享收益；医院“零投入”，获得部分节能收益及合同到期后节能设备的所有权，医院整体形象得到提升。医院在“零风险”的情况下，每年获得稳定的节能收益以及节能减排带来的社会效益。合同能源管理模式通过节能降耗有效缓解公共机构能耗紧张局面。

3. 合同能源管理实施效益分析

湖北省 N 市中心医院实施合同能源管理项目，取得如下效益。

在经济效益方面，如表 4–3 所示，每年医院节省能源及管理维护费用 94 万元，5 年共计节省 470 万元；本次合同期后，医院获得企业投资改造价值 149 万元设备产权，同时有效控制了逐年上升的用能成本。

表 4–3　合同能源管理实施前后的效益对比

<table>
<tr><th>成本类型</th><th>托管前（万元）</th><th>托管后（万元）</th><th>年节省（万元）</th><th>合同期（年）</th><th>累计节约（万元）</th></tr>
<tr><td>能源成本</td><td>1139</td><td>1139</td><td>0</td><td rowspan="4">5</td><td rowspan="4">470（不包含逐年 10%~15% 的用能上升成本）</td></tr>
<tr><td>管理成本</td><td>64</td><td>0</td><td>64</td></tr>
<tr><td>维护成本</td><td>30</td><td>0</td><td>30</td></tr>
<tr><td>小计</td><td>1233</td><td>1139</td><td>94</td></tr>
</table>

在管理效益方面，湖北省 N 市中心医院通过实施合同能源管理项目，建立了专业管家管理模式、用能设备运维全过程服务机制，规避了系列问题风险，提高了用能效率，有效控制了人均用能、单位能耗以及单位成本，为医

院职工及患者提供健康舒适环境的同时，实现医院后勤服务保障品牌增值。

在合作效益方面，多方利益主体实现合作共赢。推行合同能源管理，医院“零投入”，通过整体打包托管，实现后勤服务社会化、企业化运作，挖掘系统的节能潜力，解决能耗浪费问题，有效节约各类成本支出，切实提高医院运营效率与效益；按照节能效益分享收益，规定1~5年，用户分享年节能效益的20%，X节能服务公司分享年节能效益的80%；6~8年，用户分享年节能效益的28%，X节能服务公司分享年节能效益的72%；9~10年，用户分享年节能效益的35%，X节能服务公司分享年节能效益的65%，有效提高X节能服务公司节能的主动性、连续性和创造性。

在生态效益方面，湖北省N市中心医院与X节能服务公司携手打造精细化的节能管理模式，共创绿色低碳节约、零污染型医院标杆。实施合同能源管理后，通过精细化、专业化、规范化管理为医院实现节能1058吨标准煤/年，减排二氧化碳3100吨/年，相当于种16.9万棵树/年。

（二）山东省J市“零碳政府”建设：混合路径

为提升机关建筑能源服务水平，降低碳排放，助力实现碳达峰碳中和目标，山东省J市机关事务管理局联合中节能唯绿（北京）科技股份有限公司投资实施“零碳政府”改造项目，率先对市级机关集中办公区建筑实施绿色化改造，创新建立“合同能源管理+碳减保”的市场运营机制，发挥公共机构节能减排示范效能，引领J市公共建筑实现全面能效提升。“零碳政府”案例实践具有良好的示范价值。

1. 实施合同能源管理项目

山东省J市“零碳政府”改造项目于2022年上半年开展，一期工程总面积20.88万平方米，主要针对政府机关大楼、行政东楼、行政西楼、胶州宾馆、文化中心、会议中心6座建筑的用电、用冷、供热系统进行全面能效提升，有望达到超低能耗建筑要求。

山东省J市机关事务管理局与中节能唯绿（北京）科技股份有限公司签订能源管理合同，在市级机关集中办公区实施绿色化改造工程。改造方向具体如下。①打造健康的环境，在人员密集的电梯间配置空气净化设备，采用以光等离子为主体，汇集光催化、深频紫外线、负离子、活性氧净化技术，杀毒灭菌、净化空气。②为市政府6座建筑搭建一套智慧能效管控平台。该平台建设有能耗统计、能源管控以及节能监控等功能模块，建立了由平台驱动的能源资源集成化管理模式，增强绿色低碳工作的“界面管理”能力。管理人员借助“中控机房”“远程网络”等管理平台，实现对各项节能工作以及用能系统运行进行远程监控，构建“一键化”的操作体系，方便快捷实现可视化、精细化管理目标。此外，管理人员还能通过计算机客户端、App，访问“智慧能效管控平台”，实时监测系统能效利用及设备运行性能情况。③应用高效的机组设备，在政府机关大楼和行政西楼各更换磁悬浮制冷主机及配套水泵 1 台，满足大楼制冷需求，恢复各建筑制冷系统既有的自控功能，清洗部分冷却塔的填料，提高冷却效率，恢复各建筑供热系统的自控功能，增加气候补偿控制，实现按需供热；根据各建筑的使用功能和负荷需求，实现分时分区控制。④利用可再生能源，在胶州宾馆增加空气源热泵 2 台替代原热水锅炉，并在锅炉房增加 10 吨保温水箱 1 台，用于储存热水。在洗衣房排风主管处增加空气源热泵 1 台，回收蒸汽余热的同时，降低洗衣房的温度和湿度，改善室内环境。据估计，该改造项目每年将实现节能收益 89.01 万元，减少碳排放 476.91 吨。

2. 引入金融及保险机制

在“零碳政府”项目实施过程中，引入金融及保险机制，由中国人民保险集团股份有限公司采用“政府 + 保险 + 银行”三方联动模式，在公共机构领域能源消费侧建立节能减碳信用、保险与风控体系。

保险业不只为新建绿色建筑提供保险，还对既有建筑节能改造进行保障。中国人民财产保险股份有限公司青岛市分公司与中节能唯绿（北京）科技股份有限公司签发全国首张公共机构类“减碳保”建筑节能保险保单，为山东省 J 市政府能效提升项目提供为期 3 年、保额 76 余万元的风险保障，项目改造完成后预计年均减碳量可达 130 吨。这是“减碳保”在公共机构类建筑方面的积极探索。

在绿色建筑保险承保后，中国人民财产保险股份有限公司青岛市分公司积极参与项目的启动、设计、施工、运行过程，通过聘请第三方专家和服务机构，对重要环节和节点进行风险防控；同时，形成“保险 + 服务 + 信贷”的全方位服务，通过与银行机构合作，为绿色建筑进行融资增信。

“减碳保”将能效提升的节能目标与保险赔付挂钩，若项目在运营期内，未能达到预定的节能指标，则由保险公司负责赔偿项目节能整改费用，或对能耗超标部分进行经济补偿。同时，中国人民财产保险股份有限公司青岛市分公司还采用“承保＋减损＋赋能＋理赔”保险新逻辑，聘请中国建筑科学研究院有限公司在项目实施期间提供风控服务，降低整体风险水平，为公共建筑领域碳减排工作提供支持，实现绿色保险与建筑节能工作的深度融合。

3.“合同能源管理＋绿色保险”混合路径的实施效果

山东省J市政府采取“合同能源管理＋绿色保险”的混合模式，对公共建筑群实施绿色化改造，初步建成了绿色、智能、高效的“近零能耗公共机构示范区”，为J市机关建筑能效提升提供标杆样本。相关经验在J市相关单位进行复制、推广，逐步实现“零碳政府”建设目标。特别是，“碳减保”在公共机构绿色低碳工作中的首次成功应用，为全国公共机构节能降碳事业打开了新思路、积累了重要经验。

三、公共机构推行市场路径的约束

在绿色低碳转型过程中，由于受到多方面因素的影响，公共机构推行市场路径存在诸多约束，阻碍市场功能机制效益的有效实现。本部分重点分析各类约束的具体表现，并在第四部分给出若干对策建议。

（一）能力约束：市场化机制实施能力不足

公共机构采用市场化机制开展绿色低碳转型工作的过程，需要全面的能力支撑，包括体制、管理、人才等方面。现实情况是，大部分公共机构实施市场化机制的能力不足，表现在如下几个方面。第一，认知能力不足。公共机构与市场主体互相独立运作，两者之间在诸多领域存在突出的信息不对称问题。公共机构可能对部分市场化模式运作形式及其潜在风险缺少专业化理解，由于缺少信息调研渠道，公共机构对各类节能技术或产品设备的节能降碳潜力认识不到位。此外，公共机构对节能服务主体本身的技术能力、服务水平等情况的掌握有限，甚至形成“不信任体制外力量”等偏见[①]。第二，配套保障能力不足。在公共机构绿色低碳工作中引入市场化机制，必须有相关的配套保障，如技术标准、管理规程、行为准则、安全规范等，还包括人才队伍、专业知识等，但很多公共机构的配套保障体系不健全，难以形成良好的配套保障环境。第三，不确定性应对能力不足。公共机构在引入市场化机制的同时，承担了市场的潜在风险。市场服务主体的经营情况、市场需求变化等均具有较高的不确定性，并且节能降碳改造工作牵涉国有资产管理问题，公共机构面临较大压力，因此限制了其主动性。公共机构自身能力的局限性，制约了市场化机制的广泛应用。

（二）资金约束：节能降碳的资金保障乏力

通过市场化机制引入先进节能技术以及服务，需要高额的资金保障，但是公共机构普遍面临资金压力，阻碍绿色低碳工作的有效推进。第一，财政资金投入不足。在“过紧日子”的政策背景下，财政支出“精打细算”，公共机构节能预算日益紧约化。对于绿色化、低碳化改造项目的支出，政府部门往往采取更为谨慎的态度。这与公共机构建筑老化、设备性能降低、能耗排放高等紧迫性问题形成了矛盾。市场化模式引入工作受到较大制约。第二，市场资金支持动力不足。相较于其他机构主体，公共机构绿色化改造项目分散且体量小，如很多公共机构开展节水节电改造项目，分散在各地，周期长短不一，经济效益规模较小，且项目收益评估往往很难。由于很多市场化模式实施的前提是市场主体先投入大量资金，如能源费用托管型项目、节能量保证型项目等，在收益前景不明、成本负担大等项目背景下，市场服务主体往往“望而却步”。从公共机构与市场服务主体双方来看，受财政环境以及项目运作等因素的影响，绿色低碳转型面临较大的资金保障压力。

（三）制度约束：绿色低碳转型制度不完善

制度建设是公共机构引入市场化机制实施绿色低碳改造的重要抓手。完善的制度体系提供激励与约束的双重功能支撑。但在实践过程中，绿色低碳

---

① 陈书洁，张汝立.政府购买服务发展的障碍——一个“嵌入”视角的分析［J］. 北京师范大学学报（社会科学版），2016（6）：100－108.

转型的市场路径实施欠缺成熟的制度体系支撑，体现在如下几个方面。第一，财政预算制度存在局限性。在现有的财政预算制度下，采取市场化机制推动碳排放下降、能源节约以及能耗控制，这一过程带动了能源资源利用成本的下降，但是也会减少下一年的能源资源消费预算，削弱公共机构的节能工作动力①。因此，公共机构节能降碳工作缺少财政激励制度的支持。第二，审批制度障碍。公共机构绿色低碳改造项目实施的前提在于顺利获得审批。实际上，相关项目成功审批需要经过立项、可行性研究、项目概算、投资计划等繁杂的审批流程，这对市场化项目进度产生较大的制约影响。第三，监督评价制度不完善。目前，市场化机制实施的监督主体单一，监督规范欠缺，面对复杂的项目运作关系，监督效力不足。此外，公共机构节能改造项目实施背后，可能存在区域不同、气候不同、用途不同的环境条件。项目成效评价制度统一建设工作滞缓，并且，第三方评价制度不健全，难以调动和发挥各方评价与监督力量。因此，市场化项目质量难以获得良好的制度保障。

四、公共机构推行市场路径的对策

（一）促进制度体系建设

加快公共机构绿色低碳转型市场路径的制度体系建设，增强制度规范与制度保障能力。可以采取如下措施。第一，建立健全能源预算绩效制度。预算绩效管理是一种以结果为导向的预算管理方式②，这意味着能源预算绩效制度强调市场化改造项目的产出效果。在现有财政运行体系下，完善能源预算绩效制度建设，将市场化改造项目纳入预算绩效制度框架，并制定“预算绩效激励方案”，对运行良好的绿色低碳项目给予一定的预算支持，在强化市场化机制绩效管理的同时，提高公共机构开展节能降碳工作的积极性。第二，完善公共机构节能监管制度，引入财政、审计、纪检等多部门主体，对合同能源管理、绿色保险等市场化项目运行进行合理监督，在降低项目问题风险的同时，确保项目质量。第三，健全第三方评价制度，建立第三方评价专家数据库，对合同能源管理等项目能源消耗基准数据、节能量等，实施专业化

---

① 刘紫亮．推进公共机构节能应用市场化机制［J］．中国机关后勤，2022（1）：55–57.

② 程瑜．激励与约束：中国预算绩效管理的制度创新路径［J］．财政研究，2014（9）：5–8.

的评价审核，提升市场化机制建设与管理的专业化水平。第四，建立节能服务公司、用能单位、第三方机构失信黑名单制度，并将失信行为纳入全国信用信息共享平台。第五，完善集中统一审批制度。按照“高效办成一件事”路径，完善市场化项目管理的制度流程，推动公共机构大中修项目集中统一审批机制建设，简化审批程序，破除项目实施的制度性阻碍。第六，完善风险管控制度，将市场化机制实施过程中潜在的风险因素，统一纳入风险管控制度体系进行管理，通过完善风险识别与响应机制，增强公共机构绿色低碳转型的风险治理能力，有效降低资金、法律、技术等方面的风险影响。

（二）完善资金保障机制

完善资金保障机制是解决市场化机制推广应用难题的重要手段。可以采取如下措施。第一，建立专项资金投入机制。在公共机构绿色低碳转型过程中，攻坚阶段涉及技术设备的改造升级工程，财政投入力度较大，各类成本较高。因此，需要建立长效的财政节能减碳投入增长机制，合理安排公共机构绿色低碳转型专项资金增加工作。由各公共机构报送资金需求和资金使用计划，上级政府在此基础上统筹安排节能减碳资金。各项财政资金在合同能源管理、绿色建筑建设、能源开发、低碳能源利用等项目领域精准配置使用。机关事务管理部门承担职责，组织专业人员或机构，科学评估各类节能降碳改造项目，并且出台支持推广市场化改造项目的“资金优先拨付”机制，提升直接激励水平。第二，建立专项基金。争取中央财政预算内的资金保障，完善公共机构节能的预算资金管理流程及制度。制定绿色低碳发展资金保障的具体工作方案，并监督执行。鼓励设立节能服务产业专项基金①，促进财政资金使用模式转变，由原来的“项目拨款支持”方式向“金融支持”模式转变，提升资金使用效率。第三，优化融资支持模式。政策支持金融机构推出适应各类市场路径的投融资金融产品，如小额贷款、绿色债券、绿色融资租赁等。政策支持保险机构创新优化能效保险产品方案，增强风险应对以及履约能力。与此同时，搭建“绿色融资担保基金”“投融资信息服务平台”等重要平台②，为节能服务主体拓展资金支持的渠道，增强节能服务主体参与能力。

---

① 裴莹莹，柳青，罗宏，等．节能服务产业的发展现状及趋势分析［J］．中国环保产业，2019（1）：28-34.

② 刘紫亮．推进公共机构节能应用市场化机制［J］．中国机关后勤，2022（1）：55-57.

（三）推动管理工作创新

在公共机构节能降碳工作中，可以通过创新各类管理机制，增强公共机构实施市场路径的能力，具体措施如下。第一，设置公共机构绿色低碳项目资源中心，集中提供各类资源和信息，克服公共机构用能服务市场存在的信息不完全、信息不对称问题，提升公共机构对市场服务模式、服务供给主体的了解程度。第二，建立绩效考核机制，推动公共机构绿色转型工作纳入省级政府绩效考核和对下级人民政府考核，以及文明单位创建等活动指标体系。尤其重视借助市场化机制开展节能降碳改造项目工作的考核，并健全绩效问责、绩效改进、绩效报告以及绩效激励等管理环节，提升市场路径的管理水平。第三，建立“集中统一组织合同能源管理”的工作机制，整合公共机构绿色化、低碳化改造需求，提升项目集中度以及资金体量，形成“规模效应”，增强对市场服务主体的吸引力。第四，丰富市场化项目形式，可以综合开展合同能源管理、绿色保险以及碳排放权交易项目，发挥不同市场化机制各自优势，激发“1+1+1>3”的公共机构绿色低碳转型效应。第五，建立顺畅的沟通交流渠道，深化公共机构与节能服务主体在项目建设和管理上的沟通交流，构建基于工作共识、目标一致、利益协调的合作关系网络，提升双方在公共机构绿色低碳转型中的信任感、参与感。第六，开展各类知识与技能培训工作，培育公共机构碳排放权交易管理、合同能源管理以及绿色保险管理等领域的人才队伍，支持公共机构高水平、高质量实施市场机制。

第五章

技术视阈下的公共机构绿色低碳转型

第一节　公共机构绿色低碳转型的技术倡导

近年来，国家出台一系列相关政策，推动公共机构节能领域的技术引进与应用，增强公共机构绿色低碳转型的技术支撑能力，如表 5-1 所示，我国推动公共机构绿色低碳技术应用的政策具有如下特点。

一是多个领域应用。绿色低碳转型包括能源替代、设备更新、基础设施完善、建筑管理等工作，涉及多个领域，政策要求为各个工作领域节能减碳提供技术支持。结合政策内容来看，政府在建筑建设、设备运行、食堂餐饮、能源管理等多元领域重视应用绿色低碳技术。这说明，公共机构拥有巨大的节能降碳技术应用空间。重要契机在于，国家和地方政府持续推动先进技术应用场景拓展与建设，为绿色低碳技术开发与创新提供“实验场”。

二是注重绿色绩效。政策推动技术在公共机构节能领域应用，注重实现其能源结构优化、设备绿色替代、工艺效益提升、智能化管理能力增强等成效，激发各类技术的潜在效益，实现高水平的绿色绩效产出。重要原因在于，政府对公共机构节能降碳工作实施严格的指标式管理，如《“十四五”公共机构节约能源资源工作规划》要求，“以 2020 年能源、水资源消费以及碳排放为基数，2025 年公共机构单位建筑面积能耗下降 5%，人均综合能耗下降 6%，人均用水量下降 6%，单位建筑面积碳排放下降 7%”。

三是突出智能化。建立基于智能化的能耗（碳排）管控体系，助力提升公共机构“双碳”治理能力。互联网、大数据、云计算、人工智能等构成节能降碳智能化的技术基础。众所周知，智能化技术拥有强大的数据整合与分析能力、智慧化操作与运行管理能力，在知识、平台、决策、技术等方面赋能公共机构绿色低碳转型[①]。政府鼓励公共机构采用智能化技术，重点对照明、电梯、空调等用能系统进行技术改造，提升智能化控制水平，增强能耗、碳排放控制能力。此外，推动互联网、大数据等技术与可再生能源利用相结合，提升公共机构利用、管理与配置“绿电”的能力。

表 5–1　我国推动公共机构绿色低碳技术应用的重要政策

政策名称	发布时间	发布机构	内容示例
《公共机构节能条例》（中华人民共和国国务院令第 531 号）	2008 年	国务院	● 公共机构电梯系统应当实行智能化控制，合理设置电梯开启数量和时间，加强运行调节和维护保养 ● 公共机构办公建筑应当充分利用自然采光，使用高效节能照明灯具，优化照明系统设计，改进电路控制方式，推广应用智能调控装置，严格控制建筑物外部泛光照明以及外部装饰用照明
《公共机构节约能源资源“十三五”规划》	2016 年	国家机关事务管理局、国家发展和改革委员会	● 实施可再生能源应用工程推广太阳能光伏、光热等可再生能源应用，开展“互联网+”分布式能源站建设 ● 推广热泵技术，在具备条件的公共机构实施地源、水源、空气源热泵示范项目，提高可再生能源在能源消费总量中的比例，优化能源消费结构 ● 推广应用节水新技术、新工艺和新产品，鼓励采用合同节水管理模式实施节水改造，提高节水器具使用率；推进重点用能单位节能监管系统建设，提高用能管理智能化水平
《“十四五”公共机构节约能源资源工作规划》（国管节能〔2021〕195 号）	2021 年	国家机关事务管理局、国家发展和改革委员会	● 开展供水管网、绿化灌溉系统等节水诊断，应用节水新技术、新工艺和新产品，提高节水器具使用率 ● 加大太阳能、风能、地热能等可再生能源和热泵、高效储能技术推广力度，大力推进太阳能光伏、光热项目建设，提高可再生能源消费比重 ● 运用智能管控、多能互补等技术实现能效提升，建设绿色高效制冷系统

① 张亮，任立肖. 城市智能化与低碳创新的双螺旋联动机制［J］. 科技进步与对策，2014，31（4）：30–35.

续表

政策名称	发布时间	发布机构	内容示例
《关于进一步加强水资源节约集约利用的意见》(发改环资〔2023〕1193号)	2023年	国家发展改革委、水利部、住房城乡建设部、工业和信息化部、农业农村部、自然资源部、生态环境部	具备条件的公共机构定期开展水平衡测试，实施节水技术改造，新建、改建、扩建公共机构建筑全面推行使用节水器具。提高公共机构用水计量信息化水平，推广智能水表，逐步实现数据自动采集、统计信息直报、管网检漏智能化
《关于2024年公共机构能源资源节约和生态环境保护工作安排的通知》(国管节能〔2024〕12号)	2024年	国管局	● 推广新能源新技术，持续优化用能结构。优化公共机构用能结构，减少煤炭等化石燃料消费，推进终端用能电气化，因地制宜推广太阳能、地热能、生物质能等可再生能源，扩大“绿电”利用规模，研究推进分布式光伏、光热建设相关政策 ● 持续推广新能源汽车，加强和规范充电基础设施建设 ● 开展2024年度公共机构绿色低碳技术征集评选工作，发布技术名单，促进节能降碳先进技术推广应用
《2024—2025年节能降碳行动方案》(国发〔2024〕12号)	2024年	国务院	实施公共机构节能降碳改造。实施公共机构节能降碳改造和用能设备更新清单管理。推进煤炭减量替代，加快淘汰老旧柴油公务用车
《深入开展公共机构绿色低碳引领行动 促进碳达峰实施方案》	2021年	国家机关事务管理局、国家发展和改革委员会、财政部、生态环境部	● 大力推广太阳能光伏光热项目，着力推进终端用能电气化 ● 加快淘汰报废老旧柴油公务用车，加大新能源汽车配备使用力度 ● 重点推进空调系统节能改造，加强智能管控和运行优化；提高建筑用能管理智能化水平 ● 加大绿色低碳技术推广应用力度
《加快推动建筑领域节能降碳工作方案》(国办函〔2024〕20号)	2024年	国务院办公厅	试点推动工业厂房、公共建筑、居住建筑等新建建筑光伏一体化建设。加强既有建筑加装光伏系统管理

值得关注的是，与工业、科学研究等领域的技术政策相比，公共机构绿色低碳技术应用政策存在诸多不足，体现在如下几个方面。

第一，资金保障性政策缺乏。尽管政府对于公共机构节能降碳工作给予了一定的财政支持，但相较于庞大的节能降碳需求，政策层面推动资金投入的努力尚显不足。目前，关于公共机构绿色低碳技术应用的财政政策工作滞缓，特别是在“过紧日子”的背景下，一些高效的节能降碳技术可能会因为缺少资金保障而无法得到有效推广和应用。此外，在财政紧张条件下，公共机构绿色低碳转型欠缺明确的预算或财政方案，可能会导致资金分配不均问题，使一些亟须改造和升级的公共机构难以获得足够的资金支持。

第二，法律法规体系不完善。针对公共机构绿色低碳技术应用的法律法规尚未出台，特别是我国基层公共机构节能减排法治建设滞缓①，法律法规体系不健全，缺乏具体的、可操作的法律条款规范公共机构的节能降碳行为。各类技术进入公共机构运行体系，可能会激发潜在的风险，如公共机构重要信息泄露、财政风险等。

第三，政策协作推进力度不足。公共机构节能降碳工作涉及多个部门和领域，如能源、环境、建筑、交通等。由于不同部门之间的职责、目标和利益存在差异，协作过程中难以形成统一的工作机制和行动方案。另外，各部门在节能降碳工作中收集的数据和信息往往各自为政，缺乏统一的信息共享平台，导致“信息孤岛”现象严重，难以形成政策合力。在政策制定方面，我国公共机构节能政策存在政策工具使用不平衡、政策发文主体统合不足以及政策体系不均衡等问题②。

第四，政策监督工作机制不健全。政府大力支持各类节能降碳技术进入公共机构工作领域，但是尚未建立完备的监督机制。一方面，部分公共机构在绿色低碳技术应用方面的数据和信息公示不透明，难以评估政策效果和社会影响；另一方面，技术应用检查与问责机制建设滞后。

除上述问题外，我国公共机构绿色低碳技术应用政策还存在政策目标模糊、政策主体单一等制约。尽管国管局发布了《公共机构绿色节能节水技术产品参考目录》《公共机构节能节水技术集（2019—2020年）》《公共机构绿色低碳技术（2022年）》等，但相关部门尚未出台专项性的公共机构绿色低碳技术政策，大量先进技术由于缺少政策支持，难以被采用。总体而言，我国尚未建立起完整的公共机构绿色低碳技术政策框架，这将对新型节能技术要素

---

① 柳国清.我国基层公共机构节能减排存在的问题与对策［J］.统计与管理，2013（4）：101-102.

② 伍如昕，郎玉函.政策工具视角下中国公共机构节能政策研究——基于2008—2022年中央政策文本的量化分析［J］.重庆理工大学学报（社会科学版），2022，36（8）：179-194.

的引入、应用与管理产生不良影响。

第二节　公共机构绿色低碳转型的技术形式

技术路径是公共机构绿色低碳转型的关键动力来源。国家政策鼓励公共机构采用新技术、新工艺、新产品，淘汰能效低、能耗高、排放大的技术或设备，提升绿色低碳发展水平。公共机构绿色低碳技术类型可以划分为如下5类。

一、能效提升类技术

能效提升类技术，即通过对各类硬件设施进行绿色化改造，提升各类用能设备设施运行与管理的能效水平，达到降低能耗的目的。

（一）外墙保温改造

据统计，墙体是建筑围护结构的重要组成部分，外墙的耗热量占建筑总热量损耗的20%~30%，因此，提高外墙热工性能是公共机构绿色节能改造的重点内容。按照目前的政策和技术趋势，外墙保温建议选用水泥基无机类保温板材，以达到保温与结构主体同寿命的要求[①]。另外，对于中低层建筑，可在外墙立面采用立体绿化，有效降低太阳对墙面的热辐射。

（二）外窗改造

外窗性能是整栋建筑节能的关键，是建筑围护结构中保温隔热最薄弱的环节。可对玻璃进行改造，如玻璃贴膜、玻璃涂膜等，既能保证室内采光，又能降低室内空调负荷[②]。也可采用加贴多屏玻璃的技术，构建新的微中空玻

---

① 邵高峰，彭罗文，艾明星，等. 与建筑同寿命外墙保温技术体系研究［J］. 建设科技，2023（23）：16-20.

② 董恒瑞，邓铃夕，刘军，等. 既有建筑绿色节能改造适宜技术路线探讨［J］. 重庆建筑，2020，19（5）：26-28.

璃腔体，达到节能效果。另外，还可采用导热系数较小的断桥铝合金门窗等，减少窗框部分的热损失。

（三）屋面改造

对于保存良好、防水层不需要重做的原有屋面，多采用倒置式屋面做法，即在原屋面防水层上直接铺设保温材料，再覆盖保护层和隔离层，可直接阻挡太阳对屋面产生的辐射。在建筑结构允许的前提下，可将平屋面改建成坡屋顶，提高建筑的保温和防水性。另外，种植屋面[①]、蓄水屋面[②]也有较好的隔热节能效果。使用该技术建设的草坪式屋顶绿化，在夏季高温时段，室内温度可以比室外温度低。

（四）遮阳改造

建筑遮阳可以有效阻挡夏季太阳辐射进入室内，减少空调能耗。从实践经验来看，既有建筑可优先采用活动外遮阳，实现遮阳和采光的随时可变性。内遮阳虽然经济易行、设置便捷且尺度选择灵活，但并不能在很大程度上隔离太阳辐射，只能使热的峰值有所衰减，因此遮阳效果不理想；中置遮阳改善外窗保温性能的效果突出，不过存在安装空间小以及不易维修保养等问题；外遮阳同样不易维修保养，由于处于建筑外部，容易受到外部因素影响，但是这一遮阳方式的效果最佳[③]。

（五）“近零能耗”公共建筑

“近零能耗”公共建筑，是指通过采用先进的建筑设计、施工技术、材料和设备，以及智能化的能源管理系统，大幅降低建筑物的能源需求，使其能耗水平接近或达到“零能耗”的建筑。此类建筑改造不仅要求提升硬件设施能效，还强调对建筑运行过程中产生的碳排放进行监测与控制。值得注意的

① 宁莜，高辉，张振元.国内外种植屋面节能研究比较分析［J］. 工业建筑，2013，43（3）：48-51.

② 狄育慧，席仁静，郑松.关于蓄水屋面的分析与推广应用研究［J］. 建筑节能，2017，45（5）：97-101.

③ 王志勇，段恺，张丽，等.建筑遮阳在北京建筑工程中应用建议［J］. 建筑技术，2011，42（10）：882-885.

是，“近零能耗”公共建筑所产生的效益受到气候条件因素的影响[①]。

二、设备改造类技术

设备改造类技术，是指专门针对用水、用电等用能设备进行低碳化改造的技术。此类技术应用的关键在于，优化各类用能系统性能，提高能源利用水平，控制碳排放。

（一）暖通空调改造技术

公共机构暖通空调系统是一个复杂的系统，主要由制冷系统、冷冻水循环系统、冷却水循环系统、送风回风系统、电气控制系统等组成。暖通空调系统的主要节能技术途径有：①空调系统冷热源，优先选择低碳、节能、绿色能源，如水源、空气源、太阳能或多种能源相结合的方式；②从送风形式上进行节能改造设计，其中包括增大送风温差以减少送风量，以变风量代替定风量，在保证新风量的情况下最大限度地利用回风，采用热回收技术；③选用变频水泵、变流量水系统，加大冷水系统供水与回水的温差，减小管道系统阻力，加强管道保温，减少热桥现象等；④增加冷却塔换热面积、提高冷却塔换热效率、合理设置冷却塔容量及台数，根据系统需求，设置变频控制风机、冷却塔近湿球温度控制技术等；⑤合理设置暖通空调系统运行参数，动态监测和调整空调系统运行参数，智能控制空调系统运行。定期进行暖通空调系统的清洗和维护保养[②]。

（二）电梯系统绿色化改造技术

公共机构实施电梯系统绿色化改造，重点应用多元化的专业技术，提升电梯运行低碳化水平。①能量回馈技术。电梯在下行或制动过程中会产生多余的动能，能量回馈技术可以将这部分能量转换为电能并回馈到电网中，减

① 高彩凤，陈梦源，彭莉，等．近零能耗公共建筑技术经济性分析［J］．建筑科学，2021，37（10）：170–178.

② 苏刚，张泉城，胡梦茹．中央空调系统制冷机组节能优化［J］．智能建筑电气技术，2024，18（1）：65–71.

少能量损失，有效提升节电率[①]。②节能电梯管理系统。通过物联网、大数据等技术智能监控电梯运行状况，根据人流预测和使用模式智能化调整电梯运行计划，减少空驶和等待时间，提升节能效率。③高效率电机和智能变频驱动技术。使用高效率的电机和智能变频驱动技术，优化电梯的能耗，实现更有效的能量使用和控制。④照明系统及楼层显示系统更新。使用 LED 光源更新电梯轿厢的照明灯具，以及采用休眠技术使楼层显示系统在待机状态自动降低亮度或关闭，达到节能目的。⑤电梯发电技术。在电梯运行中，特别是电梯下降时，通过电梯发电技术将机械能转换为电能，实现能量的再利用。

（三）照明系统改造技术

照明系统改造技术的核心在于，将传统照明设备升级为绿色环保的节能照明用具，主要包括以下几个方面。①LED 灯具应用。相较于传统的白炽灯，LED 灯具有使用寿命长、节能、环保、安全可靠、视觉效果良好的性能优势，其在公共机构既有建筑节能改造中的应用非常广泛。这与 LED 灯具的诸多技术优势有关，具体而言，LED 灯具具有封装技术优势，节能技改可选择采用 SCP 芯片级封装、高压 LED 封装等新型封装技术的 LED 灯具。LED 灯具具有散热技术优势，可采取强制风冷、循环水冷、自然风冷、介质蒸发制冷与电子技术制冷的方法加强 LED 散热，延长使用寿命。LED 灯具还具有智能控制技术优势，在照明系统或建筑楼宇自控系统中安装传感器、微处理器或可编程逻辑控制器，感知现场环境自动调节 LED 灯具运行状态，缩短工作时间，节省电能[②]。②光效提升技术。通过使用高效率光源和优化光学设计，提高整体照明系统的光效。③灯具反射器优化。改进灯具的反射器设计，确保光线更有效地照射到需要照明的区域，减少能量浪费。④调光技术。根据实际照明需求调节亮度，减少不必要的能源消耗。⑤传感器控制技术。利用光敏传感器和运动传感器实现照明系统的自动化控制，仅在需要时提供照明。⑥热管理技术。通过有效的散热设计延长照明系统的使用寿命，减少更换频率和废弃物的环境影响。⑦照明系统模拟与优化。利用模拟技术优化照明布局和

---

① 姚颖超. 电梯节能中能量回馈节能技术的有效运用［J］. 企业技术开发，2017，36（4）：74–76.

② 高玉伟. LED 灯具技术及其在公共建筑照明节能中的应用［J］. 光源与照明，2021（8）：5–6.

设计，实现能源使用的最优化。⑧智能照明网络系统。结合传感器、调光器和中央控制系统，实现精细化管理，进一步提升能效。

三、能源利用类技术

可再生能源，是指自然界中可不断利用、循环再生的能源，如太阳能、风能、水能、生物质能、海洋能、潮汐能、地热能等。目前，绝大部分建筑使用的能源都是不可再生的，因此，在公共建筑绿色节能改造过程中，融合可再生能源利用技术，是降低建筑能耗的重要手段，也是实现绿色发展的重要途径。

（一）光伏建筑一体化技术

光伏建筑一体化是一种将太阳能光伏发电产品集成到建筑构造中的技术[①]，能为公共机构生产“绿电”。光伏建筑一体化技术应用形式较多，具体如下。①晶硅电池和薄膜电池。晶硅电池通过硅材料的光电效应产生电流，薄膜电池则使用不同类型的薄膜材料，如碲化镉或铜铟镓硒等，实现光电转换。晶硅电池具有较高的光电转换效率，而薄膜电池则具有可定制化设计的优势，适合作为建筑美学和功能性的组成部分。②光伏幕墙。光伏组件与建筑幕墙结合，可以作为建筑的外围结构，同时具备发电功能。③屋顶光伏系统。光伏组件安装在屋顶上，可以是平屋顶式、斜屋顶式或曲面屋顶式。通过调整光伏组件的角度使太阳辐射量和发电量最大化，同时考虑建筑美学和结构力学要求。④光伏遮阳。结合建筑遮阳功能和光伏发电，适用于炎热气候区，减少室内的热量，降低制冷能耗，同时产生电力，实现节能和产能双重效益。⑤光伏智能窗。集成了性能可变材料的光伏窗，可以根据室内外环境变化调整透光率。智能窗利用电致变色或热致变色材料，实现对太阳辐射的智能控制，优化室内光热环境等。按照国家能源局发布的《关于报送整县（市、区）屋顶分布式光伏开发试点方案的通知》，党政机关建筑屋顶总面积可安装光伏发电比例不低于50%，学校、医院、村委会等公共建筑不低于40%。因此，

---

① 秦文军，李想．中国光伏建筑一体化行业概况与发展前景［J］．建筑学报，2019（S2）：6-9.

具备条件的地区，可大力推进光伏建筑一体化项目建设[①]。

（二）雨水收集技术

雨水是公共机构可再生能源储备与利用的重要来源。雨水收集技术涵盖从雨水收集、过滤、储存到再利用的应用环节，具体包括以下内容。①屋顶雨水收集系统。通过屋顶排水沟和管道将雨水引导至储水设施，通常因为屋顶面积较大，收集效率较高。②地面雨水收集系统。利用地面排水系统，如排水沟和集水井，收集雨水后导入储水设施。③初期弃流装置。使用机械式或自动控制的阀门，在初期降雨时将前几毫米的雨水排出。主要是在收集初期排除含有较多污染物的雨水，保证收集水质。④雨水回用系统。根据雨水的水质和用途，通过管道和控制系统将雨水分配到不同的用水点，用于灌溉、冲厕所、洗衣、消防等非饮用用途。⑤渗透和蒸发系统。通过渗透或蒸发减小雨水的体积，同时补充地下水或降低洪水风险。

（三）生物质能利用技术

生物质能是一种重要的可再生能源[②]，是指由植物光合作用或动物呼吸作用产生的有机物质所蕴含的能量，这些有机物质可以转化为可用的能源形式，主要包括木材和林业废弃物、城市固体废物、藻类生物质等。生物质能是公共机构有待开发应用的可再生能源类型，主要包括如下应用形式。①生物质能供暖系统。使用生物质锅炉为建筑物供暖。原理在于，生物质在锅炉中燃烧，产生热能，通过热交换器和供暖管道系统为建筑供暖。太阳能与生物质能联合供暖系统建设也日益受到重视[③]。②生物质能发电技术。利用生物质的燃烧或气体化产生的热能发电[④]。③生物质能季节性储存技术。在生产季节收集并储存生物质能，以备非生产季节使用。

---

① 汪杨姿，曹小花，王宇珊.建筑光伏一体化技术助力低碳生活——以隆基绿能BIPV解决方案及案例实践为例［J］. 建设科技，2023（9）：44–46.

② 马隆龙，唐志华，汪丛伟，等.生物质能研究现状及未来发展策略［J］. 中国科学院院刊，2019，34（4）：434–442.

③ 黄思慧，李洁，陆红梅，等.太阳能联合生物质能供暖系统热性能和能源特性的分析［J］. 石河子大学学报（自然科学版），2023，41（6）：704–710.

④ 丁晓雯，李薇，唐阵武.生物质能发电技术应用现状及发展前景［J］. 现代化工，2008（S2）：110–113.

四、节约循环类技术

节约循环类技术强调引入循环经济思维，对各类能源资源实施节约利用、循环管理，支持公共机构节能降碳事业。在工作实践中，节约循环类技术是成本较低、应用广泛的绿色低碳技术。此类技术包括多元化的应用场景，列举如下。①热回收。利用排风热回收系统，回收建筑物内部的热量，减少供暖和空调的能耗。②绿色建筑材料。使用可回收或环保材料进行建筑施工，减少建筑废料的产生。③废物分类回收。实施垃圾分类，提高资源回收率，减少废物的填埋和焚烧。④无纸化办公。推广无纸化办公，减少纸张使用，降低办公耗材的消耗。⑤食物循环利用。食堂采用剩饭剩菜处理设备，将有机废弃物转化为肥料或能源。⑥绿色采购。优先采购环保认证产品，减少产品全生命周期的环境影响。

五、智慧监测类技术

以信息技术为支撑，有效获取、统计、分析能源数据，并采取对应措施提高能源利用效率，是实现节能降耗目标的关键举措。这对能源管理优化有重要帮助，能够协助管理人员识别能源过度消耗环节，开展节能改造评估，以及优化用能系统运行性能。建立针对能耗或碳排放的智慧监测技术体系，有助于加快公共机构实现碳达峰目标。有必要在公共机构内部建立智慧监测系统，原因在于我国大部分公共机构存在能源使用及管理信息不全面的问题，各个部门间尚未形成有效的能源信息共享链，能源信息共享性差，协同管理效力不足。

在绿色办公、绿色建筑、绿色食堂、绿色出行、绿色数据中心等领域，推进公共机构碳排放在线监测系统建设，有利于打造完整的能源资源消费数据链。在物联网、云计算、大数据等技术支持下，公共机构在线监测系统发挥能耗和碳排放的信息采集、数据报表、数据分析以及数据决策等功能，如图 5-1 所示。此外，建设公共机构在线监测系统，可以帮助管理部门掌握跨层级、跨区域的能耗与碳排放信息，助力政策及时调整、碳达峰趋势分析等。

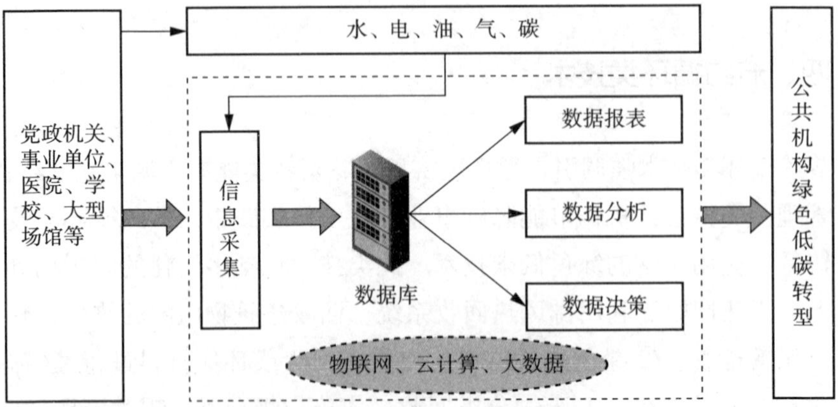

图 5-1 能耗和碳排放智慧监测系统

具体而言，能耗和碳排放智慧监测技术体系包括诸多先进的技术应用形式。①智能电网技术。通过智能电网延伸拓展能源网络潜能，形成能源智能调控体系，提升资源精准高效配置水平，提高行业整体能效和绿色低碳水平。②智慧能源管理系统。利用大数据、可视化、物联网、人工智能等技术，实现能耗精准计量和灵活分析，支持公共机构楼宇实现“双碳”目标。该系统具备多源采集、量身定制、成本节约和自动化管理等特点①。③能耗监测系统。对建筑物的能源使用情况进行实时监测、数据分析和管理，提供准确的能耗数据，分析能耗数据，发现节能潜力，并提供节能建议和方案。④数字孪生技术。构建智慧能源系统仿真模型，使用“模型驱动 + 数据驱动”的混合建模技术，实现真实的虚拟映射，提升能源系统的控制和优化能力。⑤“云端—边缘端”协同的数字孪生服务平台。实现数据的快速准确处理，为数字孪生技术的应用提供数据支持。

第三节　公共机构绿色低碳转型的技术选择

公共机构绿色低碳转型，实质是通过能源优化、建筑改造、环境绿化、能耗控制、绿电生产等手段，实施绿色化改造，严格控制能耗以及碳排放水

① 徐会咏 . 智慧能源管理系统建设方案［J］. 能源研究与管理，2020（4）：83-87.

平的过程。打造绿色低碳的公共机构，需要投入使用大量先进的节能降碳技术。由此可见，公共机构绿色低碳转型是一项重要的系统性技术工程，技术广泛应用是最显著的特征。然而，公共机构绿色低碳技术存在失灵问题，第四节将分析技术路径存在的局限性。

近年来，全国公共机构节能宣传周活动以“节能降碳、绿色发展”为主题，强调公共机构绿色低碳引领行动。在国家“双碳”政策指导下，各地公共机构借助合同能源管理，开展节能降碳改造与低碳技术升级实践。公共机构绿色低碳转型呈现显著的技术偏好，强调以技术吸纳、优化与改造增强节能降碳能力，形成公共机构绿色低碳转型的技术路径。技术路径是对公共机构节能减碳技术应用实践的总体概括，包括诸多内容要素，如绿色技术引进、节能产品采购、老旧设备更新、建筑绿色改造、光伏项目建设、新能源公务用车配备、能耗技术检测、数字技术嵌入等。结合实践来看，公共机构绿色低碳转型技术路径的策略选择如下。

一是利用绿色产品采购、设施设备绿色改造等手段，推进绿色低碳建设，强调产品节能更新、老旧设备节能改造。例如，东莞市行政办事中心采用双层 LOW–E 镀膜玻璃技术改善建筑冷热传导效果，采用 LED 照明用具，并且在电梯、灌溉用水、便池水龙头以及中央空调等设施设备上广泛应用节能新技术，实现节电节水以及能耗控制；雅安市行政中心同样对灯管用具、空调系统以及电梯系统等高耗能设备进行节能技术改造，并逐步淘汰食堂效能落后的暖气锅炉，替换成低碳高效的炉具、灶具和热水器、小型锅炉等节能产品，还借助市场技术力量建设新能源汽车充电桩，为公务用车新能源化提供基础设施条件。

二是对接市场高端减碳技术资源，加快引入能源服务市场中先进的节能减碳技术。例如，2021 年，深圳市福田区机关事务管理局与华为数字能源公司开展战略合作，在福田区委机关大院绿色改造中，广泛引入建筑光伏一体化、储能系统、交直流微网架构等先进技术，实现“绿色生产—绿电储存—绿电供给”的智慧运行，并利用数字化技术构建集中办公区“双碳云脑”平台，推进碳排放的可视、可管与可规发展。

三是拓宽低碳技术应用场景。低碳技术大量应用于“零碳”改造工作。比如，四川省成都市大力推进“零碳会议”建设，旨在实现会议碳中和的目标；江苏省鼓励党政机关将低碳技术拓延至各类高耗能场域，构建“零碳长廊”“零碳会议室”“零碳食堂”“零碳办公室”等绿色低碳场景，创新低碳技术应用的“零碳空间”。

四是增强节能数字智慧管控的技术支撑，借助数字智慧辅助公共机构“近零碳”管理。浙江省温州市行政中心利用节能减碳效果更好的雷达或红外感应 LED 灯，替换普通 LED 灯，同时借助大数据算法挖掘数据节能空间，提升中央空调系统、卫生间照明等设备能耗智能化监管水平，促进节能降耗管控体系的升级改造。山东省胶州市政府办公区大力打造集能源统计、管理与监控功能于一体的智慧能效管控平台，实现碳排放的远程精细化操作。江苏省常州市则推进数字化技术与节能检查工作的结合，打造公共机构区域能耗感知的数字网络系统，及时监测、发现能源浪费问题，精准管控机关能耗等。

以上四类技术策略提高了低碳技术与节能降碳治理融合水平，丰富了公共机构绿色低碳转型的技术支撑要素。公共机构绿色低碳转型技术路径及其运行逻辑逐渐清晰。图 5–2 基于“目标—内容—手段”逻辑，构建了公共机构绿色低碳转型的技术路径框架。公共机构在设施设备、建筑以及能源等领域实施节能工作，落实“双碳”目标，满足社会可持续发展要求。这能够提升公共机构在全社会的示范引领作用。“双碳”目标的指标体系“自上而下”分解，既强化了公共机构绿色低碳转型的顶层引领，又强化了各级部门的责任与压力。为了有效化解指标性压力，高效完成节能降耗任务，公共机构往往选择深化与市场的联系，主动引入节能技术，应用节能产品，构建节能低碳管理体系。这是绿色低碳技术的嵌入过程，在手段上表现为技术工具的创新与应用。

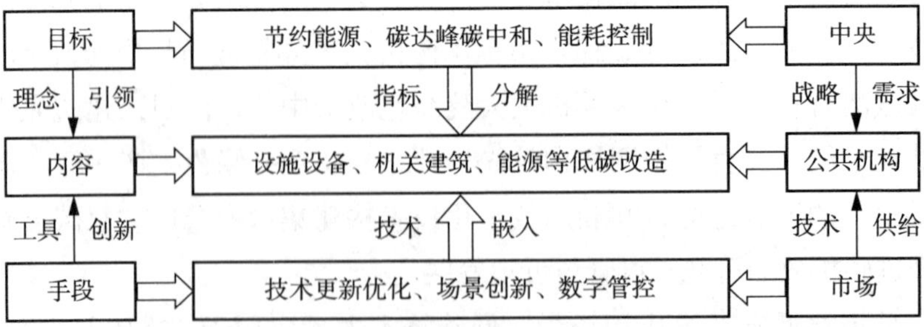

图 5–2　公共机构绿色低碳转型的技术路径框架

公共机构绿色低碳转型本质上是一种“政策选择”，呈现独特的“政策范式”特征，即技术路径选择包含应用情景、目标、理念、工具以及价值取向等内容要素，与政策紧密关联（见表 5-2）。

表 5-2　公共机构绿色低碳转型技术路径的政策范式特征

要素维度	政策范式特征
应用情景	“自上而下”持续施加的节能减碳压力
目标	实施节能改造，提高能源资源与碳排放的“双控”水平
理念	吸纳、更新与优化技术手段以驱动机关绿色低碳转型，注重实现以数量与强度控制为特征的行动指标
工具	节能产品、能源管理平台、数字化管控系统、合同能源管理等
价值取向	技术主义、工具主义

具体而言，在应用情景维度上，公共机构绿色低碳转型过程中，存在从中央到地方的约束性指标网络。“双碳”目标随着行动内容细化不断清晰，并持续向公共机构施加节能减碳压力，如出现加大指标约束力度、实施能源消费检查等制度设计。在目标维度上，围绕节能、降碳的核心目标，公共机构大力采购绿色产品、实施节能改造以及引入先进技术，控制能源资源消费、碳排放的总量与强度，创建“节约型机关”“能效领跑者”。在理念与价值取向维度上，充分利用技术实现节能降碳目标的工作理念，构成绿色低碳发展方案的核心内容。大数据、物联网技术的全面应用，节能技术市场的日益发达，为技术路径的生成提供条件。技术理念全面渗透，推动形成以技术主义、工具主义为特征的节能降碳管理导向。公共机构围绕技术吸纳、更新与优化的原则，制定政策、设计指标以及部署工作。在工具维度上，技术主义倾向下，公共机构借助市场力量，打造节能减碳“工具箱”。特别是，在数字政府建设背景下，公共机构节能降碳工作超越了以节能产品更新为特点的传统模式，逐步建立起以数字化、智能化为导向的工具应用体系。

第四节　公共机构绿色低碳转型的技术约束

对于公共机构而言，各类节能技术有助于控制设施设备能耗、优化能源结构以及增强碳管理能力。技术路径成为公共机构节能降碳的主要选择，但存在资源、制度与管理方面的应用约束。

一、技术应用的资源约束

以技术路径推动公共机构绿色低碳转型，往往会受到资源禀赋以及资源管理能力的限制。

首先是财政资源的制约。低碳技术改造项目非常依赖财政资金的高水平投入与有效管理。如“能源托管项目”作为低碳技术改造的重要手段，往往需要大量的资金支持，但在公共机构“过紧日子”的政策背景下，机关事务资源配置与管理逐步走向“节约节俭”，强调“勤俭办一切事情”。因而，公共机构实施低碳技术改造，会面临财政资金供给不足的压力。

其次是行政支持性资源的制约。技术路径会对公共机构及其干部职工产生影响，意味着仅靠机关事务管理部门独自谋划绿色低碳转型工作是行不通的。相反，这更需要其他各类行政性资源的支持保障，特别是能够得到上级政府或领导的决策支持，以及获得财政部门的资金支持。对大部分公共机构而言，做到上述两点并不容易。

最后是服务与自然资源供给的制约。技术路径的核心在于借助技术手段实现节能减碳目标。绿色低碳技术的供给质量与当地节能服务市场的发达程度有直接联系。与深圳市、上海市、北京市等相比，很多地区的公共机构难以联系到技术服务资源丰富、先进的节能服务市场。此外，实施技术改造容易受到自然资源禀赋匮乏的制约，如光照资源或楼面资源条件较差的公共机构不适合铺设光伏设施等。

二、技术应用的制度约束

在节能市场服务扩张以及大数据应用的双重驱动下，公共机构绿色低碳技术的吸纳与更新速度加快。诸多地区推广应用新产品、新技术以及新设备，配备使用新能源公务用车，升级空调与电梯系统运行技术，打造行政中心或集中办公区能源管理平台等，但技术的更新升级存在制度性约束。从技术与制度的关系来看，技术升级与制度建设相互影响、相互调适，但两者发展存在“非对称性”，即制度建设往往滞后于技术升级，进而引发各类矛盾冲突。

在公共机构绿色低碳转型过程中，技术路径的制度局限性主要表现为，节能低碳技术更新升级与应用的运营管理制度建设滞后。例如，新能源公务用车虽在政府机关进行了配备，但其能耗管理制度尚未建立，其他节能产品也缺少规范统一的“采购清单”；能源管理平台建设虽然提升了能源可视化管理水平，但尚未形成统一的能耗统计、能源审计制度，各地统计口径以及审计内容、手段等差异较大，导致能源跨域管理缺少制度抓手；目前，“近零碳公共机构”“近零碳会议”“近零碳办公区”“近零碳建筑”等改造项目层出不穷，但是，碳排放绩效考核、数据共享、干部职工行为与活动管理等制度标准缺失。与此同时，技术也会“失灵”。节能低碳技术的广泛应用，会给公共机构运行带来潜在风险。不过，大量公共机构忽视了技术风险防控制度的研究制定。制度建设的滞后性，极大地制约了技术的可持续应用。

三、技术应用的管理约束

公共机构碳达峰碳中和是一项系统工程，需要对技术、行为、制度、资源、文化等各类要素进行系统管理。过度强调以技术手段推动绿色低碳转型，可能会产生路径依赖、碎片化建设等问题。一方面，技术投入是一种周期短、见效快的绿色低碳转型策略，有利于应对“双碳”指标压力与治理绩效要求，因此成为各地工作的基本共识。但是，过度强调技术，可能会导致技术主义或工具主义的泛滥，出现“路径依赖”问题。管理性要素建设容易被忽视，导致绿色低碳工作陷入困境，出现项目质量下降、资源浪费严重等问题，制约现代低碳运行保障管理体系的有效建构。另一方面，从技术封闭性来看，技术路径降低区域绿色低碳一体化建设水平，加剧公共机构绿色低碳治理“碎片化”程度，有关工作开展出现“头痛医头，脚痛医脚”问题，难以满足绿色低碳转型的系统性、整体性、协同性要求。比如，很多老旧行政中心或集中办公区仅考虑更换 LED 灯、安装感应水龙头以及优化空调运行系统，却忽视将绿色低碳项目与安全改善、物业升级等工作相结合，不利于公共机构环境的整体优化。另外，诸多地区推进打造数字能源管理系统，却单独建设数据库以及订立运行标准等，导致不同机构间难以形成工作协调联系，降低能源资源管理数据共享水平。

总体而言，公共机构绿色低碳转型呈现显著的技术主义特征。技术路径存在资源、制度与管理方面的局限性，对绿色低碳工作的可持续发展提出挑战。公共机构亟须创新节能化、绿色化、低碳化改造路径方案，高水平实现“双碳”目标。

第五节　公共机构绿色低碳转型的样本研究

为了缓解能源危机和环境恶化，我国政府高度重视新能源汽车的推广和应用工作，不断出台各项政策以支持新能源汽车的发展，尤其表现在公务出行领域。2021 年 6 月，国家机关事务管理局、国家发展和改革委员会印发《“十四五”公共机构节约能源资源工作规划》（国管节能〔2021〕195 号），明确提到要推动公共机构带头使用新能源汽车，并规定新增及更新车辆中新能源汽车比例原则上不低于 30%。2022 年 5 月，财政部印发《财政支持做好碳达峰碳中和工作的意见》（财资环〔2022〕53 号），表示在完善政府绿色采购政策中，需要加大新能源、清洁能源公务用车的采购力度，支持“双碳”目标的实现。各地政府部门紧紧围绕中央出台的政策文件，结合自身实际情况制定了一系列政策，不断完善和加强公务用车新能源化的管理与推广应用。

公务用车新能源化是促进新能源汽车产业发展的新契机，也是促进绿色公务出行发展的新趋势。公务用车新能源化是一种典型的绿色低碳技术应用模式，政府将会以新能源汽车作为公务出行主导方式，为全社会绿色出行做好示范表率，进一步助力生态文明建设工作。随着政策的推进和新能源产业结构的升级，公务用车新能源化进入了快速发展新阶段。新时期如何实现绿色低碳目标，应对公务用车新能源化带来的挑战，将成为公务用车管理的重点问题。为了揭示新能源技术实际应用的特点，本节将立足公务用车新能源化的现实情况，分析我国公务用车新能源化过程中的难题，并提出相应对策。

一、公务用车新能源化进展

2020 年 9 月，习近平主席在第七十五届联合国大会一般性辩论上正式宣布："中国将提高国家自主贡献力度，采取更加有力的政策和措施，二氧化碳排放力争于 2030 年前达到峰值，努力争取 2060 年前实现碳中和。""双碳"目标的提出，在推动我国能源体系向着清洁低碳、安全高效的方向转型的同时，也展现了我国应对能源环境污染的决心。汽车产业在社会总体碳排放中占据重要地位，各国将新能源汽车产业作为推进节能减排的重要抓手。截至 2021 年底，我国新能源汽车保有量已达 784 万辆，占汽车总量的 2.6%，且每年新能源汽车减少碳排放约 1500 万吨。新能源汽车以绿色出行、节能减排为发展理念，在建设低碳国家中发挥了重要作用。当前，发展新能源汽车是破除中国大中城市空气严重污染困境的根本途径，满足了国家能源安全与环境保护的双重需求[①]。与此同时，面对"双碳"治理目标和节能减排、厉行节约的政策要求，我国中央和地方政府率先发挥带头作用，在公务用车领域出台了多项支持推广和应用新能源汽车的政策（如表 5-3 所示）。

表 5-3 "公务用车新能源化"部分相关政策文件一览

年份	文件名称（中央）	年份	文件名称（地方）
2022	《财政支持做好碳达峰碳中和工作的意见》	2022	《安徽省"十四五"节能减排实施方案》
2022	《关于印发〈促进绿色消费实施方案〉的通知》	2021	《上海市加快新能源汽车产业发展实施计划（2021—2025 年）》
2021	《"十四五"公共机构节约能源资源工作规划》	2021	《重庆市 2021 年度新能源汽车推广应用工作方案》
2020	《新能源汽车产业发展规划（2021—2035 年）》	2021	《海南省清洁能源汽车推广 2021 年行动计划》
2020	《关于稳定和扩大汽车消费若干措施的通知》	2021	《关于进一步加快新能源汽车推广应用和产业高质量发展推动"电动福建"建设三年行动计划（2020 —2022 年）》
2017	《党政机关公务用车管理办法》	2021	《青岛市党政机关新能源汽车配备使用管理规定（试行）》
2014	《关于加快新能源汽车推广应用的指导意见》	2021	《深圳市新能源汽车推广应用工作方案（2021—2025 年）》
2014	《关于印发政府机关及公共机构购买新能源汽车实施方案的通知》	2020	《柳州市新能源汽车推广应用三年行动计划（2021—2023 年）》
2012	《节能与新能源汽车产业发展规划（2012—2020 年）》	2020	《山西省打赢蓝天保卫战 2020 年决战计划》

① 郭兴磊，史乐锋 . 新能源汽车产业化发展研究［J］. 管理现代化，2013（4）：37-39.

2014年6月，国家五部委联合公布《关于印发政府机关及公共机构购买新能源汽车实施方案的通知》（国管节能〔2014〕293号，以下简称《方案》），明确了政府机关和公共机构“公务用车新能源化”的时间表与路线图。《方案》指出，2014—2016年，中央国家机关以及纳入新能源汽车推广应用城市的政府机关和公共机构，购买的新能源汽车占当年配备更新总量的比例不低于30%，以后逐年提高。2017年12月，新修订的《党政机关公务用车管理办法》（中办发〔2017〕71号）规定，党政机关应当配备使用国产汽车，带头使用新能源汽车，逐步扩大新能源汽车的配备比例。随着公务用车改革的深入和加快推进节约型机关的创建，政府对公务用车的采购逐渐偏向于新能源汽车，公务用车新能源化成为公务出行方式的发展趋势。近年来，国管局按照《关于印发〈促进绿色消费实施方案〉的通知》（发改就业〔2022〕107号）部署，大力推动国家机关、事业单位、团体组织类公共机构率先采购使用新能源汽车。

推广新能源汽车与国家厉行节约、节能环保的理念高度契合，我国高度重视党政机关新能源汽车的推广应用工作。我们能够看到，在推动国家绿色低碳发展的进程中，党政机关带头使用新能源汽车，积极探索公务出行的创新模式，不仅促进了公共机构节约能源资源和绿色低碳发展目标的实现，也助推了我国新能源汽车产业的发展。但同时应看到在公务用车新能源化的过程中需应对的各种挑战，诸如在配备新能源汽车后相关基础配套设施的保障问题以及投入使用过程中的运营监督问题等。

二、公务用车新能源化的推进难题

我国积极出台各项政策，为公务用车新能源化的发展营造了良好的政策环境，公务用车新能源化成为国家和社会关注的焦点。然而，公务用车新能源化在推进过程中面临着一系列发展难题。

（一）制度规范难题

随着我国新能源汽车产业化的发展，各级政府单位的公务用车被大量的新能源汽车覆盖，我国各级党政机关和事业单位也因此制定了相应的规章制度或管理办法。但这些规定多是由地方机关自己制定的，国家没有出台统一的新能源公务用车制度，使得在公务用车新能源化的推进过程中缺乏规范化和法治化的保障。

现行公务用车制度主要针对的是国产燃油车，我国迫切需要制定关于新能源公务用车的管理标准。一方面，新能源公务用车的购置缺乏专门的制度标准。在新能源汽车的采购标准上，政府公务用车现有标准使用的仍是对燃油车的采购办法。这种标准实际上是偏低的，给政府采购新能源汽车带来了一定的阻力。比如，政府明确要求新能源轿车的价格采购标准不得超过 18 万元，这个价格的上限约束了政府的采购范围。当某些部门需要多功能新能源汽车时，市场上符合公务用车标准的车型却不多，难以满足政府的采购需求。政府每年购置的车辆数量也有严格的限制，以营利为目的的车企更难主动迎合政府。另一方面，新能源公务用车的运营和维护缺乏专门的制度标准。不同的公务车辆在执行公务时，安全性能和出行效率会受到不同程度的影响，因此需要针对性的服务保障。而新能源公务用车与传统燃油车存在本质的差距，前者更需要建立起全过程、全周期、全方位的服务保障体系。但是，目前缺少针对这方面的规章制度或管理办法，极易产生管理不当的问题。

（二）设施配套难题

近年来，我国新能源汽车的保有量增速明显，对于充电设施的需求也日益增加。从整体来看，我国新能源汽车的充电基础设施建设正在逐步完善。然而，在新能源汽车增长的态势下，目前基础设施建设及相关配套措施仍显薄弱（如表 5-4 所示）。

表 5-4 2022 年 1—6 月我国充电基础设施与新能源汽车的对比情况

	1—6 月全国增量（万台）	同比（%）
公共充电桩	42.8	199.2
随车配件私人充电桩	93.4	390.1
充电基础设施（公共桩＋私人桩）	136.2	308.3
新能源汽车销量	319.4	115.5
桩车增量比	1 ∶ 2.3	

资料来源：笔者根据中国电动汽车充电基础设施促进联盟网站数据整理。

充电基础设施建设规模不足且利用率低。充电桩的建设关乎多方主体的利益，现在主要是依靠政府出台各项优惠政策推动充电设施的建设及企业的运营。目前，充电基础设施产业政策逐步完善，但政策落地有待加强[①]。各级政府机关既需要保证内部的充电桩被高效利用，又要求外部场景的充电桩配备满足长途公务用车的充电需求，从而避免造成公务用车的“充电难”问题。由统计数据可知，充电桩平均利用率在3%~5%[②]，我国的充电桩整体利用率较低。车与桩之间发展的不协调导致了资源浪费，在一定程度上制约了公务用车新能源化的发展。

地区间的充电基础设施配备差异较大。经济发展水平的差异直接导致各地政府财政实力上的差距。财政资金短缺的现实性问题，是地方政府全面推广公务用车新能源化和完善新能源汽车基础配套措施的关键阻力。部分地区仍面临着充电桩数量不足、建设覆盖面小、布局不合理的问题，甚至有些地方的集中办公区都未设置充电设施。当前，我国经济发展较快的城市已经配备了充足的充电桩，能够缓解用户的里程焦虑、充电难问题。但是，对于经济发展较慢的城市来说，充电桩的网络布局和充电速度远远达不到与加油站同样的密度及效率。

（三）监督管理难题

在我国公务用车新能源化的发展趋势下，政府需要重视公务用车违规、新能源汽车产业的监管问题。

公务用车的违规行为缺乏有效的监管机制。在公务用车改革后，我国政府尽管加强了对公务用车的使用监管，但超编超标配备、公车私用、私车公养等违规行为未能彻底遏制。主要原因包括：社会公众很难获取到公务用车详细的管理信息，公车监管存在盲区；监管人员的“双重身份”导致不能开展高效的监管，如有些单位的监管人员因忌惮领导干部而对其违法违规行为采取“选择性执法”的方式。另外，充电信息实时监管难以精准，因为充电桩运营商包括国资企业、非国有运营商，各主体的运维模式存在差异，充电信息导入公务公车管理平台的过程依赖于“人工操作”，费时费力，并且准确

---

① 岳为众，张晶，刘颖琦.产业政策与市场表现关联研究——以中国电动汽车充电基础设施为例［J］. 经济与管理研究，2019，40（2）：82-94.

② 王耀.充电桩平均利用率仅3%~5%［N］.新京报，2021-10-21（B4）.

性不高①。

新能源汽车产业“投机行为”需要监管。国务院办公厅印发的《新能源汽车产业发展规划（2021—2035 年）》（国办发〔2020〕39 号）明确提出，到 2025 年，新能源汽车新车销售量将达到汽车新车销售总量的 20% 左右。由此可见，新能源汽车的发展前景广阔、市场空间巨大，近些年更是持续得到政策的大力支持。然而，在全国遍地开花的新能源汽车项目中，新能源汽车盲目投资、产品低水平重复建设、产能利用率过低等问题仍不同程度存在。这不仅制约了新能源汽车产业的健康发展，还拉低了我国新能源汽车核心技术的发展水平。

（四）车辆更新难题

在政策的推动下，政府单位对新能源公务用车的购买规模和购买意愿逐年上升。受各种因素的制约且每年车辆更新数量固定，部分老旧车辆无法得到及时更换。相关数据显示，部分地区公务用车老旧比例已经超过 60%。车辆的更新问题已然成为未来公务用车新能源化发展面临的新难题。

在公务用车的更新管理方面，过去只需要集中于传统老旧燃油车的更新代替，而现在政府大规模配备新能源汽车，传统燃油车与新能源汽车之间的更新问题亟待解决，具体表现在以下几个方面：其一，单位积压的老旧公务用车得不到及时处置。这是因为党政机关每年车辆更新数量有限，某些机关工作人员为了响应相关政策，着眼于配备新能源汽车，难免忽视老旧公务用车的处置问题。其二，自公务用车制度改革以来，车辆更新购置相关政策普遍收紧。近年来，政府工作报告多次强调要“过紧日子”，厉行节约，严禁铺张浪费。从财政部公布的 2022 年度部门预算来看，中央部门在公务用车购置和运行费用上一再收紧，2023 年，中央部门的公务用车购置及运行费预算总额同比缩减近 0.4%。预算的缩减使得公务用车的采购数量下降，在一定程度上造成了某些地区老旧汽车存量大、新能源汽车配比低。

---

① 李黔凌，吴少伟，林佳鸣.新能源公务用车充电监管难点及对策建议——以江苏省苏州市为例［J］. 中国机关后勤，2024（10）：56–57.

（五）技术短板难题

我国新能源汽车产业发展已经进入规模化发展的新阶段。据《2021 年中国汽车工业经济运行报告》统计数据，2021 年，我国新能源汽车产销双双突破 350 万辆，分别为 354.5 万辆、352.1 万辆，都同比增长了 1.6 倍。不过，目前新能源汽车的续航里程时间短、充电时间长、车辆利用率低等问题给产业的发展带来了巨大挑战[①]。

新能源技术研发水平不足。与国外龙头企业相比，我国新能源汽车产业的关键核心技术有待突破，关键零部件存在“卡脖子”的问题。如电池续航里程问题，相比于燃油汽车，新能源汽车的电池续航能力一直是使用者关注和担忧的重点。新能源汽车的续航能力会随着使用时间的推移变得越来越短，且在低温环境下，电池性能会因温度的影响而下降，使续航能力大打折扣。在公务用车新能源化的发展背景下，政府大量配备新能源汽车。如果新能源汽车本身的短板问题难以得到解决，则可能影响机关人员的公务出行效率。当汽车出现问题时，可能需要数月时间进行返厂维修，部分新能源汽车配件难以尽快采购且维修费用不低，这会让一些单位面临无车可用的局面。

三、公务用车新能源化的应对策略

随着公务用车新能源化的推进，新时期政府公务用车管理有了新的发展方向和新的机遇。新能源汽车引入公务出行领域，既能保证政府厉行节约的政策要求，又能实现绿色低碳的发展目标。因此，在公务用车新能源化管理模式上，政府可以从规范标准、信息监管、运行渠道、协同发展等层面深入落实和创新。

（一）创新规范标准

标准化不仅是推进高质量发展机关事务管理工作的重要抓手，还是推进国家治理体系和治理能力现代化的制度建设工作。《机关事务工作“十四五”

---

① 王震坡，黎小慧，孙逢春.产业融合背景下的新能源汽车技术发展趋势［J］.北京理工大学学报，2020，40（1）：1-10.

规划》（国管办〔2021〕259 号）强调，要持续优化机关事务标准体系，在国家标准建设推进工作中，公务用车领域至少出台 1 项国家标准。随着公务用车新能源化的持续推动，出台相应的法律法规、规范性文件及标准是完善机关事务标准体系的迫切需求。

管理标准化促进新能源公务用车的规范建设。中央政府要出台新能源公务用车的核心政策，从制度层面进一步完善公务用车管理体系和工作机制，加强公务用车管理标准化建设。例如，在新能源汽车充电桩的管理方面，需要出台相应政策保障公共充电桩的维护和使用①。并且，要完善新能源汽车市场标准体系和准入机制，加强体制机制的创新，促进新能源汽车发展的制度化和体系化。

服务标准化提高新能源公务用车的质量保障。在推进公务用车新能源化的发展过程中，政府应该加强顶层设计，做到信息化标准统一，充分利用规范标准提高公务用车的服务质量保障。因此，在服务保障方面，要按照“统一管理、集中调配”的原则，推动公务用车使用的精细化和专业化。同时，各地政府需要因地制宜，结合行业特点制定省级、市级地方服务标准，促进公务用车标准的层级提升，形成以省级基本体系为引领、以区域专项标准为支撑的体系结构。

（二）深化信息监管

我国各地政府积极搭建“一张网”系统，统一建设信息管理平台，充分利用信息化的手段实现公务用车使用的高效性、管理的规范性、监管的透明性。在推进公务用车新能源化过程中，政府更应该结合新能源汽车的特点打造公务用车管理平台，以此深化公务出行的信息监管，做到有查必严、违规必究，提升管理的实效性②。

建立综合性的公务用车管理平台，全过程、全周期、全方位监督车辆的使用管理。公务用车管理平台是以数据信息和技术手段为驱动的服务平台。地方政府要始终坚持集中统一的原则，将所有公务用车纳入平台管理，充分发挥平台的监督管理和服务保障功能。在实现方式上，要利用云储存、云计

---

① 唐葆君，王翔宇，王彬，等.中国新能源汽车行业发展水平分析及展望［J］. 北京理工大学学报（社会科学版），2019，21（2）：6-11.

② 徐天图，安卫华.以“三全”理念创新公务用车管理［J］. 中国机关后勤，2021（5）：50-51.

算、北斗定位技术、大屏显示技术、移动互联网通信技术等多项现代信息技术，对公务用车进行技术上的管理创新，使公务车辆的使用人信息、运行状态、实时位置和监控状态等运行轨迹数据能够在平台上实时获取。例如，依托 5G 数字通信技术，通过对车辆运行状态的监测，实现超前的风险预警和高损耗点的提醒，以降低机关运行的成本、提高安全管理效能。

通过信息化、数字化、智慧化的建设，打造透明化、高效化、规范化的管理平台。一方面，在公务用车管理过程中，通过平台采集用车信息、分析用车数据，能够精准掌握服务对象的需求，把握重点进行有效的调整。平台通过对每台公务用车信息的记录和分析，能够得到对公务用车使用情况的客观数据，在此基础上可以建立起公务车辆标准化管理体系。另一方面，通过统筹人、车、财等资源，建立政府内部资源共享及数字化管理机制，以此实现对车辆运行各个环节的集中掌控和高效协作。即政府要为车辆、司勤人员及其本身开发出一整套的公务用车智能管理系统，以提供车辆数据采集、充电数据监测、驾驶行为监控、输出可视化报告等功能。

（三）拓宽运行渠道

目前，我国的新能源汽车仍处于技术成熟和产业发展阶段。在这个阶段，政府应该结合工作实际，注重方式方法，积极拓宽运行渠道以解决产业中的技术难关、基础设施配套不足等难题。这不仅是公务用车新能源化改革的社会化和市场化体现，还是促进产业转型升级的必然选择。

充分发挥市场的作用推进基础设施建设。要积极探索第三方充电服务企业、物业服务企业等多方参与的市场化合作共赢模式，鼓励局部集中改造、智能充电管理、多用户分时共享等运营模式。此外，还可以通过众筹建桩、打造地区产业联盟等方式，成立政企合作管理机构，在全国范围筹集和运营公共充电网络。我国要实现“双碳”目标，就必须抓住新能源汽车发展的机遇，加强充电桩、换电站、氢能源等新能源汽车基础设施建设，全方位提升新能源汽车基础设施服务保障能力①。

借助市场出行资源满足公务出行需求。在政府资源有限的情况下，需要

---

① 白玫.“十四五”时期新能源汽车产业竞争力提升的方向与路径［J］. 价格理论与实践，2021（2）：18-24.

充分挖掘社会资源[①]。社会租赁车辆可以成为公务出行的方式之一。政府可以通过公开招标的方式委托汽车租赁企业提供车辆租赁服务，并且将入围的车辆租赁公司纳入平台管理，为公务出行需求提供补充性的保障。在这一阶段，政府可以优先选取以新能源汽车为主的租赁企业，在一定程度上助推公务用车的新能源化，多渠道、全方位推广公务用车新能源化的绿色出行方式。

（四）推动协同发展

协同创新能够发挥信息开放共享、资源优化配置、系统融合与优势互补等作用。因此，在机关运行过程中，协同发展尤为重要。

推进新能源汽车协同发展。新能源汽车产业要想整体进步，就不能让各个企业分头研究、各自为政，而是要形成合力，攻坚克难。国家要主动利用企业的集群优势，在技术研发、资金运作、市场开发等方面形成综合竞争力，建立全产业链的协作机制，促进新能源汽车产业创新发展。同时，在新能源汽车供应链的管理上，要推进信息的开放和共享，以加强供应链上下游的技术交流，助推新能源产业的快速发展。政府在公务用车领域使用新能源汽车需要市场力量的支持，在推广过程中更是需要多主体的相互配合。政府为市场提供发展平台，市场也应该保障政府的用车需求。

推进公务用车协同使用。为了顺应时代的发展和提升管理效率，政府需要解决各部门、各区域之间的用车难题。一方面，公务用车协同发展要逐步打破部门条块分割。信息化对于公务用车管理非常必要，只有推进多部门在一个系统和平台上共享用车数据，消除各个部门用车的不协调问题，才能更加高效地利用公务用车资源。并且，在公务用车的审批流程上也应该进行相应的优化升级，以此提高管理效能。另一方面，公务用车协同发展要缓解区域间用车局限性问题。各地政府可以先通过区域集中的方式整合资源，保障区域间的公职人员利用信息管理平台进行预约操作，并且以“网上预约、自主驾驶、就近归还”的原则保障车辆的正常运作。协同的创新管理方式有助于政府聚焦公务用车保障工作中的难点、痛点问题，推进公务用车跨层级、跨部门、跨区域资源整合，促进区域间用车资源、人才、技术等配置和共享，以此建立融会贯通的公务用车保障新机制。

---

① 王传连. 公务用车制度改革后存在的问题及思考［J］. 中国行政管理，2018（4）：149-151.

第六章

治理视阈下的公共机构绿色低碳转型

在进行绿色低碳转型的路径选择过程中，公共机构通常选择行政路径或技术路径，并在机构内部“自上而下”推进。但公共机构绿色低碳转型需要系统性选择综合路径，即选择治理路径。本章阐释公共机构绿色低碳转型的治理内涵，提出公共机构绿色低碳转型的治理分析框架，分析公共机构绿色低碳转型的治理体系，呈现公共机构绿色低碳转型的治理样本。

第一节　公共机构绿色低碳转型的治理内涵

治理是多元主体突破制约障碍，形成协商互动、利益联结及联合行动的关系网络，共同参与解决社会事务、增进公共利益的过程[①②③]。治理研究者着力探究治理结构“黑箱”，关注治理的要素构成及机制逻辑。治理过程主要由治理目标、治理对象、治理手段以及治理绩效等要素构成，各类要素互动联结、复杂调试、动态运行[④]。治理环境的复杂适应性要求构建一套完整的治理机制体系，最终形成网络化的整体性治理格局[⑤]，其中，多元主体的价值认同是有效实现治理目标的核心机制[⑥]，关系资源的协调机制、利益功能的整合机制以及合作行动的信任机制建设也起着十分重要的作用[⑦]，机制的有效安排与高效运行离不开制度、政策及规范等要素的配套供给[⑧⑨]。因此，治理结构具有

① 丁煌 . 西方行政学理论概要：第 2 版［M］. 北京：中国人民大学出版社，2011：333-336.

② 余军华，袁文艺 . 公共治理：概念与内涵［J］. 中国行政管理，2013（12）：52-55，115.

③ 俞可平 . 治理与善治［M］. 北京：社会科学文献出版社，2000.

④ 彭莹莹，燕继荣 . 从治理到国家治理：治理研究的中国化［J］. 治理研究，2018，34（2）：39-49.

⑤ 张康之，程倩 . 网络治理理论及其实践［J］. 新视野，2010（6）：36-39.

⑥ 王刚，宋锴业 . 治理理论的本质及其实现逻辑［J］. 求实，2017（3）：50-65.

⑦ 胡象明，唐波勇 . 整体性治理：公共管理的新范式［J］. 华中师范大学学报（人文社会科学版），2010，49（1）：11-15.

⑧ 何翔舟，金潇 . 公共治理理论的发展及其中国定位［J］. 学术月刊，2014，46（8）：125-134.

⑨ 竺乾威 . 理解公共行政的新维度：政府与社会的互动［J］. 中国行政管理，2020（3）：45-51.

显著的“多行动者—多机制—多属性—多结构—多目标”的多样性特征[①]。近年来，学术界提出“绿色治理”概念，并将其视为解决生态环境问题的新范式[②]。选择行政路径或技术路径“自上而下”推进，是公共机构绿色低碳转型的常规途径。进入市场化及网络化的时代，多主体参与及多路径推进的治理模式更符合现实需求。本节选择从治理视角阐释与分析公共机构绿色低碳转型实践，进而阐释公共机构绿色低碳转型的治理内涵。

近几年，诸多地方开展了“零碳公共机构”或“低碳公共机构”建设活动。在活动过程中，公共机构与市场主体、研究机构建立深度协作、共赢发展的治理关系网络。围绕碳达峰碳中和发展目标，公共机构主动对接节能服务市场，通过实施合同能源管理，与节能服务商建立战略合作关系，推动机构节能目标与市场业务融合，建立以专业化服务、市场化运作为核心的“近零碳”管理运营模式。公共机构与研究机构协同联动，以问题研究为旨趣，探究低碳公共机构建设梗阻，创新提出解决方案，强化知识支撑。市场主体和研究机构围绕项目建设开展对话交流与实现资源共享，合力推动公共机构绿色低碳转型。多元主体共同参与公共机构节能降碳实践，在发挥自身独特资源优势的基础上，促进行政性、技术性、知识性、管理性以及服务性资源要素融入“近零碳”改造工程系统，各主体均从中获得支持自身发展的利益资源，进而形成均衡和谐的多中心强关系格局。

公共机构节能降碳，往往联合多元主体协同参与，优化选择技术、管理、制度及文化路径，采用多样化节能降碳行为手段或方式，整体解决公共机构区域能耗、碳排放及环境等问题，公共机构绿色低碳转型已从“单一节能”走向“综合治能”，实现“节、产、储、充、管”一体化运营。因此，分析公共机构绿色低碳转型实践，需要突破传统技术节能的单一思维，转向综合治理视角观察分析。

对于公共机构绿色低碳转型的治理内涵，可以这样理解与认识：公共机构节能降碳是一个“综合治能”的过程，在强化多元主体共同参与的基础上，统筹选择技术、制度、管理和文化路径及其行为策略，促进各类治理要素合理配制与功能优化，形成以技术节能、数字赋能、管理控能、市场造能、制度束能、文化聚能为特征的综合治理模态，如图 6–1 所示。

---

① 李文钊.理解治理多样性：一种国家治理的新科学［J］. 北京行政学院学报，2016（6）：47–57.

② 杨立华，刘宏福.绿色治理：建设美丽中国的必由之路［J］. 中国行政管理，2014（11）：6–12.

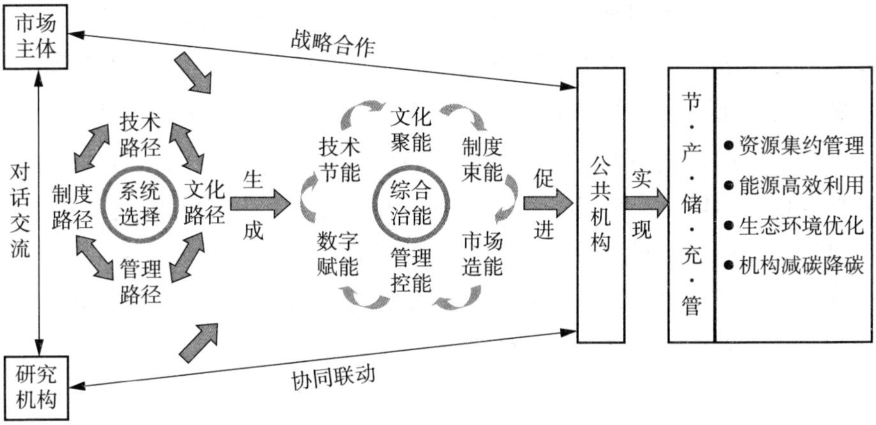

图 6–1　公共机构节能降碳的综合治理模态

下面，阐释公共机构绿色低碳转型的核心治理内涵——技术节能、数字赋能、管理控能、市场造能、制度束能、文化聚能。

一、技术节能

公共机构借助市场主体节能降碳技术力量，降低能源资源耗损以及二氧化碳排放水平，促进可再生能源应用，改善环境质量。公共建筑以及用能设备是重点节能减排领域。针对老旧建筑的门、窗、墙体、屋面等建筑物围护结构部件，进行保温隔热和气密性改造，重点引入绿色能源转化技术，如光伏技术、光导管技术等，利用太阳能或空气能生产绿色能源，助力实现节能造能目标；公共机构用能设备是“近零碳”改造工程的另一重点对象。一般而言，公共机构应用新型节能技术对运行效率低、能耗严重的设备进行优化改造，如更新升级空调、电梯、供水、照明、暖热等系统的控制、运行及监测模块性能，降低设备能耗。随着节能降碳技术的大量创新，低碳公共机构建设的技术应用场景不断拓宽。

二、数字赋能

数字化要素与公共机构低碳治理场域的融合建设，极大地推动了大数据、人工智能等新一代信息技术的嵌入应用。数字化的治理功能突出，具有显著的赋能效应。在技术层面，数字化技术与智能化、智慧化联系紧密，通过建设数字平台系统，将公共机构区域能源供给与消费过程纳入数智化管控框架，提高能源资源可视化、精准化及整体化调控能力，增强低碳公共机构运管效力；在信息层面，信息数字化是数字化技术应用的重要特征，通过智慧能源监测与管理平台收集、整合、分析数据信息，公共机构能源消耗及碳排放问题得以精准诊断，有助于提升“近零碳”管理决策的精准化水平。数字化技术的创新应用，降低了公共机构节能降碳的模糊性，提升了对各类风险的规避能力，赋能公共机构绿色低碳转型。

三、管理控能

公共机构节能降碳强调构建“约束—激励”的管理框架。约束管理突出对“近零碳”改造工程的规范及强制管控，不断健全监督机制、检查机制、评估机制、规划机制及责任机制，强化目标与指标约束，解决公共机构中能源资源浪费与过度耗损问题。激励管理突出激活多元治理主体的自主性，通过建立试点遴选机制、实践示范机制、项目奖励机制以及节能效益分享机制等，确立“近零碳”改造工程的创新示范优势，以试点申报增强工程合法性，获取上级政府更多的政策支持；与此同时，优化多元治理主体间的利益分配与补偿，提升资源供给与协同合作积极性，促进“零碳公共机构”建设与管理的可持续发展。“约束—激励”的管理框架，既强化“自上而下”的政策目标导向，也发挥“由内而外”的创新实践自主性，实现双向控能，推动公共机构绿色低碳转型。

四、市场造能

市场作为公共机构节能降碳治理的重要主体，拥有得天独厚的节能资源优势。在综合治理行动框架下，公共机构与市场形成“嵌入—反哺”的治理关系，主要通过复杂的业务嵌合与利益联结来实现。“嵌入”是市场通过服务与管理融入公共机构节能降碳过程，市场不仅提供技术服务，还提供资金服务，如深圳市福田区“低碳机关”建设案例中，节能服务商在承担项目建设资金投入成本的基础上，为用能单位提供节能服务。此类市场服务以后期节能收益来补偿前期建设成本，在降低公共机构财政风险的同时，倒逼提升节能服务商的服务质量，激发低碳改造的正向“溢出效应”。与此同时，市场还会为公共机构带来“线上 + 线下能碳监测平台”的创新管理要素。“反哺”是指公共机构在支持节能服务主体开拓市场空间的同时，向节能服务商分享节能效益。“嵌入—反哺”治理促进公共机构与市场形成稳定的“供—需”关系，双向互动促进“造”能。

五、制度束能

公共机构节能降碳治理制度具有双重性。一方面，国家与地方政府将公共机构纳入“双碳”治理体系，出台大量政策，“自上而下”规划公共机构绿色低碳转型的目标路线，并以指标形式予以落实，此外，国家与地方政府还制定实施各类强制性的法律法规，这意味着公共机构低碳治理面临央地政策法规的制度约束。另一方面，“自上而下”的制度约束是原则性的，但是微观层面的制度依据较为模糊。因此，诸多地方政府自主制定政策标准，进一步细化制度治理内容，提升公共机构节能降碳工作的可操作性，例如，某地方政府编制“某某市‘碳中和’规划”或某某区设计低碳机关建设标准体系等。全局或局部的制度性安排将公共机构的行为、数据、事务以及能源资源等置于约束性的环境系统中，为节能、产能、储能、充能及管能提供行动依据，实现束能。

六、文化聚能

文化供给与低碳工程的嵌入具有聚能效应。公共机构结合党和国家的政策方针，通过教育、宣传等形式倡导节约节俭、绿色低碳理念，引导干部职工形成低碳发展理念；公共机构通过节能减碳创新开拓绿色建筑、绿色出行、绿色办公以及绿色生活等绿色文化场景，并融合本土文化要素，营造低碳文化氛围，增强绿色低碳文化约束力，塑造低碳公共机构的文化品牌；公共机构结合监督、处罚与奖励等行政性手段，推动文化理念融入个体行动，引导干部职工养成绿色低碳行为习惯。

总而言之，技术节能、数字赋能、管理控能、市场造能、制度束能、文化聚能等，构成公共机构综合治能运行体系（如图 6–2 所示）。这一运行体系发挥多元主体的优势，推进节能降碳治理，驱动公共机构绿色低碳转型。

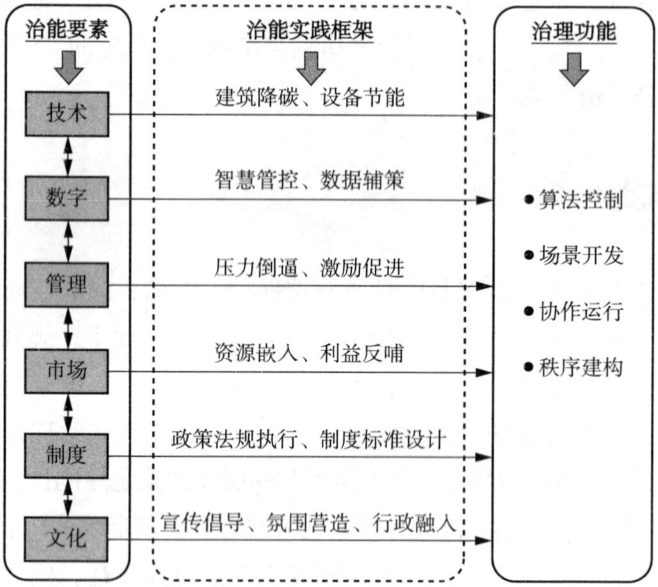

图 6–2　公共机构综合治能运行体系

第二节　公共机构绿色低碳转型的治理体系

将治理理念嵌入机关绿色低碳转型过程，是对单一路径局限性的突破；探讨低碳治理实践机理，建构低碳治理制度体系，需要理论指导。本节借助治理理论，建立一个绿色低碳转型实践的治理分析体系。

公共机构绿色低碳转型实践处于“供给—需求”的宏观场域中。供给侧是机关绿色低碳转型资源供给的场域，需求侧是低碳实践需求表达的场域，供给侧和需求侧的有效对接与良性循环需要运行体系的保障。据此，供给、需求与运行三者是低碳治理的基本要素，在三者的关系结构中，嵌入治理目标、主体、制度及工具等，便构成一个区域低碳治理生态运行闭环，构成一个低碳治理“供给—需求—运行”体系（如图 6–3 所示）。

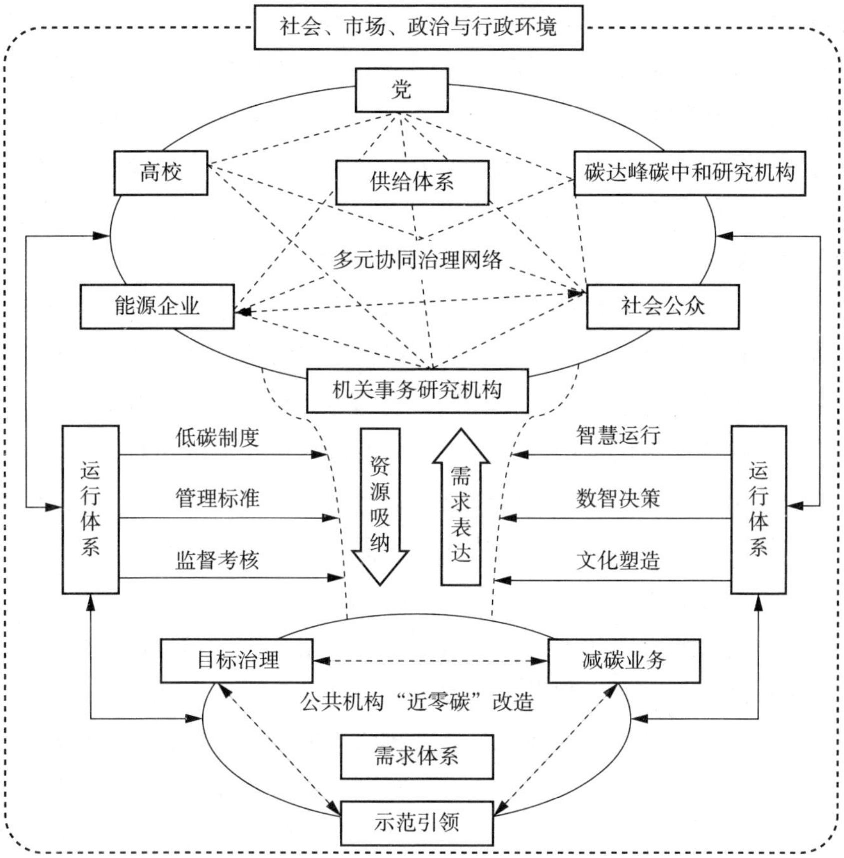

图 6-3　公共机构低碳治理“供给—需求—运行”体系

公共机构低碳治理“供给—需求—运行”体系的基本内容说明如下。

一、供给体系

低碳治理供给体系，是指由政党、企业、研究机构、社会组织等主体构成，满足低碳改造资源需求的治理体系。供给场域的资源不仅包括节能产品，还包括低碳价值理念、“零碳”政策、理论研究以及各类服务性资源等。对于实施低碳改造的公共机构主体而言，其治理目标在于高效连接与引入“供给市场”的资源要素，保障区域碳排放管理链条的高质量建设。可以从以下两个方面理解低碳治理供给体系的构建。

一是构建低碳资源吸纳机制。“吸纳”的机制性表达较为多元化。在国家价值理念供给中，公共机构需要建立常态化的学习机制，学习理解党和国家关于节约节俭、环境保护、低碳发展的话语体系与价值理念，促进低碳治理理念融入公共机构低碳改造全过程，强化党的政治引领作用，确保“低碳机关”建设的科学性与有效性。在市场主体的资源供给中，需要优化建设政府绿色采购、合同能源管理等市场化机制。在国家《关于环境标志产品政府采购实施的意见》的指引下，公共机构要符合碳达峰碳中和的“1+N”政策要求，建立低碳产品采购目录清单，同时借助合同能源管理模式，引入能源公司分布式光伏发电、微生物处理、能耗系统智慧管控、红外线感应以及新能源快充装置等先进技术资源，引进物业公司专业化的低碳服务力量，并建立公共机构碳账户，连接碳产品、碳技术以及碳排放权交易市场。在低碳研究的资源供给中，国内“双碳”研究机构数量日益增多，诸多高校均建有“双碳”治理研究平台。针对低碳改造的科研需求，公共机构对接各类技术与理论研究资源，建立高水平的科研资源衔接机制。

二是构建多元协同治理机制。协同治理理论认为，构建协同化、交互化的治理关系网络，更利于激发多元治理主体互动的正溢出效应。在公共机构区域绿色低碳转型过程中，围绕节能减排降碳的治理目标，加快创建以政府为主导的多元协同治理体系，走政府、高校和企业功能交合与协同联动的减碳道路。一方面，围绕公共机构低碳改造项目，搭建“政企校”战略合作框架，创建多元协作管理模式，明确三方协同治理功能与职责内容，建设常态化的问题研讨与经验交流机制，促进政府政策支持、企业技术供给、高校科研攻关等资源优势互补，推进知识、技术、信息与经验资源的共享共用。另一方面，建立协同治理利益分配机制，提升“政企校”合作意愿。公共机构逐步向企业开放行政办公区域的节能减碳场域，为企业拓展低碳业务市场空间提供平台，并强化对企业节能减碳项目及其商业运行模式的政策支持。能源企业加快与党政机关合作实施低碳改造工程，金融机构向机关光伏发电、建筑节能等项目提供金融支持，建立政府引导、能源企业主导、金融贷款与社会资本参与的绿色低碳投入体系，缓解公共机构节能改造的财政资金与指标任务压力。高校依托机关事务研究平台，通过课题合作形式，为公共机构低碳治理现代化提供决策咨询，而政府机关事务管理部门则为研究机构提供调研场景及资源支持。

构建上述两大治理机制，有助于打通“政企校”多元主体间的交流合作与资源流通渠道，打造价值效益突出的公共机构低碳治理利益分配链条，推进公共机构绿色低碳转型体系的建设与发展。

二、需求体系

低碳治理需求体系，是指公共机构精准表达与科学管理绿色低碳发展需求，承担低碳治理责任，强化示范引领作用的治理场域。低碳改造业务管理、节能低碳资源配置、低碳治理注意力分配、绿色低碳转型示范引领等活动，构成了需求体系的核心内容。可以从以下三个方面理解低碳治理需求体系的构建。

一是建立公共机构减碳化需求综合管理模式。公共机构低碳改造主要体现在两个方面。首先，面向公共机构运行保障业务活动。在公共机构运行保障过程中，尤其是党政机关，其办公用房管理、公务用车管理、会务接待、食堂管理、物业管理等业务活动，均是能源资源消耗的重要领域，节能降碳非常必要。其次，公共机构的设备设施改造。在设备设施管理中，公共建筑、车棚车库、用水系统、照明以及空调系统等，均是能源消耗以及二氧化碳排放的重点区域。因此，公共机构业务活动以及各类设备设施存在较大的减碳需求。从整体性治理角度来看，目前碎片化的管理模式不利于公共机构绿色低碳工作的整体转型，亟须借助综合管理思维，将各类减碳化需求纳入统一的管理体系，创建公共机构尤其是党政机关集中办公区域能源资源消耗以及碳排放的“数据地图”，实现对减碳化需求分布的精准把握与系统管理，提升公共机构能耗监测与节能潜力评估的综合能力。

二是打造公共机构低碳治理目标体系。目标治理实质是沿着“战略—规划—目标—指标”分解与细化任务内容的过程，有助于推动发展要求、治理需求以及价值理念等转化为具体的行动策略。贯彻落实国家“双碳”目标以及科学管理绿色低碳发展需求，亟须建立与绿色低碳工作适配的目标治理体系。以国家出台的《深入开展公共机构绿色低碳引领行动促进碳达峰实施方案》《“十四五”公共机构节约能源资源工作规划》《机关事务工作“十四五”规划》等文件为规划基础，结合单位节能减排与减碳降碳的潜力水平，建立包括长期、中期、短期三个阶段以及约束性、预期性两种类型的目标体系，为绿色低碳转型提供目标约束与指引，提升能耗总量和强度“双控”水平。

此外，还需要依托公共机构减碳化需求“数据地图”，在新能源利用、水电资源节约、建筑节能改造、垃圾分类、绿色出行、生态碳汇等领域，进行目标分解与设计。同时，结合公共机构自身的财政资源条件与职责权限，明确核心工作、重点工作以及次要工作，确保公共机构节能降碳治理注意力的合理分配，提高治理资源的精准配置及治理策略的科学选择水平。

三是建设公共机构“双碳”治理示范机制。公共机构自身的广泛影响性要求高标准“双碳”治理示范引领，构建“双碳”治理示范机制。一方面，建立面向社会的低碳宣传机制，依托公共机构节能宣传周，开展碳达峰碳中和治理讲坛、绿色主题活动、节能减碳培训、节能产品技术展览、低碳知识网络竞答、绿色低碳转型案例宣传等活动，推动示范引领工程的建设。另一方面，加快申报低碳治理示范点。国家机关事务管理局目前大力开展“公共机构绿色低碳示范单位”“节约型机关”“公共机构能效领跑者”“公共机构生活垃圾分类示范点”“公共机构水效领跑者”等示范项目的遴选工作，经验为试点走向全国示范提供了重要契机。

三、运行体系

低碳治理运行体系，是指低碳治理有效衔接供给域与需求域的制度、管理及工具支撑的治理过程系统。可以从以下三个方面理解低碳治理运行体系的构建。

一是完善公共机构低碳发展制度框架。公共机构低碳改造要依靠制度建立规范稳定的治理生态，优化各类治理要素的制度关系，提升治理过程控制水平。首先，完善能源管理与碳排放管理的制度链条，建立包括碳排放核算、碳监测、碳报告以及碳管控在内的碳管理制度，建立包括能源审计、能源统计、能耗监测以及能耗分析在内的能源管理规范，并增设“碳专员”，专门落实与维护有关制度内容，增强公共机构全过程、全周期管理能力。其次，打造公共机构低碳治理标准体系，针对低碳改造的内容要素、业务活动以及流程体系，研制低碳机关建设、管理与评价标准，整合行为、技术、文化、服务以及资源等要素，跨业务、跨流程推进标准衔接，构建公共机构“双碳”治理体系的“四梁八柱”。再次，优化公共机构低碳治理的“激励—约束”制度供给，协同推进目标责任、绩效考核以及监督检查制度建设，将节约节俭、节能降碳工作纳入绩效考核体系，考核结果与财政预算相挂钩。与此同时，制定工作通报与奖励制度，建立常态化监督检查工作机制，逐级落实低碳治理目标，层层压实节能减碳管理责任。最后，推动公共机构低碳治理进入政策议程甚至立法过程，搭建绿色低碳发展的政策法律框架。

二是建立数字化低碳管理系统。数字技术具有资源整合、流程再造以及整体智治的核心优势，有助于建立公共机构低碳集成管理模式。一方面，打造节能减碳数字化运行系统。创新云计算、大数据、人工智能、物联网、5G等数字技术的低碳应用场景，推进数字化、减碳化与集约化深度结合，创建公共机构低碳集成管理平台，设置碳排放与碳足迹追踪、“零碳”服务、智慧办公、低碳食堂、“零碳”公物仓、智慧低碳车辆、会务以及办公用房管理等功能模块，搭建党政机关智慧低碳管理框架，建立碳运行态势可感知和可视化的指挥调度系统，实施能耗碳排放数字化管理，提升公共机构低碳治理的资源集约与系统集成效益。另一方面，建立公共机构低碳治理的智慧化决策机制。借助人工智能、数据仓库、大数据分析等信息技术，挖掘能耗终端数据资源，统计评估业务活动与设备设施的用电用能特征及其节能降碳潜力，强化能耗数据关联分析和挖掘应用，模拟分析决策效果，发挥“以数辅策”作用。

三是营造公共机构绿色低碳文化环境。文化建设是公共机构低碳治理工作的重要内容。党的十八大以来各级政府倡导“勤俭节约，反对浪费”“党政机关过紧日子”“绿水青山就是金山银山”“人与自然和谐相处”等重要理念，要求全社会建立环境保护与绿色治理的文化基础。低碳公共机构建设亟须融入国家绿色治理文化发展格局，确立绿色低碳发展价值，创新公共机构文化建设内容与形式，比如促进低碳治理理念与党建文化工作相融合，开展“沉浸式体验”低碳活动，引导干部职工树立绿色低碳价值观。此外，还可以将公共机构及其所在区域的特色文化元素融入低碳改造工程，构建富有文化内涵的公共机构低碳治理体系。

四、治理体系建构

绿色治理体系包含治理主体、体制、制度、机制、技术、文化、政治、目标及工具等要素[①②]，强调综合运用各类治理要素解决现实问题，国家现代化要求将新的发展内涵融入绿色治理体系的建构过程[③]。由图6–3可知，公共机构低碳治理体系以供给、需求与运行三大体系为核心构件，建立起要素连接、融合发展的低碳治理生态系统。供给体系集聚各类治理主体，拥有丰富的低碳治理资源。各主体基于公共机构绿色低碳转型目标加强沟通合作，建立多元协同的治理模式，促进信息、技术、经验、知识、人才等资源要素共享。通过资源吸纳机制与需求表达机制，公共机构绿色低碳治理需求与各类治理资源供给精准匹配，有效提升资源配置的合理性。在此过程中，运行体系的功能作用显著，主要通过健全低碳管理制度、创设绿色治理标准、建立激励约束机制、嵌入数字治理技术及建设低碳文化环境等举措，有效保障公共机构低碳治理系统运行。另外，供给、需求与运行三大体系基于治理要素关系实现联结互动与融合发展，各类治理主体通过综合利用治理制度、资源以及工具，实现绿色低碳转型的治理目标。与此同时，公共机构绿色低碳治理实践融入多元化治理工具——以合同能源管理为代表的市场化工具、以监督考核为代表的行政化工具、以数字智慧平台为代表的技术化工具、以文化塑造为代表的宣传工具等，协同治理理念嵌入公共机构节能降碳工程，有助于突破单一路径的局限性，推动各项工作系统集成开展，提升公共机构“双碳”治理效能。公共机构低碳治理过程其实是一个集技术逻辑、制度逻辑、生态逻辑于一体的治理体系，是技术、制度、文化、资源、服务与管理耦合联动的生态系统。

第三节　公共机构绿色低碳转型的分析框架

公共机构绿色低碳转型的治理内涵可以理解为，政府、企业、高校等多

---

① 史云贵，倪端梅.县域绿色治理的概念内涵、运行模型与路径创新［J］. 思想战线，2021，47（4）：154–163.

② 史云贵，刘晓燕.县级政府绿色治理体系的构建及其运行论析［J］. 社会科学研究，2018（1）：81–88.

③ 孔凡斌，王苓，徐彩瑶，等.中国生态环境治理体系和治理能力现代化：理论解析、实践评价与研究展望［J］. 管理学刊，2022，35（5）：50–64.

元主体形成紧密的协同关系网络，联动开展节能降碳实践，综合采取技术、制度、管理、文化等路径及其行为策略，推动实现节能、储能、充能以及管能等治理目标。其治理逻辑表现在治理要素的系统创设上，通过治理关系及治理行为生态的良性构建与运作，实现功能互补与融合建设，形成“双碳”治理体系。本节结合绿色治理的特征与原理，构建公共机构节能降碳治理体系及分析框架，阐释公共机构绿色低碳转型治理样态、路径及策略选择。公共机构节能降碳治理体系如图6–4所示。

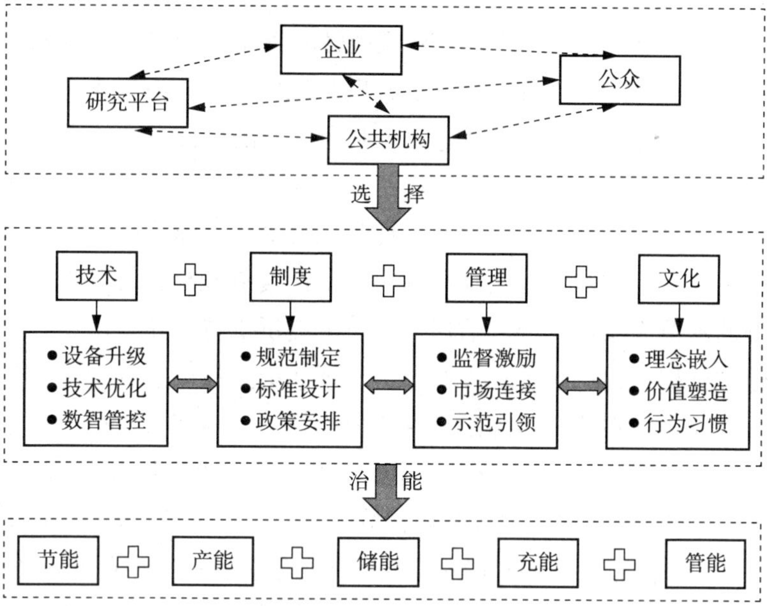

图6–4 公共机构节能降碳治理体系

首先，低碳公共机构建设是一项系统性工程，单一主体难以完成。公共机构需要借助研究平台及企业组织等主体的力量支持，建立节能降碳治理关系网络。公共机构节能降碳遵循协同治理逻辑，形成以公共机构为核心的跨部门协同治理网络，网络结构性质及质量水平取决于多元主体间的互动深度。一般而言，公共机构节能降碳作为科研观察场域，为研究主体提供各类实践性信息，后者为前者生产供给低碳改造的理论知识，两者形成知识互动。公共机构与企业建立业务上的契约关系，引入技术服务与运营管理资源的同时，为企业提供业务市场。研究平台与企业组织则依靠公共机构的推动，实现各类专业化资源的共建共享。三者尽管拥有相同的治理目标，但仍需通过信任塑造、制度建构、利益互惠等破除“集体行动的困境”[①]，维持低碳公共机构协同治理生态的稳定性。

其次，建设低碳公共机构主要体现在技术、制度、管理及文化四个方面。一是技术方面，物理技术具有工具性、创新性及赋能性，体现为引入新型节能产品、应用减碳降碳技术及创新数字化管控技术。技术要素的嵌入，为实现能源资源的集约管理、数据信息的流通共享以及“基于需求的整体主义”的数字化治理主张提供了可能[②]。二是制度方面，作为治理的核心要素，制度涵盖“所有的政治架构、权力结构、运行程序、监督机制、经济规制、行为规范”等要素[③]。制度建构具有规范性、策略性与政治性功能，能约束主体行为、化解风险、维持稳定以及合理分配权责利，为集体行动提供理性选择的框架[④]。公共机构主要通过规范制定、标准设计及政策安排等，推动节能降碳发展。三是管理方面，管理是制度执行及目标落实的核心抓手，公共机构重点通过行政类、市场类及宣传类工具推动节能降碳工作开展，主要建立用能主体行为的监督或激励机制，加快连接节能服务市场以及强化绿色低碳转型的示范引领作用等。治理理论要求提供支持多元主体参与节能降碳实践的管理框架，促进管理资源共享、管理能力互促以及管理优势互补。四是文化方面，文化在公共治理中具有价值构建、精神塑造、行为规范的核心功能[⑤]。公共机构通过各类文化宣传手段，在办公、出行及生活领域嵌入绿色治理理念、塑造绿色发展价值以及培育节约节能行为习惯，构建绿色低碳文化体系。不同治理路径之间相互影响，共同作用于公共机构绿色低碳转型过程。治理路径及行为策略的差异化选择，会生成不同的绿色低碳转型路径体系。

最后，公共机构主体通过采取不同的节能降碳治理行为策略，实现能源资源的节约利用、绿色生产、高效储存、有效供销以及全面管控，构建“节

---

① 奥斯特罗姆.集体行动与社会规范的演进［J］.王宇锋，译.经济社会体制比较，2012，163（5）：1–13.

② 李韬，冯贺霞.数字治理的多维视角、科学内涵与基本要素［J］.南京大学学报（哲学·人文科学·社会科学），2022，59（1）：70–79，157–158.

③ 李拓.论治理现代化与制度治理［J］.郑州大学学报（哲学社会科学版），2014，47（6）：5–8.

④ 金太军，鹿斌.制度建构：走出集体行动困境的反思［J］.南京师范大学学报（社会科学版），2016（2）：12–22.

⑤ 何哲.公共治理：文化为什么是重要的？——兼论中西文化特质差异对公共治理的影响［J］.中国行政管理，2022，446（8）：112–121.

能—产能—储能—充能—管能”“五位一体”的绿色治能系统，促进公共机构区域的清洁化生产生活及“零碳化”运行。

从治理要素与治理结构关系来看，治理过程具有互动性、制度性、体系性与动态性。多元治理主体互动产生的目标理念、制度体制、工具手段、资源要素、关系网络等，通过潜在连接机制，形成相互调试与动态演变的治理体系，具有协同联动、耦合发展、系统优化的强大治理效应。实际上，治理理论与公共机构绿色低碳工作实践高度契合。一方面，开展公共机构工作需要严格遵循政治与行政系统的环境框架，这意味着公共机构实施节能改造、环境管理以及减碳降碳等行动，实际处于宏观的治理场域中。因而，用治理理念分析公共机构绿色低碳转型，更能贴合研究对象的现实情景。另一方面，公共机构绿色低碳转型涉及一系列复杂因素，如主体、制度、资源、技术、机制等。借助治理理论，能够有效整合上述复杂因素，建立整体性、系统性突出的低碳治理体系。

图 6-4 显示的公共机构节能降碳治理体系，表明公共机构低碳改造的核心内容有五大方面：治理主体、治理目标、治理制度、治理资源与治理工具。从治理角度来看，这五个方面构成公共机构节能降碳治理的五大维度，被置于特定的政策环境中，治理要素选择与使用的动态关系构成公共机构节能降碳治理的解释性框架（如图 6-5 所示）。

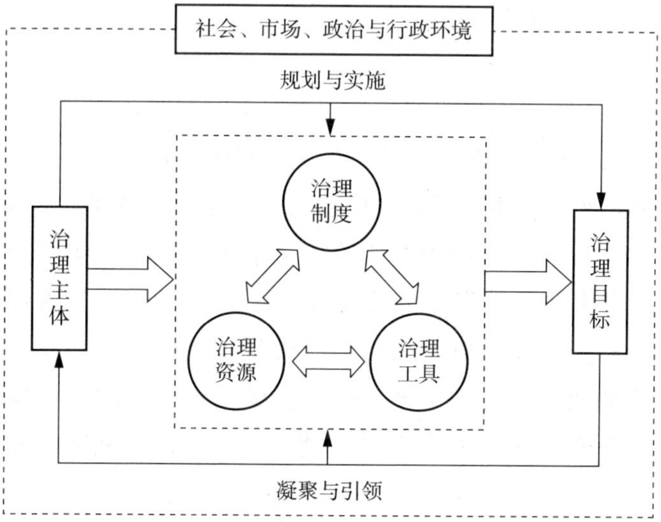

图 6-5　公共机构节能降碳治理分析维度

治理主体、治理目标、治理制度、治理资源与治理工具五大维度的内容说明如下。

一、治理主体维度

在我国公共机构节能降碳治理过程中，党、政府机关、企业、研究机构与干部职工等是主要治理主体。党在公共机构低碳决策、执行、管理与监督等工作中，拥有“总揽全局、协调各方”的核心领导优势，发挥“把方向、谋大局、定政策、促改革”的重要作用。绿色低碳工作需要全面贯彻落实党的政策方针与价值理念。政府机关则是开展绿色低碳改造工作的核心主体，其中，发展和改革部门、生态环境部门与机关事务管理部门承担重要职责。政府机构活动与干部职工行为构成了机关部门或公共机构碳排放的重要来源。干部职工作为低碳理念的践行主体，在公共机构低碳治理中最具主观能动性。另外，企业等市场主体以及研究机构等科研主体，凭借专业化的服务力量，为公共机构低碳治理提供技术与知识资源。多元治理主体在管理、业务与项目等方面开展合作，形成复杂的关系网络，推动形成公共机构低碳治理生态。

二、治理目标维度

治理目标是治理主体价值理念与利益取向协调磨合的产物，代表着价值认同、行动共识与战略构想。公共机构节能降碳治理的重要目标是完成碳达峰碳中和的重大使命，体现了节约集约的行政运行保障理念、绿色低碳的工作生活理念、人与自然和谐相处的价值追求等。公共机构节能降碳治理目标多元化，主要来源于国家绿色低碳战略体系、“双碳”发展规划的指标分解、上级政府的任务要求以及机构自身的低碳化要求等。多元治理目标的合理设置与协调执行，有助于公共机构低碳治理生态的良性发展，治理目标具有“共识凝聚”“牵引拉动”的效能，为公共机构低碳化发展实现提供可能。

三、治理制度维度

公共机构节能降碳治理系统的框架建构与运行保障，离不开治理制度的合理供给。制度建设是公共机构节能降碳治理过程的基础性要素，发挥着建构性与保障性作用。制度包括政治权力的架构及其运行程序、监督机制、行为规范等要素。制度建设通过各类规范化与流程化手段，渐进设计组织管理框架，为多元治理主体的互动提供保障，推进构建组织运营机制，进而重塑组织结构与管理生态。制度体系的理性设计与科学实施，有助于执行程序的清晰统一，促进规定性动作与自选动作的协调，以及控制治理过程中的潜在风险，有利于保持治理系统的稳定运行。

四、治理资源维度

生态系统理论认为，系统运行依靠资源要素的自由流动来建立联系、保持活力。在公共机构节能降碳治理中，资源类型多样，既包括设施设备、能源、技术、财务等有形资源，也包括行政信息、知识与信任等无形资源。治理资源贯通公共机构节能降碳治理全过程，一方面满足各项绿色低碳活动的资源消费需求；另一方面通过链接外部资源体系，促进内外资源流通与优势互补。尽管不同区域的公共机构低碳治理资源禀赋存在差异，但资源的多样性与可塑性为公共机构资源优化配置提供了可能，即通过提升资源链接、拼凑以及建构能力，实现有限资源治理效益的提升。

五、治理工具维度

治理工具是治理主体实现治理目标的各类手段的总和。政策工具一般被置于“政府—社会”的治理场域中进行研究。例如，豪利特和拉米什提出的强制型、自愿型与混合型政策工具[①]，是政府实施公共事务管理与公共服务供

① 豪利特，拉米什.公共政策研究：政策循环与政策子系统［M］.庞诗，等译.北京：生活·读书·新知三联书店，2006.

给的重要形式。而政府运行保障管理的工具类型尚未明确。实际上，开发政策工具需要以问题为中心，以实践为导向，坚持事实与价值的结合。公共机构节能降碳治理场域存在行政化、市场化、技术化、宣传化等工具，各类治理工具虽然具有独特性，但只有交互配置与综合使用，才能发挥约束效力与功能优势。

综上所述，公共机构低碳工作体系实际是一个治理系统。在公共机构节能降碳治理系统中，多元治理主体围绕绿色发展价值理念，建立健全与创新完善各类管理制度，综合选择与动态配置各类治理工具，主动吸纳节能减碳资源，有效促进公共机构碳达峰碳中和目标的实现。其中，治理主体在公共机构低碳治理过程中发挥规划与实施的功能，而治理目标则具有凝聚与引领的作用。各类治理要素相互联系、层层关联。基于此，运用治理理论，能够很好地梳理公共机构绿色低碳转型过程中的复杂要素及其关系，为建构绿色低碳治理生态系统提供重要思路。

第四节　公共机构绿色低碳转型实践比较

一、公共机构绿色低碳转型的治理背景

（一）政策背景

2000 年初，党和国家推动公共机构节能问题进入公共政策议程。2007 年修订的《中华人民共和国节约能源法》与 2008 年出台的《公共机构节能条例》，对公共机构节能管理工作提出全局性要求。自此之后，各地各级政府编制发展规划，“自上而下”落实公共机构节能管理任务。2020 年 9 月，我国提出碳达峰碳中和的战略目标，“双碳治理”成为全国公共机构节能工作的重要主题。《深入开展公共机构绿色低碳引领行动促进碳达峰实施方案》明确要求公共机构先行示范，提出“有条件的地区 2025 年前实现公共机构碳达峰、全国公共机构碳排放总量 2030 年前尽早达峰”。党的二十大召开后，公共机构绿色低碳转型亟须“在推进人与自然和谐相处的中国式现代化进程中发挥更

大作用、贡献更大力量”[①]。在党和国家的政策推动下，“绿色低碳转型”成为公共机构高质量发展的重要主线。

（二）现实背景

截至 2021 年底，我国公共机构约有 160 万家，用能人数接近 5 亿人，建筑面积超过 82 亿平方米。其中，大量公共机构始建于 20 世纪 80 年代，长期承载着高负荷的机构运行压力。经过数十年的使用，全国各地政府机关、学校、医院等公共机构区域普遍出现设施设备老化、建筑运行低效、安全隐患增多等现象，面临资源浪费严重、能耗居高不下、能源利用低效、碳排放难以约束等管理压力。2010—2020 年，全国公共机构人均综合能耗年均为 379.11 千克标准煤，单位建筑面积能耗年均为 20.89 千克标准煤，能源资源消费及碳排放总量庞大。因此，采取有效措施推动节能降耗与减碳降碳发展，是各地公共机构的重要目标任务。据统计，全国公共机构近三个五年规划期累计投入财政资金超 255 亿元，对能耗设备及公共建筑进行节能改造，优化应用清洁能源。

长期以来，“技术要素”成为各地公共机构节能降碳的普遍选择，形成稳定的技术节能改造方式，重点考虑的是能耗设备节能以及节约资源办事等问题。该方式主要通过实施合同能源管理，借助节能服务商技术资源，引入新型节能技术，更新改造节能设备，提升能耗系统效能及采购绿色产品等，技术化推动节能降碳。例如，东莞市行政办事中心采用双层 LOW–E 镀膜玻璃技术提升建筑冷热传导效果，在电梯、便池水龙头以及中央空调等上应用节能新技术；雅安市行政中心食堂将暖气锅炉替换为碳排放较低的炉具灶具和热水器、小型锅炉等，建设新能源汽车充电桩；青岛大学附属医院院区建设空调能源站集控、空调末端集控、余热利用以及能耗监测系统，降低医院运行能耗；四川省广安中学通过分体式空调冷媒改造、节水器具改造、建设太阳能路灯及搭建能耗检测平台，打造国家级节约型单位等。技术节能方式尽管节能降碳速度快、效果好，但容易陷入资源禀赋约束、技术失灵及管理不协调等困境。

最近几年，我国诸多地区将低碳理念融入节能降碳工作体系，旨在建

---

① 徐永胜.深入学习贯彻党的二十大精神　以公共机构绿色低碳转型助力碳达峰碳中和［J］. 中国行政管理，2022，450（12）：12–13.

设“低碳公共机构”，这是公共机构绿色低碳转型的全新现象。例如，深圳市福田区以近零碳排放区试点创建为契机推动建设“近零碳排放机关”、深圳市龙岗区先行打造“近零碳医院”与“近零碳校园”、江西省萍乡市与四川省绵阳市专门制定方案建设低碳公共机构、山东省胶州市选取政府机关作为试点打造“近零碳机关”、浙江省宁波市建设全国首个乡镇“零碳公共机构”等。“近零碳”改造属于公共机构节能降碳的创新实践，是各地发挥公共机构先行示范优势、赋能区域绿色低碳转型的重要行动选择。低碳公共机构建设强调全方位实现公共机构的绿色低碳转型，本质是一个系统性变革的过程，是运用治理路径推进公共机构节能减碳的典型案例。本节选取我国若干地方的若干典型实践案例进行比较分析，探讨公共机构绿色低碳转型的实践特征。

二、案例选择及数据来源

本节运用多案例比较分析方法，基于公共机构节能降碳的治理框架，对低碳公共机构建设的治理特征展开分析。案例研究适合对公共机构如何开展节能降碳治理问题进行深入分析，系统揭示低碳公共机构建设实践的治理主体互动、治理策略选择及整体形态。本节采用的多案例比较分析方法遵循理论抽样与复制逻辑。本节依据以下标准选择案例：一是案例具有代表性，具备较为典型的节能降碳治理特征，绿色低碳转型效果较为突出，并且具有较高的社会关注度与认可度；二是不同案例间既存在差异，也存在共性因素，能够保证进行多案例间的差异复制；三是数据资料丰富真实，有助于全面深入剖析案例过程。基于此，本节遴选 4 个案例作为研究对象进行比较分析，案例基本信息如表 6–1 所示。

表 6–1　低碳公共机构建设案例基本信息

序号	机构类型	区域位置	改造周期	项目类型
案例一	学校	湖北省	2021—2023 年	“近零碳生态绿色校园”
案例二	行政中心	浙江省	2021—2023 年	“零碳公共机构”
案例三	集中办公区	山东省	2022—2023 年	“近零碳政府”
案例四	机关大院	广东省	2022—2024 年	“近零碳机关”

近年来，表 6–1 中的案例在设施设备老旧化、用能系统运行低效、能源资源浪费突出、碳排放严重等问题背景下，主动实施节能降碳改造工作，目前逐步完成低碳公共机构建设目标，在我国公共机构绿色低碳转型实践中具有典型性。为了确保案例研究的可靠性，主要从两个渠道获取数据材料：一是内部一手材料，包括项目建设方案、会议记录、历史文献资料等；二是公开资料，包括媒体报道、官方网站公示材料等。

三、节能降碳实践案例

（一）案例一：D 大学“近零碳绿色生态校园”建设

“双碳”目标影响着高校建设发展。D 大学在 2021 年初向湖北省生态环境厅申报低碳校园建设试点，计划在 W 校区构建“近零碳绿色生态校园”。

为了有效控制能源资源消耗，D 大学 W 校区更新升级各类建筑楼宇的用能设备，如宿舍楼采用太阳能与空气源泵结合的热水供应系统、图书馆采用地源热泵空调系统、校园建设雨水收集回用系统等。同时，建设校园智慧能源监管平台，用于监测、处置用电异常问题，分区监控供水管网与用水量以及管控能源日常运行状况，并建设地下停车场智慧管理系统，实现感应照明与优化车辆停放。跨校区通勤巴士全部实现电力化，建设新能源汽车充电设施，鼓励教职工使用新能源汽车。

2021 年 4 月，D 大学有关部门联合当地经济研究院与建筑研究院编制我国第一个高校“双碳”规划文件，出台《D 大学碳中和规划（2021—2035 年）》，推动碳管理进入校园治理体系。为实现规划目标，W 校区采用高水平设计与建设标准，推动建筑改造、环境质量及能源资源利用等满足星级绿色标准要求。

此外，D 大学十分重视校园运行的降本增效问题，逐步建立物资循环使用的内部管理体系，延长废旧物品使用寿命，减少资源浪费，同时加大节约宣传力度，设置垃圾分类宣传栏，倡导绿色低碳发展理念，并鼓励支持师生参与碳中和校区建设过程。2022 年 7 月，D 大学与市场供应商实施合同节水项目，投入 295 万元打造节水型高校。目前，D 大学 W 校区已建设成为“省近零碳校园试点示范项目”“市碳中和先锋示范创建单位”，极大地提升了社会示范效应。

（二）案例二：N 市“零碳公共机构”建设

2021 年，浙江省政府颁发文件要求“实施公共机构碳中和工程，打造零碳公共机构”。N 市市级行政中心于 2023 年 2 月被认证为第一批“零碳公共机构”，重点实施了如下“近零碳”改造举措。

首先，加强节能产品及数字技术应用。鼓励选购各类节水节能用具与提高新能源公务用车购买比例，同时获取能源服务企业技术支持，在会议办公大楼及行政服务中心楼顶铺设分布式光伏，年发电量预估 63 万千瓦时。为行政中心信息化集中机房安装能源资源信息化管控系统，实时监控与智能分析用能设备运行状态和用能情况，帮助诊断与处置异常问题。该机房于 2021 年 1 月被评为“2020 年度国家绿色数据中心”。为进一步强化数字技术功能优势，N 市市级行政中心推广使用 OA 办公平台与浙政钉“机关内部最多跑一次”平台，减少使用一次性办公用品。

其次，推动监督、检查、评估与宣传机制建设。完善垃圾分类检查巡查工作机制，专项检查工作由 N 市机关事务管理局、分类办及能源监察中心定期联合开展并通报结果，有关巡查工作则由专人负责，落实垃圾收储、分类及台账资料的登记管理内容要求；建立食堂人员用餐预定机制，按需管理食料采购与食物制作，推行简餐与标准餐模式，同时设置“光盘行动督导员”，加强餐饮浪费监督。2023 年 2 月，N 市市级行政中心第二食堂入选第一批省级“公共机构绿色食堂”二星等级名单；建立能源资源消耗分析评估与情况通报机制，定期检查定额用能标准执行情况，具体落实《N 市节约能源条例》相关政策要求；在“近零碳”改造中，组织各类节能主题活动，利用媒体宣传低碳理念，提高干部职工绿色发展意识。

此外，通过实施合同能源管理，对机关大楼、市民广场等约 5.6 万平方米区域进行绿植养护、设备维护与污染清理。

（三）案例三：J 市“近零碳政府”建设

自 2022 年以来，J 市市级集中办公区实施“近零碳”改造，改造面积约 21 万平方米。J 市通过更换高效节能设备，提升集中办公区用电、制冷、供热、照明等系统运行效能，使政府每年节约 89 万余元，减少碳排放量 470 余吨；同时，推动屋面光伏电站建设，旨在实现绿电生产，并促进太阳能、空气源、土壤源等清洁能源应用，采用分布式清洁低碳供能逐步替换集中办公区传统化石能源。在数字化建设方面，J 市推动建立集能耗计量、能源管理、节能监控于一体的智慧监控平台，帮助管理人员便捷精准获取建筑能耗数据、实时了解用能设备能效信息、远程监控能耗系统运行状态等。

2022 年上半年，J 市机关事务管理部门与北京中节能唯绿科技公司实施“节能量保证型”合同能源管理项目。企业方自筹 400 余万元开展项目建设，项目结束后，全部资产转移至政府部门，企业在保证节能量的前提下收取能源服务费用①。为降低项目风险，该企业与保险公司签发“减碳保”，为政府建筑节能改造项目提供为期 3 年、保额 76 万余元的风险保障，促进公共机构节能降碳目标与保险赔付相挂钩。风险管理机制的建立，促进了保险公司这一监督与风控力量进入 J 市“近零碳政府”建设过程，有助于保障项目运作质量。为了提升“近零碳政府”实践的示范性，J 市提出建设集中办公区“近零碳”建筑试点，在全市 12 个镇街中推动项目实践经验的扩散学习。

J 市集中实施《市级机关集中办公区生活垃圾分类工作实施方案》《集中办公区生活垃圾分类指导手册》，完善食堂餐饮规章，建立各类检查、监督、指导与通报机制，重点成立垃圾分类领导小组及党员、志愿者驻桶指导队伍，并设置“光盘行动”文明监督岗，结合各类宣传教育手段，加大对垃圾分类和机关餐饮工作的制度规制与行为监管力度。

（四）案例四：T 市 F 区“近零碳机关”建设

2022 年初，T 市 F 区委大院“近零碳”排放项目入选第二批“市级近零碳排放试点”名单。从 2022 年 5 月开始，T 市 F 区机关事务管理部门制定《区委大院低碳机关示范创建方案》，争取区委与市政府决策支持，统筹开展各项工作。

在升级改造用能系统的同时，对机关大楼立面进行 BIPV（Building Integrated Photo Voltaics）改造，在车道、连廊以及停车场铺设 BAPV（Building Attached Photo Voltaics）光伏，并部署 2 兆瓦的储能设计系统储存“绿电”，

---

① 尚天成，刘培红，李欣欣，等. 节能量保证型合同能源管理项目的收益分配［J］. 天津大学学报（社会科学版），2013，15（4）：298-301.

按照工作日“夜充昼放”、节假日“昼充夜放”模式调配“绿电”，实现“峰谷套利”。停车场布置光储充一体化的充电网络，为车辆提供充电服务。区委大院配套建设“双碳”云脑系统，帮助管理机构对能源资源耗损、二氧化碳排放进行可视化与可感知管理；同时，建设“绿色智慧食堂”，通过识别就餐、电子下单、数字化询价系统，做到精准就餐与科学备材。

从2021年6月开始，T市F区机关事务管理局联合能源公司开展技术方案论证工作。2022年11月，F区机关事务管理局、H数字能源公司、S大学机关事务研究院建立战略合作关系，共商共议项目事务。通过合同能源管理机制，低碳机关建设一期项目的1786万元成本均由节能服务商承担，政府财政“零投入”，促进能源效益由财政、企业与用电单位三方共享。此外，联合Y职业技术学院生态环境技术学院，建立“一树一档、一树一策、一树一医生”的绿植管养模式。上述举措有助于构建多元主体协作与利益共享的治理关系网络。

T市F区机关事务管理局通过实施《机关大院行为节能指引》、建立节能纠察制度以及构建“1+3+11”政策体系，保障项目建设进程。2023年2月，F区项目主管部门在S大学机关事务研究院的支持下，着手研制“1+7”低碳机关建设标准体系，涵盖机关大楼、办公、会议、物业、停车场、公车出行以及食堂“近零碳”改造场景，并借助媒体平台多次宣传造势，旨在提升项目示范引领效应。

为了打造“近零碳”文化体系，T市F区结合城市特色文化与建筑艺术提升机关建筑、连廊、车棚等节能场景美观性，对道路设施、会堂外厅、贵宾厅等进行清洁化升级，同时利用宣传、监管、党建等手段营造绿色低碳文化氛围，提升干部职工节能降碳意识。

四、案例实践特征比较分析

低碳化改造机关大楼或集中办公区是各地政府落实碳达峰碳中和目标的重要举措。4个案例的低碳公共机构建设实践具有诸多共性特征，主要体现在：以多元化的“近零碳”改造路径及其行为策略选择，构建综合水平较高的治理策略体系，具体如表6–2所示。

表 6-2　"近零碳"公共机构建设的路径特征比较

序号	技术路径	管理路径	制度路径	文化路径
案例一	● 节能系统设备建设 ● 智慧能源监管平台 ● 新能源汽车充电设施	● 物资循环管理体系 ● 实施合同节水管理 ● 加强节能宣传联系 ● 申报示范试点建设	● 编制碳中和发展规划 ● 引入高水平建设标准	倡导绿色低碳发展理念
案例二	● 节能用具及新能源 ● 汽车采购 ● 引入分布式光伏 ● 用能信息管控系统 ● 数字化办公平台	● 垃圾分类及餐饮浪费 ● 检查与监督 ● 能耗数据评估 ● 项目示范认证 ● 实施合同能源管理	● 遵循地方节约能源法规	● 营造节约节俭文化氛围 ● 行为文明教育
案例三	● 改善用能系统效能 ● 建设屋面光伏发电站 ● 智慧能源监控系统	● 实施合同能源管理 ● 引入风险保障机制 ● 行为监管与理念宣传 ● 项目经验扩散示范	● 制定垃圾分类管理制度 ● 制定食堂餐饮制度	行为文明教育
案例四	● 能耗系统性能优化 ● 数字能源管理系统 ● 实施光伏技术改造 ● "绿电"储存系统建设 ● 智慧绿色食堂建设	● 实施合同能源管理 ● "政校企"战略合作 ● 媒体宣传与试点示范	● 构建"近零碳"政策体系 ● 制定行为节能规范 ● 实施节能纠察制度 ● 研制"近零碳"机关标准	● 引入城区发展特色文化 ● 提升低碳改造艺术感 ● 党建引领文化氛围营造

在技术路径选择方面，有关主管机构仍十分重视"技术节能路径"见效快、效率高的优势，在低碳公共机构建设中嵌入大量"技术元素"，包括传统的技术节能活动，大量采购绿色节能产品，实施设备设施节能改造，解决能源资源浪费及能耗严重的具体问题，促进公共机构节能减排。此外，技术路径及行为策略选择出现新特征。一是"数智化 +"能源管控。4 个案例把握数字政府建设机遇，促进互联网、大数据、人工智能等先进技术与公共机构节能降碳业务相融合，打造具有跨越物理障碍、联通数据模块、整合管理流程的智慧能源管控平台，帮助实现可视管理、即时监测、智慧调控以及精准决策。二是引进光伏技术。光伏发电具有稳定性高、风险小及应用范围广等优势，在 4 个案例实践中，各用能主体评估机构区域光照、屋顶及建筑立面等资源条件，铺设分布式光伏，生产"绿电"，打造"虚拟发电厂"，旨在降低对高碳能源的依赖。

在管理路径选择方面，与过去强调监督、检查及惩罚等行政措施选择不同，"合同能源管理"等市场化手段得到广泛应用，用能主体与节能服务商订立节能降碳改造合同，在实现资金与技术风险转移的同时，激发公共机构区域节能潜在效益。另外，"项目示范"的管理策略受到重视，"示范"是中国式公共政策执行的一种核心机制[①]，机构主体往往通过实施示范性项目增强对上级注意力的吸附力，获取资源支持，实现"弱势者造势，强势者借势"[②]。案例一和案例二通过示范试点的申报与认证，获得实践"合法性"，争取上级政府的政策资源及财政资金保障。案例三与案例四则结合宣传工作塑造示范项目品牌，释放项目创新的社会效应，获取上级政府的决策支持。

在制度路径选择方面，4 个案例通过各类制度选择与构建策略，明晰"近零碳"改造的制度依据，约束各类资源浪费及能源使用行为。无论是自主制定制度标准还是落实央地政策法规，最终目标均是实现低碳公共机构的规范化建设。

在文化路径选择方面，4 个案例将意识或行为视为文化建设的核心要素，强调在意识方面树立与低碳公共机构建设相适配的理念体系，在行为方面加强文明教育宣传，"双管齐下"形塑个体绿色低碳行为习惯。总体而言，4 个案例并非仅仅依靠技术路径完成节能减排目标，而是通过叠加式或组合式运用技术、管理、制度及文化路径，采取多元化的行为策略，推动公共机构"近零碳"发展。

公共机构绿色低碳转型除了受到"自上而下"政策推动的影响，还受到节能市场发展水平、政府财政与决策能力、机构主体领导理念等特殊因素的影响。因此，在治理主体及关系、治理路径选择、治理成效等方面，4 个案例的低碳公共机构建设实践存在差异，具体如表 6-3 所示。

表 6-3　低碳公共机构建设实践差异比较

序号	治理主体及关系	治理路径选择				治理成效
		技术路径	制度路径	管理路径	文化路径	
案例一	校—企—研：多中心弱关系	+	−	+	−	节能 + 管能
案例二	政—企：双中心弱关系	+	−	+	−	节能 + 产能 + 管能

① 叶敏，熊万胜．"示范"：中国式政策执行的一种核心机制——以 XZ 区的新农村建设过程为例［J］．公共管理学报，2013，10（4）：15-25，137-138．

② 刘志鹏，高周易，马亮．示范：政策高位推动的工具——基于国务院各部门的实证研究（2008—2019）［J］．政治学研究，2022（4）：63-75，158．

续表

序号	治理主体及关系	治理路径选择				治理成效
		技术路径	制度路径	管理路径	文化路径	
案例三	政—企：双中心强关系	+	+	+	–	节能 + 产能 + 管能
案例四	政—企—研：多中心强关系	+	+	+	+	节能 + 产能 + 储能 + 充能 + 管能

注："+"表示实施强度高，"–"表示实施强度低。

首先，在治理主体及关系构建方面，案例一的主体机构D大学实施合同节水项目，采取费用托管方式，将节水有关任务打包给中标企业进行全程处理。这种节能服务形式尽管能够推动D大学与市场企业建立合同关系，但具有短期性、浅接触的特征，两者间不存在长期的深度合作行为，难以形成紧密的治理关系。此外，D大学与当地研究院开展合作，沟通探讨低碳生态绿色校园的可持续发展问题，编制碳中和建设规划，形成知识互动的双向联系，不过随着项目结束，此类互动关系也会很快消失。因此，案例一构建的"校—企—研"关系较为弱化，属于"多中心弱关系"。案例二和案例三均通过开展合同能源管理项目与企业方建立业务联系，企业方按照合同规定参与低碳公共机构建设过程，提供低碳服务支持。但案例二中的政企互动也在短期的费用型托管服务框架下进行，双方未能形成稳定持续的治理关系网络，是一种"双中心弱关系"。而在案例三中，企业方全程参与"近零碳政府"建设，引入全国首张公共机构"节能量保单"，促进政府和保险公司建立风险控制与保障联系，政企关系更为紧密，属于"双中心强关系"，共同促进公共机构绿色低碳转型。案例四中的"政、企、研"互动属于"多中心强关系"，F区机关事务管理部门发挥主导作用，政策支持H数字能源公司全方位参与公共机构"近零碳"改造及运营维护过程，构建节能效益共享型关系，此外，还促成"政、企、研"三方战略合作联系，建立优势互补、资源共享及利益联动的协同治理体系。

其次，在治理路径及行为策略选择方面，结合表6–2，就技术、制度、管理及文化四类路径的实施强度而言，案例一与案例二均推动完善技术及管理要素建设，D大学以及N市在坚持绿色采购的基础上，加快数字技术的嵌入应用，赋能公共机构区域能源运行的可视化与智慧化管控，同时配套建立监督检查、市场运作、宣传教育、示范引领等管理机制，在公共机构区域落实

"近零碳"管理目标。但 D 大学以及 N 市的"近零碳"制度与文化建设乏力，如规划文件尚未有配套制度支持、绿色低碳文化营造形式单一化等，节能降碳工作缺少良好的环境保障。案例三在重视技术路径与管理路径构建的基础上，出台与垃圾分类以及食堂餐饮有关的制度规定，规范垃圾处理流程，提出机关绿色餐饮服务与管理要求，旨在提高公共机构节能降碳的制度刚性与规制约束力，因此，J 市"近零碳政府"建设具有一定的制度基础。案例四在技术、制度、管理及文化领域的实践较为丰富，特别是在制度与文化路径建构上，形成具有当地治理特色的成果，如 F 区机关事务管理局联合 S 大学机关事务研究院，将区委大院低碳机关建设经验成果以地方标准形式固化，并将其作为未来低碳机关建设与管理的规范依据；同时，结合党建文化以及城区文化，打造融合艺术感、审美感及科技感的光伏项目点，极大地丰富了节能降碳治理场域的文化内涵。

最后，在公共机构节能降碳的治理成效方面，不同的治理路径及行为策略组合会产生差异化的治理成效。在具体实践中，案例一通过实施技术改造及节能管理，提升用能设备运行效率，降低能源耗损，推动能源节约及能源管理，实现"节能"与"管能"；案例二与案例三创新技术要素，开展光伏项目建设，为公共机构用能供应"绿电"资源，构建政府办公区域"产能"系统，同时制度规制设备、事务及行为，实现"节能"与"管能"；案例四则构建低碳机关治理体系，集成运用技术、制度、管理和文化要素，特别是建设储能系统并进行"绿电"能源调配使用，构建"节—产—储—充—管"一体化的能源运营体系。

结合上述案例实践特征的比较分析，可以发现，低碳公共机构这一系统性工程建设需要多元主体参与、多种路径组合以及多样行为选择的支撑保障。具体而言，多元主体协同联动推进节能降碳发展，形成联系紧密的治理关系网络；综合建设与组合配置技术、制度、管理及文化路径，整体推进公共机构"近零碳"改造；优化选择与利用各节能节约行为策略，提升"近零碳"公共机构建设手段的灵活性及调适性；突出与整合节能、产能、储能、充能及管能五大能源发展效应，建立能源资源的治理体系。实际上，低碳公共机构建设并未排斥技术要素，而是以此为基础促进节能降碳路径及其行为策略的多元化发展，这是对传统技术节能改造方式的超越，逐步构建以"治理"为核心的公共机构绿色低碳转型路径体系。总体而言，低碳公共机构建设遵循协同性、系统性以及融合性的内在逻辑。

“近零碳”公共机构建设中技术、制度、管理、文化路径及其行为策略的综合选择，推动技术、数字、管理、市场、制度、文化等治理要素的系统联动与整体发展。公共机构通过实施建筑降碳、设备节能、智慧管控、数据辅策、资源嵌入、利益反哺、压力倒逼、激励促进、政策法规执行、制度标准设计、宣传倡导、氛围营造以及行政融入等举措，构建具有协同效应、系统效应以及融合效应的治理功能体系，具体包括技术创新、算法控制、场景开发、协作运行、秩序建构、价值塑造以及示范治理，极大地推动了公共机构绿色低碳转型。正是在发挥显著治理效能的综合治能运行体系支撑下，公共机构才能高质量完成资源节约管理、能源高效利用、生态环境优化以及机构减碳降碳的目标任务，实现“近零碳”建设、管理与发展目标。

从“治理”的视角切入，对4个低碳公共机构建设案例进行比较分析，探究低碳公共机构建设的改造形式、治理选择及整体运行形态，主要得到以下结论。第一，低碳公共机构建设不是单一的节能技术运用，而是一系列综合的治理路径及行为策略选择。“近零碳”改造面临系统性的节能降碳问题，公共机构主体更倾向综合选择技术、制度、管理及文化路径，系统配置治理行为策略，整体推进公共机构绿色低碳转型。第二，“近零碳”公共机构建设不是依靠公共机构的单一力量，而是多元治理主体集体行动的结果。各主体通过业务性、知识性以及资源性的协作联动，充分保障“近零碳”改造的各类资源要素供给，多元互动同时产生风险控制、技术创新、利益共享等治理“溢出效应”，有利于提升公共机构节能降碳成效。第三，低碳公共机构建设不是停留在“节能”上，而是节能、产能、储能、充能及管能的一体化运营。技术、制度、管理、文化路径及其行为策略的系统选择与配置，能够促进公共机构能源高质量治理，建构“节—产—储—充—管”“五位一体”的能源治理系统。第四，低碳公共机构建设遵循协同性、系统性及融合性逻辑，形成以技术节能、数字赋能、管理控能、市场造能、制度束能、文化聚能为核心的综合治能形态，呈现出多元化的治理功能，具有显著的治理效应。

但目前低碳公共机构建设的综合治理实践存在一些局限性。一方面是“关系弱化”。公共机构、企业以及研究平台尚未深度联结，大多数互动停留在业务层面，难以建立高水平协同治理关系，制约各主体资源优势嵌入。另一方面是“单点建设”。很多公共机构节能降碳的技术、制度、管理及文化要素系统单独建设、独立运行，配套建设及协同联动水平不高，影响综合治理效应的有效发挥。未来，低碳公共机构建设应基于系统集成原则，高质量开展各项节能降碳工作，建立公共机构能源综合治理体系，有关优化建构策略如下。

一是塑造公共机构节能降碳治理关系网络。以“近零碳”改造为契机，建设公共机构、企业以及研究机构的常态化交流与协作平台，以制度形式明确各方治理职责及利益边界，重点塑造良好的信任关系，确立共同治理目标，协同破除资源、信息、知识等要素流通障碍，构建“上下联动、左右协同”的整体性治理关系网络。低碳公共机构建设的治理关系网络应保持开放性，增强对社会公众的吸纳力，发挥公众监督与支持作用，进一步提升公共机构绿色低碳转型的社会效应。

二是构建低碳公共机构能源治理要素链条。治能要素“链条化”的核心在于，通过优化选择公共机构节能降碳治理路径及行为策略，促进治理手段或方式的系统集成发展，推动技术、数字、市场、管理、制度以及文化等治能要素配套建设与协同联动，如节能降碳技术的标准化建构、数字融入风险的规范化管控、制度要求落实的平台化操作、文化价值塑造的制度化驱动等，整体建立不同治理要素深度链接、动态运行的“近零碳”管理链条。

三是打造公共机构绿色低碳发展生态体系。系统设计、安排协调、迭代升级、创新等运行机制体制，协调多元治理主体的多中心互动关系，升级优化低碳公共机构建设与管理的流程架构，创新节能降碳治理路径、行为及要素的组合使用策略，促进各类治理子系统的协调耦合发展，集成激发多元治理功能的整体效应，打造具有协同性、系统性及融合性的公共机构绿色低碳发展生态，高质量实现节能、产能、储能、充能及管能的综合治能目标。

第五节　公共机构绿色低碳转型的样本研究 I

公共机构绿色低碳转型实质是治理问题。在“双碳”目标背景下，多元主体如何围绕“双碳”目标参与公共机构绿色低碳转型运作已经成为一个重要议题和发展趋势。为深入贯彻新发展理念，推动公共机构绿色低碳转型，国家对“十四五”时期公共机构节约能源资源工作系统谋划与部署，明确提出在发挥政府部门作用的同时，要充分调动各方力量参与，以构建出多元共治的发展格局。本节采用协同治理理论，构建“治理动因—治理结构—治理效果”的分析框架，深入分析 T 市 G 区公共机构绿色低碳转型案例，探寻推进公共机构绿色低碳转型的应用策略与发展路径，为探索符合绿色发展理念和现代化治理特点的公共机构绿色低碳模式，实现国家治理能力现代化提供行动指导。

一、协同治理视角下的公共机构绿色低碳转型

当前，全球气候变化问题已经成为人类生存和可持续发展的现实危机。作为全球最大的能源生产国和能源消费国，中国高度重视气候变化问题，并将绿色低碳发展作为生态文明建设的重要内容。2021 年，《中共中央　国务院关于完整准确全面贯彻新发展理念做好碳达峰碳中和工作的意见》，明确将“公共机构”列为重点节能领域。在我国，公共机构处于能源的消费端，碳排放总量大且覆盖面广，涵盖党政机关、学校、医院、大型场馆等多种类型，具有很强的辐射影响力和示范引领作用。作为一个系统性的重点领域，公共机构在碳达峰碳中和行动中责任重大、潜力巨大①。

为了深入推动公共机构的绿色低碳发展，我国陆续出台了一系列相关的政策措施。2021 年 6 月，国家机关事务管理局、国家发展和改革委员会印发《“十四五”公共机构节约能源资源工作规划》，聚焦绿色低碳发展目标，实现绿色低碳转型行动的有力推进，开创了公共机构节约能源资源绿色低碳发展新局面。同时，在党和政府带头“过紧日子”的要求下，2021 年出台的《机关事务工作“十四五”规划》提出“要坚持厉行节约反对浪费，加快公共机构绿色低碳转型，持续深入推进节约型机关建设”。同年 11 月，多部门联合印发的《深入开展公共机构绿色低碳引领行动促进碳达峰实施方案》，更是明确了公共机构节约能源资源绿色低碳发展的目标和任务。2022 年，习近平总书记在党的二十大报告中指出，我们要加快发展方式绿色转型，实施全面节约战略，发展绿色低碳产业，倡导绿色消费，推动形成绿色低碳的生产方式和生活方式。可见，推动公共机构绿色低碳发展，对于助力“双碳”目标的实现和建设人与自然和谐共生的美丽中国具有重大现实意义。

---

① 赵峰涛 . 公共机构要为碳达峰碳中和作更大贡献［N］. 学习时报，2021-06-21（1）.

从学理角度来看，现有研究多集中在公共机构节能管理的发展趋势、具体实践及实现路径等方面[①②③]，围绕公共机构绿色低碳转型治理问题的研究成果数量稀少。直到“双碳”目标提出后，学术界和业界才开始正式重视公共机构绿色低碳发展问题[④]。有学者基于图书馆的视角，深入分析了碳达峰碳中和背景下中国公共机构绿色低碳发展现状[⑤]。部分学者提出，要借助市场化力量，通过引入合同能源管理的方式对公共机构节能技改，促进政府参与及合作关系治理，以提升项目实施效果，创新政府治理模式[⑥⑦]。总体而言，目前，学界对公共机构绿色低碳的研究还处于起步阶段，研究成果较少，既缺乏对公共机构绿色低碳转型的理论分析框架，也对公共机构绿色低碳转型发展存在认识局限。因此，本节从公共管理学科视角出发，研究碳达峰碳中和背景下的公共机构绿色低碳转型路径，探寻公共机构绿色低碳转型的治理机制和发展路径。

二、基于协同理论的理论分析框架

《“十四五”公共机构节约能源资源工作规划》明确要求加快构建政府引导、机构履责、市场支撑、全员参与的共同治理格局[⑧]。公共机构节约能源资源工作需要充分调动各方力量参与，因此，从协同治理角度探讨公共机构绿色低碳转型问题非常具有现实意义。

（一）协同治理理论

在绿色低碳和数字技术背景下，公共机构资源能源节约工作，与政府部

---

① 于娟．公共机构推行合同能源管理的对策研究［J］．宏观经济管理，2012（4）：45-47.

② 李甜．上海市公共机构节能管理研究［J］．上海节能，2016（6）：336-339.

③ 林翎，李燕．对公共机构节能标准化建设的思考［J］．中国机关后勤，2017（7）：7-10.

④ 邢丽峰．公共机构“碳达峰”“碳中和”路径探析［J］．中国机关后勤，2021（4）：29-31.

⑤ 赵月娥，张晓民．碳达峰、碳中和背景下中国公共机构绿色低碳发展研究——基于图书馆视角［J］．宏观经济研究，2021（7）：137-145.

⑥ 张晓卯．合同能源管理：公共机构碳达峰与碳中和的解决之道——以上海市公共机构合同能源管理为例［J］．中国行政管理，2021（11）：157-159.

⑦ 谌玥，郭婧娟．公共机构合同能源管理项目合作机制模型构建［J］．科技管理研究，2021，41（6）：185-192.

⑧ 李军．在多元共治中推动绿色低碳转型——国管局公共机构节能管理司负责人答记者问［J］．中国机关后勤，2021（6）：5-7.

门、公共机构、社会企业、干部职工等多元主体构建起了系统性、网络化的共治体系，逐步形成促使公共机构“双碳”目标实现的协同治理结构。协同治理理论是协同学与治理理论的交叉理论，对开放系统下社会多元化的协同发展和社会整体效能的提升具有较强的指导意义①。

“协同治理”的学术讨论和实践兴起于西方，国外学术界对协同治理的研究分散于多个学科领域并取得了众多研究成果。目前，Ansell 和 Gash 提出的协同治理概念受到了学界的普遍认可与引用。Ansell 和 Gash 指出，协同治理是一个或者多个公共机构将非国家利益相关者纳入正式的、达成共识和协商的集体决策过程，以期制定或者实施公共政策或管理公共项目及资产，该决策过程包括起始条件、制度设计、领导力量、协同过程和协同结果等要素②。另外，还有许多学者从不同侧重点对此概念进行了定义，如美国学者翁笙和等认为，协同治理就是通过与政府以外的生产者共同努力，并与之共享自由裁量权的方式追求官方选定的公共目标③。而 Imperial 则侧重于个人和组织的自主性，认为协同治理是指为实现共同目标对具有不同程度自主性的个人和组织进行指导、控制与协调的方式④。综上所述，协同治理就是在共同的目标下，多元主体寻求有效治理结构以实现预期效果的过程。

相较而言，国内学者基于理论与现实的双重需求对协同治理理论展开了大量研究。郁建兴和任泽涛认为，协同治理是指政府出于治理需要，综合运用多种方式，形成政府主导、社会协同、共建共享的治理格局，最终实现和谐有序的治理目标⑤。在这个过程中，政府占据主导位置。而李汉卿从整体效用的角度考虑，指出协同治理更多强调各个组织行为体之间的协作，以实现整体大于部分之和的效果⑥。在推进国家治理体系和治理能力现代化过程中，熊光清和熊建坤认为，协同治理强化了治理主体内部各要素之间的协同，以

---

① 李汉卿．协同治理理论探析［J］．理论月刊，2014（1）：138–142.

② ANSELL C，GASH A. Collaborative governance in theory and practice［J］. Journal of Public Administration Research and Theory，2008，18（4）：543–571.

③ 翁笙和，约翰·多纳休，理查德·泽克豪泽．协同治理［M］．刁琳琳，译．北京：中信出版社，2024.

④ IMPERIAL M T. Using collaboration as a governance strategy：lessons from six watershed management programs［J］. Administration and Society，2005（3）：281–320.

⑤ 郁建兴，任泽涛．当代中国社会建设中的协同治理——一个分析框架［J］．学术月刊，2012（8）：23–31.

⑥ 李汉卿．协同治理理论探析［J］．理论月刊，2014（1）：138–142.

及治理主体之间的协同，有利于充分发挥多元治理主体的优势作用①。

综上所述，协同治理特征归纳如下。第一，协同治理是以实现共同目标为基础，多元主体共同参与的一种治理结构安排。第二，政府在多元主体治理过程中发挥的仍是主导作用。第三，协同治理的产生通常是受到了一定的起始条件驱动。第四，协同治理主要解决单一主体无法解决的问题，通常可以产生整体大于部分之和的治理效果。

（二）分析框架

"双碳"目标下的环境治理现代化直接关系国家治理能力现代化目标的实现，环境治理效果更是关系 2030 年前能否实现碳达峰、2060 年前能否实现碳中和②。根据前文所述的协同治理理论，协同治理是多元主体基于共同的目标，寻求有效治理结构以实现预期效果的过程，其结构形成受到起始条件、驱动因素等的影响，因此，构建"双碳"目标下的多元主体协同治理体系十分关键。

基于多元主体参与协同治理的理论视角，构建治理动因、治理结构、治理效果的分析框架（如图 6-6 所示）。

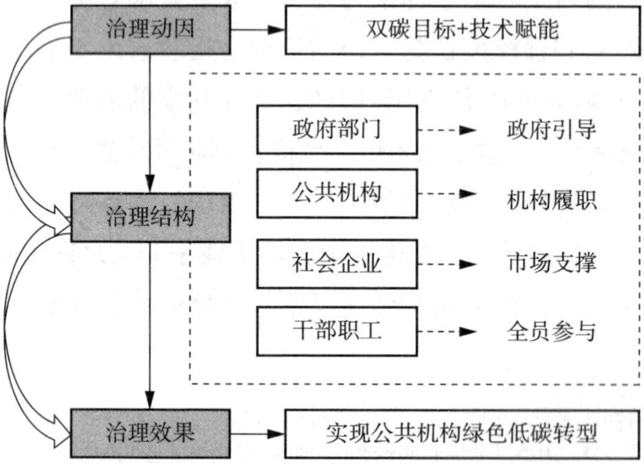

图 6-6 分析框架

① 熊光清，熊健坤.多中心协同治理模式：一种具备操作性的治理方案［J］. 中国人民大学学报，2018（3）：145-152.

② 罗良文，马艳芹."双碳"目标下环境多元共治的逻辑机制和路径优化［J］. 学习与探索，2022（1）：102-107.

图 6–6 内容解释如下。①治理动因主要是基于“双碳”目标的发展理念和技术赋能的驱动。②由于本节的研究对象为公共机构，研究面向的是公共机构节约能源工作，协同治理结构由政府部门、公共机构、社会企业、干部职工四方治理主体构成，其中，政府部门处于主导地位，公共机构为具体的履职对象。③绿色低碳发展理念和数字技术驱动各方治理主体通过一定的运行机制进行互动，从而形成特定的协同治理结构。④协同治理结构受到驱动因素的影响产生，最终在多元共治中推动公共机构实现绿色低碳转型的治理效果。立足 T 市 G 区公共机构绿色低碳转型实践的现实情境，构建“治理动因—治理结构—治理效果”的理论分析框架，阐述 G 区公共机构绿色低碳转型的协同治理过程，分析其存在的各种制约问题，以期提出推进公共机构绿色低碳转型发展的应用策略。

三、公共机构绿色低碳协同治理实践分析

基于“治理动因—治理结构—治理效果”的分析框架，对 T 市 G 区公共机构绿色低碳转型实践展开分析。

1. 政府部门引导：制度引领

制度建设是保障公共机构工作长效开展的坚实基础。在“双碳”目标的驱动下，政府通过出台相关政策制度，进一步明确权责边界、工作重点，对相关的主体行为起到监督、约束、激励和引导作用，促使多元主体协作高效运转。

T 市 G 区机关事务管理局深入贯彻落实《中华人民共和国节约能源法》《公共机构节能条例》《T 市公共机构节能管理办法》等，先后出台了《T 市 G 区公共机构节能工作联席会议制度》《T 市 G 区公共机构节能“十三五”规划》《T 市 G 区公共机构合同能源管理暂行办法》等，保障公共机构节约型机关创建、合同能源管理、节能行为规范等节约能源资源标准体系的规范化建设，保障公共机构工作开展更加规范化、标准化。积极落实生态文明建设战略部署，推进公共机构节约能源资源工作。按要求制订年度节能工作推进计划或实施方案，明确年度节约能源资源目标和具体指标。其中，在节水方面，“十三五”之后实现了公共机构节水工作制度化、规范化、常态化管理，针对

八大类 55 个大项目 108 个小项目，按照《T 市 G 区公共机构节水型单位创建工作指南》，精心筛选创建对象，明确节水型单位创建工作目标、具体要求以及创建标准，目前 G 区已建成公共机构节水型单位 165 家，创建数量名列 T 市第一，创下了单位人均综合用水量较“十三五”同期下降 19.3% 的纪录。

2. 公共机构履职：技术赋能

绿色节能技术广泛使用，为公共机构更加精准、高效地履行工作职责提供了技术层面的支持，不仅促进了公共机构能源资源消费向绿色低碳转型，还提升了节能工作的整体效果和效率。

在绿色低碳转型目标的驱动下，G 区加大了对新型绿色节能技术的推广应用。第一，在 G 区公共机构倡导优先使用自动启停水泵控制系统、用电设备时间控制器、太阳能热水器等节能装置或设备。在检察院办公楼节能改造项目中，自创了中央空调系统运行参数的集成优化算法，该技术可以根据中央空调负荷及环境的变化择优选择空调系统的运行参数，实现空调运行参数的实时检测、集成分析、动态优化和在线调节，实现变负荷工况下整个空调系统的优化运行，大大提高了空调系统的能源利用效率。第二，优先采用节能产品。严格按照国家政府采购目录，优先选购节能设备、器具，推广应用先进适用的节能新技术和新产品，对耗能较高的用能设备设施，及时组织更新淘汰。仅 2021 年，G 区公共机构就更新安装节水器具 21452 个，确保了各创建单位节水型器具使用率达 100%。在能源审计工作方面，G 区是 T 市能源审计数量最多，也是唯一超额完成任务的行政区。

3. 社会企业支撑：市场驱动

推进市场机制建设是提升公共机构节能管理工作的重要渠道。充分利用市场化模式开展节能技改，有利于解决节能改造投入不足问题，形成多方发力的节能管理机制。合同能源管理是一种以降低运行成本，减少能源费用支付节能项目全部成本的节能业务方式。T 市 G 区在全面梳理党政机关建筑面积、能源资源消耗的基础上，对能耗高的重点用能公共机构具备节能改造条件的单位，通过合同能源管理方式进行节能改造。其中，T 市 G 区机关事务管理局通过市场引入、整合社会资源等方式，成功推动了包括北京中医药大学 T 市医院（G 区）EMC 综合节能改造项目、区政府大院地下停车场充电桩项目、区政府大院节水器具改造项目、中小型公共机构落实新建雨水收集利用项目、节水型器具更换项目、污水处理和中水回用项目，深入开展节约能源资源改造工程等一系列合同能源管理项目。其中，北京中医药大学T市医院（G区）EMC综合节能改造项目是“十三五”以来T市G区公共机构领域实施的首个合同能源管理项目，改造建筑面积约7.8万平方米，年综合节能率可达20%以上，取得了良好的经济效益和社会效应。同时，围绕合同能源管理的基础知识、工作流程和难点问题，G区组织公共机构工作分管领导、业务骨干交流学习，从而丰富了业务知识，打消了畏难情绪，为G区公共机构推广合同能源管理打下了坚实基础。

4. 干部职工参与：价值建构

生态文明和绿色发展理念蕴含于“双碳”目标、高质量发展等目标中，是经济绿色转型和生态环境治理的核心理念。基于“双碳”目标下的绿色低碳理念，逐渐成为社会成员间共同的价值诉求，需要政府全方位引导、全社会动员，努力将绿色理念嵌入整个社会的价值体系，为多元共治提供由内而外的持续动力。

T市G区机关事务管理局通过持续开展公共机构节能宣传工作，进一步增强绿色低碳的社会共识。第一，广泛开展节能宣传实践工作。结合全国节能宣传周、全国低碳日、世界水日等活动，组织开展形式多样的宣传实践活动，“十三五”期间，T市G区累计发放宣传手册8000余份，张贴海报2100余份，设置展板110个，积极推广节能管理和节能改造中的好做法、好经验，在各公共机构取得了良好的宣传效果。此外，广大干部职工通过参与“光盘行动”“熄灯一小时”等节能公益活动，进一步增进了对绿色低碳的体验感。第二，深入开展节能教育培训工作。近年来，T市G区机关事务管理局先后通过岗位培训、工作交流会、学习读书月活动、节能技改现场观摩会等形式开展节能知识培训和讲座达10余次，并利用宣传栏、电子屏幕，大力宣传节约资源和节能减排的重要性，深入普及绿色低碳知识，把做好“双碳”工作的思想引导和理念贯穿服务保障的全过程，努力推动实现“双碳”目标成为全体领导和干部职工的行动自觉，从而影响和带动全社会人员参与推动实现“双碳”目标活动。

5. 四方治理主体协同：治理效果显现

在政府引导的作用下，四方治理主体形成了持续性的协作互动关系。在此过程中，各方主体基于碳达峰碳中和背景下的绿色低碳转型发展目标，共同参与公共机构节约能源资源工作，充分发挥自身的优势作用，通过政府部门引导、公共机构履责、社会企业支撑、干部职工参与的多方协同方式，以期达成公共机构绿色低碳全面转型的治理效果。其中，各方治理主体在利用绿色技术和绿色理念促使公共机构向绿色低碳方向转型的同时，也被其所驱动、所塑造，最终形成了“双碳”目标下的协同治理结构。T市G区在推进绿色低碳转型过程中，特色明显，天蓝地净、水清岸绿已经成为G区一张亮丽的名片。作为广东省第一批碳中和试点示范市（区），T市G区培育引进了一批绿色低碳企业，并不断改善水环境与空气环境，推进“近零碳社区”建设，绿色生活方式正在成为市民追求的“新时尚”。2022年7月，在由国家发展改革委、生态环境部、北京市人民政府指导，中国新闻社《中国新闻周刊》主办的第十三届“绿色发展低碳生活”主旨论坛中，经过专家评审、自我陈述等环节，T市G区在全国区县级地方政府中脱颖而出，获得全国唯一的“‘2022年度低碳榜样’政府案例”荣誉，绿色低碳示范效应初步显现。

四、T市G区公共机构绿色低碳协同治理的制约问题

推进公共机构绿色低碳发展，助力实现碳达峰碳中和是一项长期的、复杂的、全面的系统性工程。根据前述实践案例可知，T市G区公共机构在绿色低碳方面取得了显著成绩，其示范效应也开始显现。随着新时期、新阶段、新目标的要求，可以发现仍存在一些亟须解决的问题，而这些问题在其他公共机构之间也具有相应的普遍性。

1. 节能管理工作基础不牢

政府在公共机构绿色低碳转型中发挥的是主导性作用，而不是决定性作用。从实际发展情况来看，目前，大部分公共机构采用的绿色低碳转型措施主要依靠政府推进，思维定式难以突破，节能管理工作基础不够牢固。具体表现在以下两个方面。一是能耗统计手段、方法较为滞后。能源统计手段单一，部分单位到目前还未能建立更有效的能耗计量、统计、监测、分析系统，在数据的记录、统计、汇总、上报等方面实施的工作方法和技术手段滞后。二是能源管理的运行程序不规范。虽然T市G区机关事务管理局联合区财政

局出台了区级合同能源管理暂行办法并每年安排相关培训，但部分单位仍对政策理解不透彻、项目流程不清晰，曾导致项目实施方与业主方对节能管理模式、节能量理解存在分歧，此类问题在一定程度上阻碍了公共机构节能改造项目的发展进程。因此，在面对新情况、新问题时，公共机构适应力不强，容易产生进度滞后、流程脱节等问题。

2. 节能专业队伍建设亟须加强

节能专业队伍是推进公共机构节能工作发展的强有力抓手，公共机构节能管理工作是一个系统工程，不仅需要建立完备的节能管理体系，也需要配置专业管理人员。目前，政府部门严控岗位编制，公共机构配备专业人才难度较大。就 T 市 G 区而言，虽然通过业务培训、知识竞赛、现场走访等一系列措施，狠抓节能队伍专业素质，提升公共机构节能队伍的能力和管理水平。但从调研情况来看，节能管理人员不足以及队伍不稳定的问题较为突出，多数部门节能管理人员是由单位内部其他岗位的人员兼任，部分单位节能管理人员变动频繁、工作交接不顺畅，即使有新任员工，也需要一定时间适应工作，影响节能工作的顺利开展。与此同时，能源资源统计工作人员的专业性有待提升。能耗统计工作的项目、种类、数量繁多，而公共机构的能源统计工作人员多为兼职，专业性不强，对口径理解有偏差或者不正确收集、填报数据，从而影响公共机构能耗统计工作和统计数据的准确性与公信度。

3. 社会企业支撑力度不够

推进合同能源管理、政府与社会资本合作等市场化机制在公共机构节能领域的应用，已经成为公共机构节能改造的主流方向。从公共机构节能工作实际推进情况来看，在落实政府“过紧日子”的要求下，公共机构在节能设备和技术上投入的预算较少，采用新技术的困难较大。企业作为以利益为核心的理性人，在公共机构节能改造工作中难以发挥作用，在一定程度上影响了公共机构绿色低碳转型发展。不少公共机构集中办公区的办公大楼楼龄长、设备设施老化严重，若进行全面更新改造，就会耗费大量的资金和时间成本，实施难度较大；虽然在零星工程维修、设备设施更新等项目中均把节能改造、绿色产品应用放在了首要位置，但受限于经费、现实条件等，实际节能效果跟预期相比还有差距。此外，公共机构节能领域依靠政府投资较多，市场投入不足，节能、节水设施更新改造、数据监测传输报警等方面投入不足，新技术作用发挥较为有限。

五、T 市 G 区公共机构绿色低碳协同治理的优化路径

在碳达峰碳中和背景下，多元主体共治为公共机构实现绿色低碳转型提供了新的思路，但不可避免地面临着体制机制发展障碍、多元主体参与治理作用尚未有效发挥等挑战。因此，需要找准制约公共机构绿色低碳转型的关键问题以及多元主体共治体系的切入点，有效推动多元共治体系的建设，做好公共机构节约能源资源工作。为此，应该从以下几个路径入手。

1. 绿色化之路：目标协同

在“双碳”目标的要求下，绿色低碳的发展理念应该被融入公共机构工作的各个方面，贯彻公共机构节约能源资源工作的全过程，构建起现代绿色低碳转型的创新发展路径。

第一，加强规划引领作用和战略主导作用。以绿色低碳发展为目标，系统推进公共机构节约能源资源工作高质量发展的总体任务，以绿色发展推动各相关主体协同，并将之贯彻到各类战略规划、制度建设和政策设计中，大力推进节约型机关的建设，实现协同效应。例如，及时研究和编制公共机构绿色低碳发展的中长期规划，逐步明确各主体的责任、工作重点等。第二，构建公共机构节能管理标准化体系。通过完善节能管理制度体系，加强制度标准化建设，各公共机构应该充分发挥标准对节能工作的规范、调节、约束、控制功能，建议组织编制物业管理、变电服务、暖通消防、节约用水、设备维护等的地方标准，通过完善管理办法，细化管理流程，全面提升节能管理的规范化制度化水平，不断提升节能管理效能。第三，加强绿色教育培训。开展绿色低碳主题学习教育，通过听报告、座谈会、撰写学习心得等方式，加强环保业务知识培训，使人员队伍整体素质进一步提升，增强推动绿色低碳发展的能力本领。同时，要出台相关配套政策，提高公共机构节能工作人员的待遇，制定相应的激励措施，在稳定现有队伍的基础上，吸纳更多专业人员从事绿色低碳转型工作。

2. 数字化之路：技术协同

数字化改革和绿色低碳赋能是机关事务高质量发展的重点与突破口。以

数字化变革为重点，建立数字平台、实施赋能行动，能够促进公共机构能源资源消费向绿色低碳、运行安全、用能保障转型，推进高质量发展。

第一，搭建数字化能源平台对重点用能系统的运行进行智慧控制。能源管理系统是降低能源消耗、提高能源利用效率的关键环节。通过搭建公共机构数字化能源平台，将数字智能平台统筹管理与工作人员手机等移动端的灵活性相结合，实现数据采集、共享、传输等各项管理数字化。并且，各类公共建筑可结合设备更新升级契机，在保证原有系统稳定运行的基础上集成自动化、智慧化的管控功能，同时加大节能意识培养及技能培训力度，设备管理人员落实操作规程，从而充分发挥平台系统功能，促进硬件设备与软件系统的协同管理，用好、用实信息化手段，为建筑全生命周期的节能低碳运行提供“智慧大脑”。第二，通过建立公共机构能源监测统计平台实现数字化监管。能源监测统计平台能够整合各类数据信息，提升节能的整体效果和效率，建立健全对能源资源消耗的实时监控机制和瞬时预警机制，不断提高能耗统计管理水平。通过对用能单位能源管理全过程实施控制，使各项活动、过程及其要素不断优化，利用能源评审、监视测量和评价等要素，不断提高对公共机构能源管理平台持续改进的有效性，实现绩效管理目标。

3. 市场化之路：战略协同

推进市场机制是提升公共机构节能管理工作的重要渠道。公共机构需要充分利用市场化模式开展节能改造，积极探索解决节能改造投入不足问题，努力形成多方发力的节能管理机制。根据公共机构合同能源管理特点，构建各参与主体的利益共享机制和协同联动机制，积极创新应用合同能源管理的市场化模式以实施节能技改。合同能源管理模式解决了用能单位节能改造资金、技术难题，在实现节能改造和运行管理的同时，提高了能源利用效率，降低了能源费用支出，对于多数公共机构具有非常好的应用空间。T 市 G 区需要大力推广公共机构合同能源管理用于节能降耗工作，通过应用市场化方式吸收社会资金，降低项目运行成本，为财政节约大量经费。同时，将提高绿色办公效率与数字经济“一号发展工程”相结合，借助社会资本，通过市场化合同能源管理手段，新建能耗监控系统，打破数据壁垒、打通部门界限，加强设备管理，进一步推进水电设备改造，提高利用效率，真正实现高效节能、绿色办公。

4. 一体化之路：区域协同

坚持“一盘棋”发展思维、一体化理念，推进公共机构绿色低碳转型区域一体化建设。一是发挥各级各类公共机构的联动作用，增进机构节能方法交流与绿色改造经验共享，促进政企合作，创新应用新型节能技术，拓展绿色空间，优化绿色环境，构建集绿色办公、绿色生活、绿色改造、绿色采购、绿色出行、绿色服务等于一体的公共机构绿色低碳管理区域网络体系，推动美丽机关建设和生态文明建设深度融合，打造区域一体化的绿色发展新格局。二是建立区域化公共机构节约能源资源工作广泛合作机制，共同推进公共机构绿色低碳转型和机关运行保障区域一体化工作，制定适用于区域的制度标准，联合开展反食品浪费成效评估和通报、节约型机关创建等工作。T 市 G 区要紧扣落实碳达峰碳中和目标，建好开放合作大平台，用好协同创新新机制，激发绿色发展新动能，真正把区域优势转化为地方发展实践。

第六节　公共机构绿色低碳转型的样本研究Ⅱ

T 市 T 区机关事务管理局以 T 区委机关大院为样本，充分利用建筑屋顶、建筑立面、道路、空中连廊、开放空间等空间元素开展分布式光伏建设，打造分布式光伏 + “双碳云脑”，探索建立一套可复制、可推广的行政中心综合集成管理标准化体系，在公共机构绿色低碳转型中“走在前列”“先行示范”。

一、T 市 T 区开展机关“双碳”治理背景

（一）机关能耗亟须“减碳化”

T 区委机关大院包括机关主楼、会堂与综合楼三大部分。从 2019—2021 年的用电清单和碳排放情况来看，区委机关大院的耗电量数目较大。T 区委机关大院 2019—2021 年的耗电量分别为 756.42 万千瓦时、763.28 万千瓦时、870.95 万千瓦时（见表 6–4、图 6–7）。如表 6–4 所示，T 区委机关大

院年均耗电量为 796.88 万千瓦时，办公楼建筑面积为 7.8 万平方米，单位面积能耗强度为 102.17 千瓦时 / 平方米。在办公楼耗电数据的基础上，取碳排放因子为 0.4512 千克 / 千瓦时，可见 T 区委机关大院的年均碳排放量为 3595.54 吨，单位面积碳排放强度为 46.10 千克二氧化碳 / 平方米。对照《T 市近零碳排放区试点建设实施方案》中碳排放总量（下降 40%）和单位面积碳排放强度（18 千克二氧化碳 / 平方米）两项核心指标，尚有较大的差距，能耗亟须“减碳化”；T 区委机关大院共有变压器 8 台，主用变压器为 SCB9 干式变压器，相对于当前行业主用的 SCB13 变压器，每台变压器年用电损耗增加 3 万千瓦时，8 台变压器年用电损耗比当前主流产品能耗增加 24 万千瓦时以上，占整个大院用电的 3%；机关大院建筑能耗在总能耗中所占的比重越来越大，运行碳排放量较高，且目前分布式光伏建设体量较小，发电量尚不足以支撑既有建筑办公用电使用。

表 6-4　2019—2021 年 T 区委机关大院建筑能耗与碳排放数据

年份	电耗（万千瓦时）	建筑面积（万平方米）	能耗强度（千瓦时 / 平方米）	碳排放因子（千克 / 千瓦时）	碳排放量（吨）	碳排放强度（千克二氧化碳 / 平方米）
2019	756.42	7.8	96.98	0.4512	3412.96	43.76
2020	763.28	7.8	97.86	0.4512	3443.92	44.15
2021	870.95	7.8	111.66	0.4512	3929.73	50.38
平均值	796.88	7.8	102.17	0.4512	3595.54	46.10

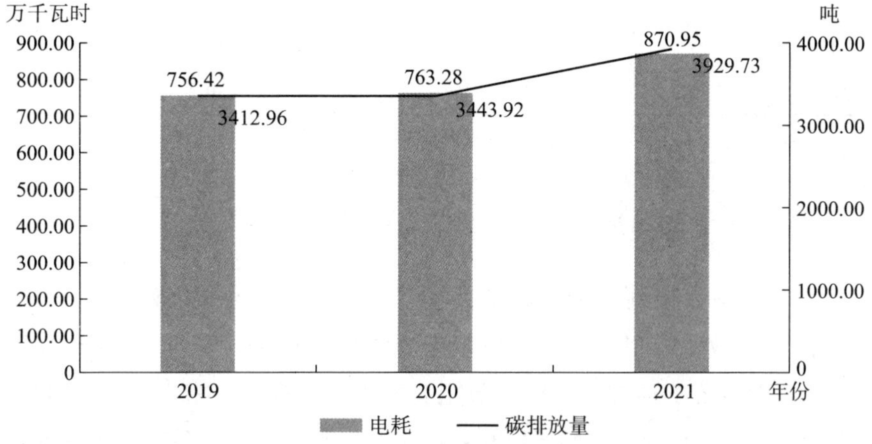

图 6-7　2019—2021 年 T 区委机关大院碳排放量对比

（二）办公设施设备显现老化

T区委机关大楼建于1996年，老化严重，相比当前先进的建设技术和建筑材料，整体建筑围护结构性能较弱，存在墙体漏水情况，并且机关大楼现有办公人数是设计容量的2倍，办公环境亟须改善。机关食堂各项设备、设施老化且存在严重安全隐患，用餐环境亟须改善。机关大院建筑设计初期未考虑建筑节能，管理粗放，能源利用效率低，加之内部管道老化，能源浪费严重，建筑能耗高。比如，T区委机关大院2021年建筑面积能耗指标比2020年上升11.53%，指标高于《T市公共建筑能耗标准》（SJG34—2017）中A类党政机关办公建筑的约束值（如表6-5所示）；公共机构空调系统、配电系统、供水系统和消防系统等能耗系统与建筑同时建成并投入使用，经过20多年的运行，相关系统设备老化问题非常严重，运行效率低下，但由于设备大且复杂，机关工作属性特殊，更新改造难度极大。特别是，占机关大院用电量40%以上的空调系统，主机一般建设在建筑的地下层，占地面积大，更换主机施工需要凿墙开洞，施工工期长，影响正常进行办公。机关大院各类老化的设备设施更新改造难度大，相关能源基础设施亟待提升性能。

表6-5　2019—2021年T区委机关大院能耗指标

年份	总用电量（万千瓦时）	实际值	约束值	引导值	近零排放值
		单位建筑面积能耗指标［千瓦时/（平方米·年）］			
2019	756.42	96.98	65	50	40
2020	763.28	97.86	65	50	40
2021	870.92	111.66	65	50	40

资料来源：T区委机关大院近零碳排放试点创建方案。

（三）机关节能规范亟待优化

T区委机关大院制定和实施了关于“节能行为”的指引性文件，但由于缺乏强制约束效力，机关大院水电浪费现象仍然存在。在行为节能方面，在2022年6—7月节能巡查中，行为节能巡逻队发现照明/空调未关情况共计62次；发现走廊照明全开情况共计70次；发现会议室无人开会时用电设备未关、发现晚间10点后卫生间照明全开情况共计17次等，节能规范管理亟须升级优化。在环境卫生方面，T 区委机关大院部分办公室杂物较多、无绿色植被办公室较多，桌面、茶几、柜子有灰尘，门窗玻璃和桌柜等死角清理不够细致，打扫不够彻底现象较为常见，等等。

（四）机关绿色低碳转型已成趋势

党的二十大报告强调“加快节能降碳先进技术研发和推广应用，倡导绿色消费，推动形成绿色低碳的生产方式和生活方式”。在国家“双碳”目标背景下，实现绿色低碳转型成为公共机构的基本使命。《深入开展公共机构绿色低碳引领行动促进碳达峰实施方案》强调，“十四五”发展时期，公共机构要对标碳达峰目标和碳中和愿景，聚焦绿色低碳发展目标，推进绿色低碳转型行动，建立干部职工绿色低碳生活方式，发挥示范引领作用，开创公共机构绿色低碳发展新局面。《“十四五”公共机构节约能源资源工作规划》提出具体目标，到 2025 年，全国公共机构年度能源消费总量控制在 1.89 亿吨标准煤以内，二氧化碳排放总量控制在 4 亿吨以内，有条件的地区 2025 年前实现公共机构碳达峰。

目前，国内很多地区开启了公共机构绿色低碳转型工程。浙江省相继出台《浙江省公共机构节约能源资源“十四五”规划》《深入开展公共机构“十四五”绿色低碳引领行动促进碳达峰实施方案》，确立重点工程，明确能源和水资源消费总量与强度“双控”指标，“十四五”期间拟增加省级以上节约型公共机构示范单位 100 家；上海市出台《上海市公共机构绿色低碳循环发展行动方案》，实施九大工程 36 项工作任务，包括推广合同能源管理、推进可再生能源建筑一体化项目、建设虚拟电厂以及可再生能源微电网管理系统等；四川省成都市探索建设“现代公物仓”，围绕节约型机关创建目标，打造集“购买服务、展示宣传、推广带货、协作共建”于一体的“一站式”综合服务平台，并且推行“零碳会议”理念，发布《大型活动碳中和实施指南（试行）》，选取具有代表性的会议室实施“零碳”场景试点和“低碳”会议中和建设，打造“零碳化”、智能化会议室等。

T 区所在的 T 市目前共有公共机构 1861 家，公共机构既有建筑面积 2285 万平方米，各类能源消费总量、用水量以及碳排放量较大。作为经济先行发展城市，T 市制定印发《T 市生态环境保护“十四五”规划》《T 市关于促进绿色低碳产业高质量发展的若干措施（征求意见稿）》等重要文件，正在加速推进城市绿色低碳转型。

二、T 市 T 区全面推进公共机构绿色低碳转型

T 市 T 区紧紧围绕绿色低碳目标，制定公共机构及党政机关的绿色低碳转型战略，采用多种路径与方法推进公共机构绿色低碳转型发展。

（一）制定公共机构绿色低碳转型实施战略

T 区委、区政府绘制绿色低碳路线图，形成独具特色的低碳治理战略框架，包含以下内容：①一个总体目标。以打造“近零碳示范区”为总目标，争取在全国率先实现碳达峰，树立超大型城市中心区碳中和标杆。②一条发展路径。聚焦能源消费端，以高效节能、绿色能源替代为方向，运用数字化、网络化技术，构建“双碳云脑”平台，实现城市碳排可视、可管、可规，提高城市能源消耗的感知力和智慧化运营水平。③一套政策体系。编制 1 项具有 T 区特色的行动方案，同步编制建筑节能、绿色交通等 8 个专项行动计划，整合 18 个示范性强、带动面广、关联度高的“零碳”项目，构建“1+8+18”政策体系。④一个工作机制。成立 T 区“双碳”工作领导小组和专班，与数字能源企业建立战略合作关系，构建“政府推动 + 多方协同”工作模式，推进“近零碳排放区”建设。

在制定绿色低碳转型战略框架基础上，采取多种路径与多种方法推进公共机构绿色低碳转型。

第一，以党建引领绿色低碳转型。T 区以“生态堡垒”党建先锋引领绿色低碳转型。T 区生态部门与各创建单位签订党建共建协议，发布共建“生态堡垒”绿色党建联创活动工作方案，开展“共建生态堡垒同创绿色工地”党建联创活动，打造“绿色工地”示范品牌。共建各方携手开展党建联创七大行动，包括牵手联创行动、岗位示范行动、生态环保对标行动、绿色工地创建行动、积分榜发布行动、亲民沟通行动、品牌宣传提升行动等，不断推进 T 区“双碳”治理工作深入开展。

第二，以政策实现减碳降碳目标。T 区制定实施诸多政策，鼓励发展低碳绿色产业，支持建设“近零碳”公共建筑，大力推行项目试点。目前，形成了一套支持城区绿色低碳转型的“1+8+18”政策支持体系，包含如下内容：

编制 1 项具有 T 区特色的行动方案，同步编制建筑节能、绿色交通等 8 个专项行动计划，整合 18 个示范性强、带动面广、关联度高的“零碳”项目。

第三，以制度助推“无废城市”创建。T 区加快创建“无废城市”，倡导“光盘行动”“绿色外卖”“绿色快递”，限制生产、销售和使用一次性不可降解塑料袋、塑料餐具，采用“双轨”（专业化 + 社会化）战略与“大分流、细分类”策略优化升级垃圾分流分类收运处理体系，扩大绿化垃圾处理覆盖面，全方位打造建筑废弃物与危险废物的源头减量、资源化利用等绿色发展体系，创建“绿色、循环、安全、创新、共享、共治”可持续发展“无废城市”示范城区，引导公众在衣、食、住、行等方面践行简约适度、绿色低碳的生活方式。

第四，以技术赋能低碳治理创新。T 区将技术创新视为城区绿色低碳转型的核心工作。大力加强产学研融合创新，鼓励面向绿色低碳产业链发展需求的研发工作，支持开展绿色低碳重点领域“卡脖子”核心技术攻关项目，布局绿色低碳前沿基础研究。主动聚焦能源消费端，以高效节能、绿色能源替代为方向，运用数字化、网络化技术，构建“双碳云脑”平台，实现城市碳排可视、可管、可规，提高城市能源消耗的感知力和智慧化运营水平。

第五，以市场盘活绿色发展活力。T 区充分发挥金融强区优势，积极探索“金融 + 低碳”绿色发展路径，全力推进国家气候投融资促进中心落户，发布全国首个绿色金融指数以及碳中和专业投资基金，撬动社会资本流向“双碳”治理领域。T 区加强政企合作，引入“双碳”治理的市场力量，大力支持华为数字能源安托山基地“近零碳示范试点”建设，目标为建成全球领先的“光储直柔”“近零碳园区”，为实现“双碳”目标提供试点样本。

第六，以产业撬动生态城区创建。T 市政府颁布《T 市关于促进绿色低碳产业高质量发展的若干措施》政策文件后，T 区制定《T 区产业发展专项资金管理办法》《T 区支持战略性新兴产业和未来产业集群发展若干措施》等政策，积极倡导碳达峰碳中和工作，加快推进绿色低碳产业发展，推动形成绿色低碳的生产方式和生活方式，重点支持可再生能源、安全储能、智慧能源、能源互联网等清洁能源领域的发展项目，鼓励开展分布式光伏、储能、“光储直柔”、高标准绿色建筑等产业项目，撬动生态示范区建设。

（二）打造“低碳机关”高质量治理体系

T 区政府十分重视党政机关绿色低碳的“先行示范”作用，率先推出“低碳机关”建设创新举措。

第一，制度管能。T区打造低碳机关制度治理体系，旨在以制度强化节约集约理念，以制度约束生活工作方式，以制度规范节能降碳管理，以制度引领绿色低碳发展。T区制定印发《T区机关大院行为节能指引》，建构“1+3+11”低碳机关政策体系，规范行为标准，以制度引领机关干部职工增强节能减排意识，提升“双碳”制度治理水平。成立T市首支公共机构行为节能纠察队，作为绿色低碳制度政策落实的重要抓手，以约束性力量推动机关大院全方位开展绿色低碳节能工作。在机关大院能耗“双控”中，T区主动对接《T市公共建筑能耗标准》（SJG 34—2017）、《近零能耗建筑技术标准》（GB/T 51350—2019）、《公共建筑节能设计标准》（GB 50189—2015）等技术标准，强化“低碳机关”建设的技术制度支撑。

第二，数字赋能。T区将“数字智慧”视为公共机构绿色低碳转型的核心要素，将“链接数字赋能优势”作为低碳机关建设的关键任务来抓。T区“低碳机关”建设主动聚焦能源消费端，主动融入产学研融合创新生态系统，主动连接公共机构低碳数字化治理的智慧与技术供给端，大力引入数字化元素。T区以高效节能、绿色能源、智慧管控为方向，整合区域内多种能源资源，优化布局建设一体化集成供能项目，通过分布式光伏、节能改造等方式，实现多能互补、协同供应和能源综合梯级利用。并且运用数字化、网络化技术，构建行政中心集中办公区“双碳云脑”平台，实现碳排放可视、可管、可规，旨在构建能源消耗感知和智慧运营的能力体系。

第三，技术节能。T区在创建“低碳机关”过程中，加快吸纳节水、节电、节能先进技术资源，以系统性、全域性思维促进机关绿色低碳发展。将碳达峰贯穿建筑“近零排放”的全生命周期，推广建筑可再生能源技术应用，推进建筑光伏幕墙建设，采用光伏建设一体化替代传统玻璃幕墙安装，推进既有建筑绿色运行和节能绿色化改造。充分发挥市场绿色创新技术优势，引入建筑光伏一体化、先进储能系统、交直流微网架构、智慧能源管理、场景化节能设计、园区碳汇等先进技术资源，并利用能源路由器，减少增容或新建配电变压器，为分布式电源提供并网服务，提高“绿电”的消纳率，构筑“自发电 + 自应急 + 自优化 + 自联网”的技术节能体系。

第四，市场“造”能。T区在“低碳机关”建设中，主动联结社会力量，大力吸纳华为数字能源集团等企业绿色低碳技术力量，有效链接T市大学机关事务研究院理论研究平台，构建“政府＋企业＋高校”的“双碳”推进路径，打造公共机构绿色低碳系统转型的“智脑”。T 区大力引入社会资本创建“低碳机关”示范基地，主要采用能源费用托管服务，通过市场化机制激发市场主体活力，对区委机关大院建筑屋顶、道路、停车场、建筑连廊等具备 BAPV 光伏铺设条件点位实现“光伏宜铺尽铺”，并大力开展节能改造和运维管理，既落实了“过紧日子”要求，又引入了节能专业化服务，提高了节能管理专业化水平，提升了能源资源利用效率。T 区充分利用市场造能优势，助力公共机构绿色低碳转型有序推进。

第五，文化聚能。T 区促进低碳治理与文化建设交互交融，探索绿色美与人文美有效结合的新路径，丰富“低碳机关”建设的文化内涵，实现文化聚能。T 区倡导绿色低碳办公生活理念，常态化开展“绿色食堂”“光盘行动”，开展生活垃圾分类行动，引导干部职工践行绿色低碳办公与生活方式，营造崇尚绿色、践行低碳的生态文化氛围。T 区大力将 T 区文化元素融入“低碳机关”建设过程，创建绿色机关品牌文化。比如，低碳建筑融入创新科技文化，打造独具文化特色的“城市第六立面”示范点，构筑会发电的艺术天空花园；风雨连廊糅合美观性设计，实现地面“双绿融合”，形成亮丽的光伏连廊风景线；“福”字样光伏优化落地政府项目，既代表“T 区”的福字样，也寓意更环保、更幸福、更科技的 T 区未来。

第六，示范塑能。T 区围绕“首善之区”建设理念，绘制低碳机关建设蓝图，力图打造全国公共绿色低碳转型样本，实现以示范塑能。T 区携手数字能源综合智慧能源领域企业伙伴，高标准规划、多模式建设、全范围推进，创新多场景低碳元素应用融合，充分利用“城市第六立面”条件开展分布式光伏建设，打造全国低碳公建集群典范；T 区将高标准制定“T 区‘低碳机关’综合治理标准与指标”的地方标准，打造可复制、可推广，具有全国示范效应的行政中心集中办公区现代化管理模式，在机关绿色低碳转型中“走在前列”“先行示范”。

三、T 区建构“低碳机关”综合治理体系

为了推进 T 区机关绿色低碳转型，推动机关事务的高质量发展，T 区机关事务管理局提出建构“低碳机关”综合治理体系的工作方案。

（一）"低碳机关"综合治理的内容体系

T区打造"低碳机关"综合治理体系，包含五大方面的内容——全节约能源体系、全智慧运行体系、全健康环境体系、全效能管理体系以及全责任保障体系（如图6-8所示）。

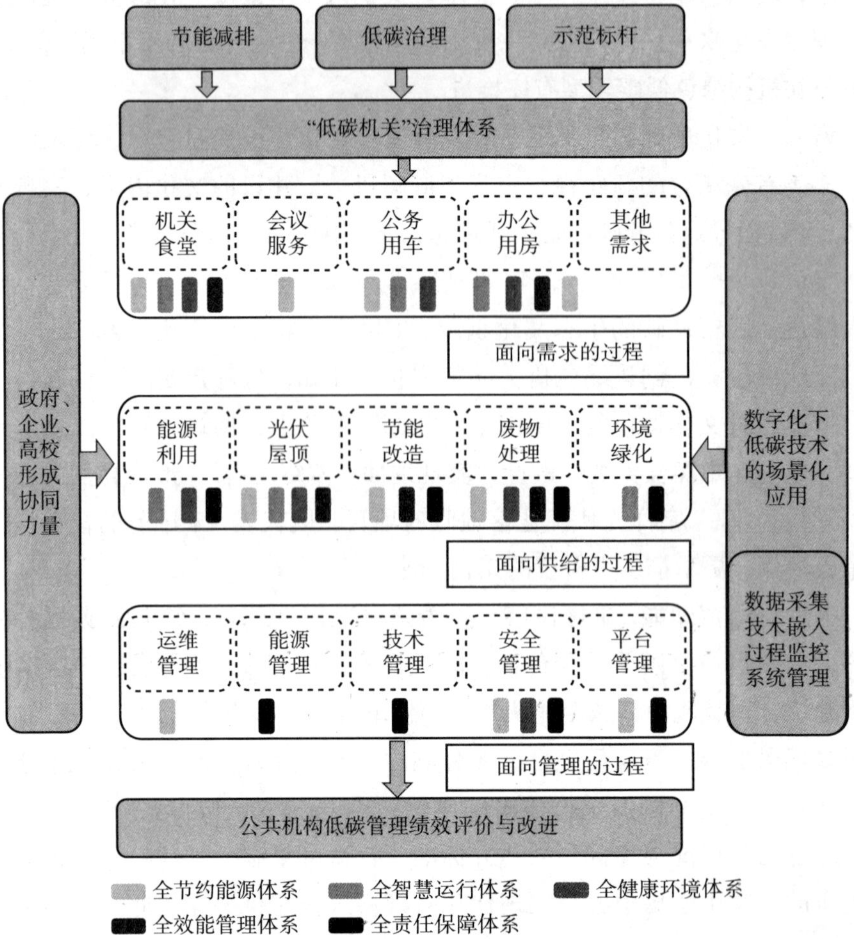

图6-8 "低碳机关"综合治理运行体系

第一，建立全节约能源体系。围绕高效节约理念，以全过程与系统管理思维，构建全节约能源体系，赋能机关能源综合管理。以行为制度建设进一步强化干部职工节能意识，自觉树立"节能就是增产、节能就是提效"的先进环保理念，抑制不合理能源消费。加快淘汰落后能源，将调整能源结构、技术结构和产品结构有机结合，通过技术改造、优化低碳管理流程降低能源消费规模与强度，推动T区机关绿色低碳转型升级。强化低碳治理过程控制，优化机关活动、过程及要素，通过例行节能监测、能源审计、能效对标、内部审核、能耗计量与测试、能量平衡统计、管理评审、自我评价、节能技改、节能考核等措施，不断提高机关资源能源节约有效性，进而建立起完整有效、科学规范的能源节约综合治理体系。

第二，建立全智慧运行体系。稳抓能源技术革命新机遇，依靠科技和创新驱动绿色低碳发展，将绿色技术创新作为“关键变量”置于T区“低碳机关”建设的核心位置，实现高质量低碳治理的“最大增量”。主要利用视觉影像、生物识别等技术，实现对水、电、气、冷、热等能源的集中化监测、管理和分散控制；创新“低碳管理+互联网+大数据技术”模式，建设一套分布式系统、多冗余的数据储存核心，进行机关能源消耗数据人工智能分析；建立智慧能源运行地图，以能源数据为基点，利用平台完善“低碳机关”建设的实时监测、报警查阅、报表输出、运维运检、资产管理、能耗分析、能耗预测、专家评定等功能；利用数字化技术建立零碳智慧能源体系，智慧整合分布式光伏发电系统自动实现机关大院能源供应，实现碳排放监测评估指标框架的数字化监测，综合调度与优化管理各类能源数据，利用碳数据管理、碳核算模型或碳足迹溯源等助力智慧决策。

第三，建立全健康环境体系。“低碳机关”建设要求建立环保健康的管理模式。T区可以探索构建环境健康管理制度，制定涵盖空气质量、办公环境、卫生质量、排污排气、生活垃圾处理等内容的环境健康标准；通过监测、调查研究和环境综合治理效果评价，摸清机关环境健康底数，逐步解决具有环境健康风险的环境问题；开展环境健康管理试点建设，在环境健康风险分区分级、环境健康影响评价、环境健康监测等方面，探索构建环境健康风险管理制度；开展机关干部职工环境健康素养调查，将“干部职工环境健康素养水平”评价指标纳入“低碳机关”创建评估方案，制定《机关干部职工环境健康素养提升指南》，加强科普宣传，普及环境健康知识。

第四，建立全效能管理体系。围绕低碳治理提质增效目标，运用现代管理思想，建设与运行“低碳机关”全效能管理体系，助力区委机关大院节能降耗、减碳降碳。主要将过程分析方法、系统工程原理和策划、实施、检查、改进的PDCA循环管理模式引入公共机构低碳管理过程。推进低碳技术在公共建筑、光伏项目、空调系统等领域的全流程应用，形成供应端、数据端、消费端的低碳闭环，构建全生命周期的绿色低碳管理体系。优化“低碳机关”项目规划设计、管理、运行、维护以及评估等环节，整合绿色低碳技术、资金、制度与科研等资源要素，构建“策划—实施—检查—改进”公共机构低碳循环管理模式，促进“低碳机关”管理流程化与精益化发展，提升绿色低碳治理效能。

第五，建立全责任保障体系。通过开展各类节能宣传工作，强化T区机关干部职工践行绿色工作与办公方式的“首善担当”责任，在个体行为层面形塑“低碳机关”示范形象；T区机关节能工作仍未满足公共机构日益增长的绿色低碳发展需求，需要明确机关各科室、中心各部办以及物业等职责，要求各司其职，明确绿色责任分工，担当作为，合力推进绿色幸福、生态文明机关的全方位创建；规范规章制度，建立“低碳机关”质量标准，严格按照标准规范工作，实施标准管理，加强标准监督，推进质量问责，压实机关绿色低碳工程的质量责任；要求各部门明确光伏铺设、照明节能改造、空调与电梯系统优化等“零碳”项目的安全生产责任，科学制定安全责任清单，建立安全生产组织架构，加强薄弱环节查找、日常巡查和演习培训，及时排除和处置安全隐患，确保机关安全有序实现绿色低碳转型。

（二）“低碳机关”综合治理的实施目标

T区打造“低碳机关”综合治理体系，初衷就是推进机关“双碳”治理，推动机关事务高质量发展，达成五大方面的实施目标。

第一，打造“低碳机关”制度化建设标杆。“低碳机关”高质量建设与发展，需要构建由行为制度、技术制度、管理制度、保障制度构成的制度体系，规范指引机关干部职工践行绿色低碳方式，有效对接高水平技术标准，优化健全“零碳”管理模式，完善低碳治理保障体系。通过“低碳机关”各类制度建设，优化机关“零碳”管理制度供给，推动绿色节能减碳管理规范发展，促进公共机构低碳治理高质量发展，打造“低碳机关”制度化建设的“T区标杆”。

第二，打造“低碳机关”数字化建设标杆。拓宽数字技术应用场景，创新数字技术应用管理，是“低碳机关”建设的重要目标。T区需要创建机关绿色低碳一体化数字平台，建设数据运营体系，构建数据采集、融合、分析、应用与治理能力体系，以数据运营强化能源管理，构筑绿色低碳数字化治理生态，实现“低碳机关”治理智能化、管理智慧化、监测可视化。

第三，打造“低碳机关”协同发展创新标杆。多主体协同发展是撬动公共机构绿色低碳转型的重要动能。T 区基于既有合作基础，可以进一步完善“政府—高校—企业”战略合作框架，优化共建“低碳机关”的协同合作制度内容，构建科学合理的利益协调与分配格局，促进项目、资金、技术与科研力量的深化融合。上述举措旨在系统整合创新资源要素，构筑低碳治理创新生态系统，打造“低碳机关”协同发展创新标杆。

第四，打造“低碳机关”机制建设创新标杆。机制创新是“低碳机关”活力建设的源泉。通过建立统一碳排放统计核算机制，构建低碳管理工作通报、奖励与考评机制，完善节能政策落实的财政支持机制，增强运用市场机制，创新标准化与信息化融合机制等，逐步完善“低碳机关”机制体系，提升机制创新对公共机构绿色治理的支撑优势。

第五，打造“低碳机关”党建引领保障新标杆。公共机构绿色低碳转型需要强化党建引领，保障低碳治理高质量发展。T 区可以促进党建工作与低碳工作深度融合，坚持党建引领绿色机关建设，建立党员示范岗与党员责任区，完善责任与考核工作机制，形成层层有责任、人人有目标的“低碳机关”建设格局，旨在强化公共机构低碳治理的党建品牌建设。

四、T 区打造“低碳机关”综合治理标准体系

标准化是推进机关事务高质量发展的重要抓手，是公共机构绿色低碳转型的核心要素，T 区拟从标准化入手，高质量建设“低碳机关”综合治理体系，打造“低碳机关”的建设、管理、保障以及评价四大标准体系。

（一）“低碳机关”建设标准体系

系统梳理国家、行业、地方相关标准，结合 T 区“低碳机关”建设优势与需求，合理确定地方标准制修订范围、内容、类型和属性，发挥标准化对公共机构低碳治理体系建设的指导作用。“低碳机关”建设标准体系主要由基础通用、环境资源、低碳项目、低碳行为、低碳平台、低碳制度、低碳技

术、低碳服务、资源保障九大要素构成，涵盖从机关环境评估到低碳治理保障环节的要素内容，涉及生产、生活与服务等多个领域，如图 6–9 所示。比如，“环境资源”可细分为机关既有的光资源、办公场所、建筑资源、楼顶资源等，“低碳项目”可划分为能源利用类、减排降碳类以及节能改造类等。“低碳机关”建设标准充分考虑“近零碳”工程建设的合理性与科学性，充分考量能源资源控制和碳排放优化管理的要素基础。构建“低碳机关”建设标准体系，有助于规范各类低碳资源要素的合理投入与有效运行，全面构建相互协同、互为支撑的低碳资源建设的标准化体系框架。

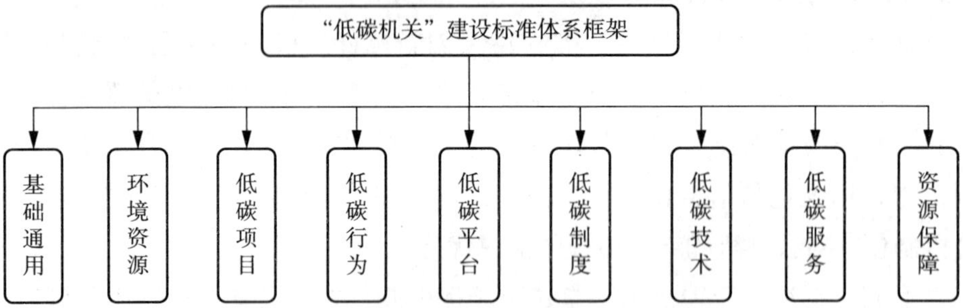

图 6–9 “低碳机关”建设标准体系框架

（二）“低碳机关”管理标准体系

“低碳机关”建设要贯彻可持续发展理念，以低能耗、低排放、低污染为导向，通过能源结构优化、绿色技术创新、低碳管理升级等措施，实现提高能源资源利用效率、降低碳排放量等目标。T 区可以借鉴园区、企业等领域低碳运行管理标准框架，构建具有 T 区特色的“低碳机关”管理标准体系。构建公共机构低碳管理标准，目的是规范各类节能减碳工作，保证低碳管理有效运行。主要包括如下内容：规划设计管理、基础建设管理、能源管理、资源节约管理、环境绿化管理、碳排放管理、智慧平台管理、低碳宣传管理、低碳服务管理、安全责任管理（如图 6–10 所示）。比如，“能源管理”可根据节能减排领域，为建筑、电梯、公务用车、照明、办公设备等制定管理标准；“碳排放管理”可依据管理环节，划分为碳排放核算、碳排放监控、碳排放考核以及碳信息披露等。“低碳机关”管理标准体系涵盖从规划设计到保障管理环节，贯通能源、建筑、基础设施、生产、环境等系统，实现低碳意识和行动嵌入公共机构低碳运行管理全过程，旨在强化碳核算、场景化碳减排、碳中和路径规划等能力。

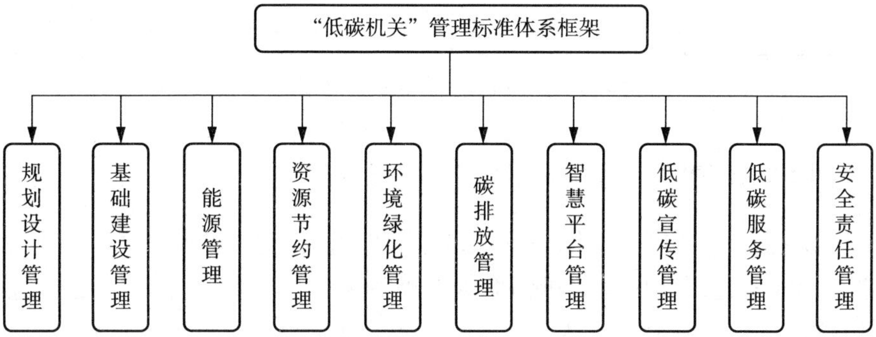

图 6-10 “低碳机关”管理标准体系框架

（三）“低碳机关”保障标准体系

“低碳机关”建设是一项系统性工程，极大考验建设主体的能力素质，特别是绿色低碳转型保障能力。因而，有必要建构“低碳机关”保障标准体系，规范保障能力体系建设，提升 T 区低碳治理能力水平。制定“统筹指导保障标准”，强化党建引领，规范“低碳机关”建设的规划编制、任务部署、统筹协调、督促指导、重大情况报告等工作环节，厘清各部门低碳管理职能职责内容，助力协同配合，形成绿色低碳转型工作合力，保质保量完成各项任务；制定“交流合作保障标准”，规范政府、企业、高校间技术、人才、项目等方面合作，规范同其他公共机构在技术、装备、服务及基础设施等方面的交流，规范环境保护、污染防控、清洁能源等方面的交流协作，规范碳排放与碳治理信息共享，等等；制定“人才队伍保障标准”，形成低碳管理复合型人才培养、碳排放管理技术人才引进、低碳机关专家库建设、公共机构低碳管理人才交流的标准，强化“低碳机关”建设的智力保障；制定“资源要素保障标准”，探索形成保障“低碳机关”建设的资金、技术、项目、信息等要素标准，提升各类保障性要素整合与配置，强化要素资源对“低碳机关”绿色低碳转型的支撑优势。“低碳机关”保障标准体系框架如图 6-11 所示。

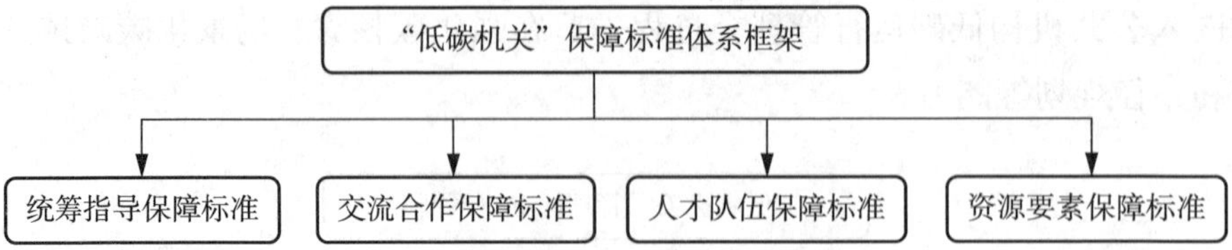

图 6-11 “低碳机关”保障标准体系框架

（四）“低碳机关”评价标准体系

以高效节约、节能优化、低碳发展为理念，构建“低碳机关”评价标准体系，旨在全方位评估公共机构低碳治理效果，改进管理工作。制定“技术评价标准”，完善机关减排技术、节能技术、低碳技术、资源回收技术等，规范新型技术引进以及应用场景管理，构建助力“低碳机关”创建的绿色技术支撑体系，打造“零碳”技术创新资源库；制定“环境评价标准”，探索形成垃圾分类、废物处理、空气质量、污染防控的评价标准，明确机关环境建设与管理的重点领域，形成评价指标考核制度，助力 T 区机关实现碳中和；制定“管理评价标准”，主要在能源利用、资源利用、基础设施、运行管理、平台管理等方面形成标准，全过程、全要素实现对“低碳机关”的标准化管理，增强“低碳软管理”能力；制定“服务评价标准”，对低碳信息咨询、低碳技能培训、低碳产品供给、低碳文化品牌建设等服务工作进行标准化评价，评估公共机构低碳服务品质与服务效能；制定“安全评价标准”，对接 T 区“平安机关”建设目标，探索形成“近零碳”工程生产、管理与服务等方面的安全评价标准，将安全底线放在“低碳机关”建设的核心位置。“低碳机关”评价标准体系框架如图 6-12 所示。

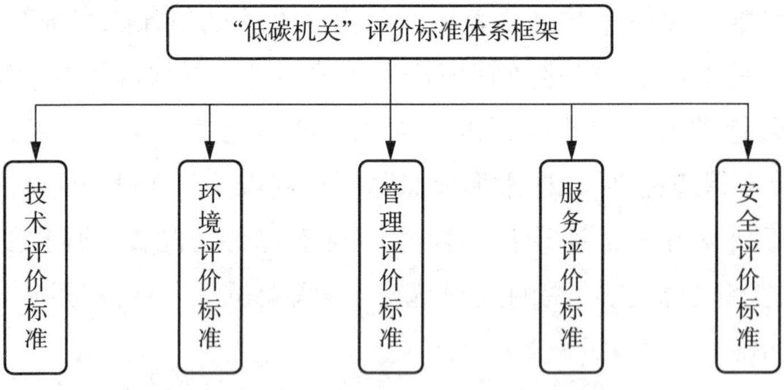

图 6-12 “低碳机关”评价标准体系框架

综上，建构“近零碳机关”PDCA 综合集成管理框架，如图 6-13 所示。“近零碳机关”综合集成标准规范体系为 T 区公共机构低碳治理提供标准引领与制度依据。在“低碳机关”建设的策划环节，应综合考虑能源管理、环境管理、运维管理、责任管理等方面存在的治理风险和机遇，并设计应对方案；在“低碳机关”实施环节，建立公共机构低碳管理目标体系，设计目标实现路线图，建立“政府 + 企业 + 高校”的低碳管理团队，并合理安排“近零碳”工程的运行维护、信息共享、碳排放检测追踪等具体任务，支持低碳管理体系持续运行；在“低碳机关”绩效评价环节，需要对五大低碳治理体系运行的效率、效能、效益进行监测分析及管理评审，形成公共机构低碳治理评估报告；在“低碳机关”管理改进环节，需要采取措施剔除不合理低碳项目，科学排除风险隐患，持续改进 T 区机关“近零碳”工程管理系统。

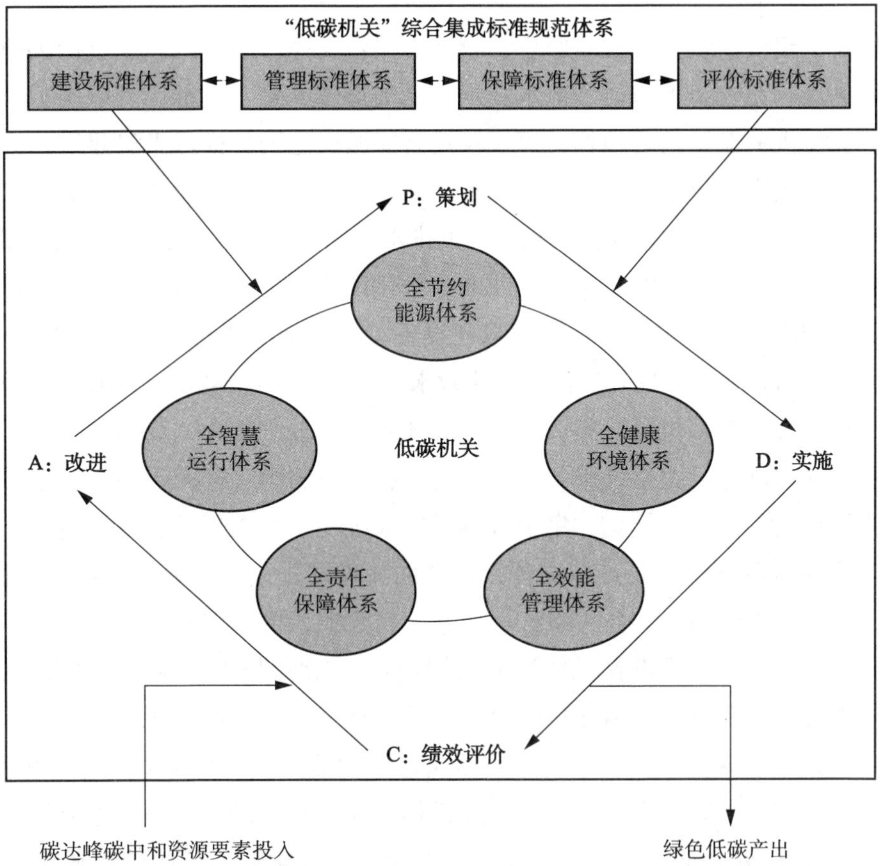

图 6-13　“近零碳机关”PDCA 综合集成管理框架

五、T 市 T 区“低碳机关”综合治理体系高质量建设的实施策略

T 市 T 区确立了以区委机关大院为样本的“低碳机关”综合治理体系建设行动方案，积极创建集智慧低碳、高效节能、建筑美学于一体的全国“低碳机关”典范，打造公共机构低碳治理“示范标杆”。虽然治理目标高远，但实现道路不可能一帆风顺。T 市 T 区采取如下策略，推进“低碳机关”综合治理体系的高质量建设。

（一）推行“技术 + 标准”的发展策略

公共机构绿色低碳转型既强调技术创新，也强调制度创新。“技术 + 标准”的发展策略主要包括三个方面的内容。①重视以节能技术创新赋能“低碳机关”建设。强化科技新引擎、新动力、新支撑，推动机关绿色低碳循环技术创新，完善新型节能、节水技术产品的遴选、鉴定、推广、应用工作体系。优化机关能源消费结构，探索构建新能源微电网，推进光伏建筑一体化建设，加快实施分布式光伏发电工程，促进可再生能源规模化利用。全面推广新型节水型器具，推动公共机构开展供水管网、绿化浇灌系统等节水诊断。推广应用全电厨房，安装节能高效油烟净化设施，推进餐厨废弃物资源化利用。实施绿色数据中心改造，加强在设备布局、制冷架构等方面优化升级，探索余热回收利用，提升数据中心能效水平。催化科技动能，引领绿色智能。②加快建设“低碳机关”集成管理标准体系。按照“洁化、绿化、亮化、美化”理念，打造机关会议服务、机关食堂、公务用车、资产管理等绿色低碳集成标准规范体系，建构“集中管理、标准统一、低碳环保、节约高效”的高品质保障服务模式及其标准体系，全面梳理碳排放管理业务事项、流程、系统、数据，做到“业务—系统—数据”相匹配，将标准转变为流程责任清单，打造标准引领低碳治理的先行示范样本。③促进技术与标准的融合发展。持续推进“低碳机关”标准化建设，结合重点工作积极申报地方标准，逐步优化并形成领域完整、层级清晰、适用性强的公共机构低碳管理标准体系。推进标准宣贯，以技术化创新手段促进标准应用与管理，增强“零碳”标准实施的技术评估能力，探索创新“技术化 + 标准化”的低碳管理模式，推进能源管理信息系统规划、建设、运行等流程标准化，实现低碳治理数据

互通共享。

（二）推行“低碳+数字”的集成策略

“低碳+数字”的集成策略主要包含两大方面内容。①推进“低碳机关”数字平台建设。深化机关绿色低碳数字化转型，综合运用云计算、大数据、人工智能、物联网等新一代数字化技术，深化数字化平台创建，搭建智慧低碳管理框架，打造“低碳机关”智脑。主要建设“零碳”管理集成工作平台，打造碳排放与碳足迹追踪、“零碳”服务App、智慧低碳餐厅、智慧低碳办公、“零碳”公物仓、智慧低碳车辆管理、智慧低碳办公用房管理等平台，实施公共建筑与办公设施能源数字化管理。丰富科技场景运用，推进互联网、物联网、数据链技术与传统节能环保技术的深度融合，以“零碳”管理集成工作平台为主要载体，促进互联网、物联网信息化技术与能耗数据的深度融合。②推进“低碳机关”智慧化运行。高标准推进“一网统揽”综合低碳治理平台建设，将物联网、大数据等技术与节能有机融合，提供全生命周期的数字化用能服务，实现绿色智慧节能。利用大数据分析技术深度挖掘数据资源，分析机关用能用电和碳排放特征及水平，测算各环节、各部位、各设备节能降碳潜力，强化数据分析结果应用，整合共享数据资源，建设碳运行态势感知体系和可视化指挥调度体系，为机关碳管理的指挥调度、风险防范、事件处置提供技术支撑。基于人工智能、数据仓库、大数据分析等信息技术，发挥“以数辅策”作用，建立健全大数据辅助决策机制，强化数据关联分析和挖掘应用，建立专家辅助的决策管理体系和快速反应的自动决策系统，模拟分析决策效果，全面提升“低碳机关”决策能力。

（三）推行“政府+企业”的联动策略

“政府+企业”的联动策略包含两大方面。①深化与H数字能源公司的“近零碳”项目合作。全方位加强T区机关事务管理局与H数字能源公司合作联系，全面贯彻落实区委、区政府关于树立T区碳达峰碳中和品牌的战略部署，以数字能源为抓手加速推进区委机关大院低碳机关建设，大力引进华为数字能源集团先进的节能降碳新技术，推进T区机关“双碳”云脑建设，让机关用能可视化、可感受、可体验。拓宽建筑光伏一体化、先进储能系统、交直流微网架构、智慧能源管理、场景化节能设计、园区碳汇等先进技术的应用场景，构建先进先行的T区“低碳机关”低碳治理技术体系，成为T市乃至全国公共机构碳达峰碳中和治理的典范。②强化公共机构低碳管理市场化与企业化运作，提升运行效能。T市服务企业的专业水平与市场化程度在我国居于领先地位，T区机关事务系统应充分发挥这一优势。进一步盘活存量、吸引增量、激发变量，主动链接公共机构节能服务市场主体，推行政府与社会资本合作模式，深化与有关节能服务企业的协同发展关系，充分利用社会资本参与机关节能改造、能源管理，发挥节能服务公司、物业服务企业的先进理念与技术资源优势。建立健全“政府低碳需求—市场服务供给”的低碳服务链条，创新低碳管理服务供给模式，优化服务供给体系，借助市场服务力量不断提升机关节能管理专业化水平，推动公共机构低碳治理高质量发展。

（四）推行“节约+集约”的管理策略

机关事务管理不仅要减少浪费，而且要借助各种技术手段、社会力量及各种资源，采用有效的方法，提升机关事务绿色低碳管理与服务效能。①提升节约管理能级，强化节约型机关创建。低碳机关与节约型机关建设，本质均是创建节约高效、节能低碳机关的重要手段。进一步贯彻落实国家节约用电号召，健全节约资源管理制度，提高能源资源利用效率，全面实施生活垃圾分类制度，引导干部职工养成简约适度、绿色低碳的生活和工作方式，形成崇尚绿色发展氛围。进一步推动办公用房节约集约利用、公务用车低碳环保运行、物资材料绿色采购以及公务消费厉行节约。进一步开展公务餐饮“光盘行动”，创建公共机构生活垃圾分类示范点，实施空调系统合同能源管理节能改造，并加快将人工智能、网络通信技术和变频调速技术集合应用于中央空调控制和管理，力促T区机关成为碳达峰碳中和治理标兵。②探索集约化管理模式，打造低碳型机关。用集约化管理理念，打造T区机关集成管理先行示范样本。“集约化管理”就是以节俭、约束、高效为目标，统一配置人力、物力、财力、管理等生产要素，达到降低成本、高效管理，提供优质服务保障力的管理模式。T区建设“低碳机关”，可以建设“零碳”能源智慧管理平台，推进光伏“绿电”的科学优化配置，提升技术、资金、信息的综合管理水平，实现资源要素与低碳管理服务需求的有效匹配；可以优化推广会议室“一室多能、共用共享”机制，降低电力消耗；可以建立公务用车管理数据库，全周期、全链条对公务用车运行、油耗、耗电、碳排放、维修维护等进行全程监管，运用大数据技术，规划设计车辆运行能源节约最优路线，预测车辆维护最佳时间，助力机关节能减排；可以创建办公垃圾、废弃物品的分类管理、综合处理、循环利用管理体系，推动资源能源的生态循环利用。

（五）推行“红色＋绿色”的融合策略

“红色＋绿色”的融合策略就是将党建因素与“减碳”因素融入机关事务，不断提升机关事务的管理效率与保障效能。①以党建引领低碳管理，打造融合型机关。将党建融入“低碳机关”建设过程，发挥机关党组织战斗堡垒作用和党员先锋模范作用，倡导厉行节约、反对浪费理念，带头开展“绿色饮食”“绿色出行”等节约能源资源工作，践行节约节能与绿色低碳的工作生活方式，创建低碳办公党员示范岗以及党员示范区；推进党建工作与低碳业务融合，打造全领域“党建＋低碳”矩阵。通过编制《机关零碳管理标准化手册》，推动公共机构低碳管理转作风、强服务、提效能、促发展。通过支持党员队伍在公务用车、会务、餐饮、办公用房等各项管理服务保障工作中践行绿色低碳理念，持续推进低碳管理与业务保障交融互促发展；启动“绿水青山，节能增效，低碳生态”党建评比活动，在党建活动中融入绿色因素，提升干部职工对节约办公、绿色出行、垃圾分类、节能环保等低碳工作的认识，助推“近零碳模范机关”创建。以党建“红”引领生态“绿”，创新举措抓实碳达峰碳中和工作，赋能T区机关绿色低碳转型。②以党建引领绿色发展，提升“零碳”制度效能。建立健全“党建＋低碳学习”制度，以党小组、党员先锋队和职能部门为主体，常态化开展节能“微课堂”“微论坛”“微分享”活动，通过党建、碳达峰碳中和、业务融合发展知识学习，探讨绿色业务与低碳机关建设难题，分享工作生活节约节能好经验等，全面提升机关干部职工低碳行动能力；建立健全“党建＋零碳研究”合作制度，有力加强“政、企、校”的碳达峰碳中和合作交流，以党建为纽带，深化机关党员干部、企业业务精英党员、高校科研团队的联系，推动碳达峰碳中和技术、经验、知识、管理的交流研讨，开展以“共推双碳项目、共育低碳管理队伍”为主题的合作活动，协同推进碳达峰碳中和领域重大课题研究和落地应用工作，力促T区“低碳机关”先行示范区建设；建立健全“党建＋低碳治理”责任制度，对机关干部设岗定责，层层落实绿色低碳机关创建的责任体系，压紧压实干部职工节约节能责任。

参考文献

[1]敖阳利．以 PPP 模式助推全球低碳与可持续发展［N］．中国财经报，2022-12-06（6）．

[2]奥斯特罗姆．集体行动与社会规范的演进［J］．王宇锋，译．经济社会体制比较，2012，163（5）：1-13．

[3]白玫．“十四五”时期新能源汽车产业竞争力提升的方向与路径［J］．价格理论与实践，2021（2）：18-24．

[4]白世贞，吴东秀，鄢章华．不同资本结构下节能服务公司参与供应链减排合作策略研究［J］．运筹与管理，2023，32（7）：7-14．

[5]北京节能环保服务中心组织．政府机构节能读本［M］．北京：经济日报出版社，2006．

[6]边富鹏，李燕，焦镇雄，等．公共机构能耗定额标准编制与实施建议［J］．中国能源，2021，43（1）：47-50．

[7]薄贵利，吕毅品．论建设高质量的服务型政府［J］．社会科学战线，2020（2）：189-197．

[8]陈明华，谢琳霄．新时代绿色低碳发展：实践逻辑、现实挑战与路径探赜［J］．马克思主义与现实，2024（3）：110-117．

[9]陈书洁，张汝立．政府购买服务发展的障碍：一个“嵌入”视角的分析［J］．北京师范大学学报（社会科学版），2016（6）：100-108．

[10]陈晓春，冯恋．基于低碳经济视角的节约型机关研究［J］．中国行政管理，2011（3）：90-92．

[11]达蕃钦．政府转型中行政引导功能的缺位与补位［J］．特区实践与理论，2009（5）：68-70．

[12]丁煌，马小成，梁健．从观念到行动：公共政策的共识型执行及其逻辑——以贵州数字经济发展政策为例［J］．贵州社会科学，2022（6）：137-144．

[13]丁煌，王光良.机关运行保障的科技赋能：基本面向、现实困厄与可能路径[J]. 中国机关后勤，2023（1）：35–39.

[14]丁煌.西方行政学理论概要：第2版[M]. 北京：中国人民大学出版社，2011.

[15]丁晓雯，李薇，唐阵武.生物质能发电技术应用现状及发展前景[J]. 现代化工，2008（S2）：110–113.

[16]董恒瑞，邓铃夕，刘军，等.既有建筑绿色节能改造适宜技术路线探讨[J]. 重庆建筑，2020，19（5）：26–28.

[17]法约尔.工业管理及其一般管理[M]. 周安华，译.北京：中国社会科学出版社，1982.

[18]冯晓梅，乔镖，李骥，等.公共机构多能源系统优化配置及高效运行模拟平台开发和验证[J]. 建筑科学，2021，37（4）：26–32.

[19]高彩凤，陈梦源，彭莉，等.近零能耗公共建筑技术经济性分析[J]. 建筑学，2021，37（10）：170–178.

[20]高小钧，杨春权，张兴平.我国合同能源管理的现状、存在问题及对策[J]. 能源技术经济，2011（1）：63–66.

[21]高玉伟.LED灯具技术及其在公共建筑照明节能中的应用[J]. 光源与照明，2021（8）：5–6.

[22]顾佰和，于东晖，王琛，等.进一步深化碳达峰、碳中和战略转型路径的若干思考[J]. 中国科学院院刊，2024，39（4）：726–736.

[23]郭江江，孙维."参与式发展"共筑低碳杭州[J]. 浙江经济，2016（5）：38.

[24]国家机关事务管理局公共机构节能管理司.公共机构节能管理与技术：上、下册[M]. 北京：清华大学出版社，2019.

[25]国家机关事务管理局公共机构节能管理司.公共机构节约能源资源政策法规汇编（2023版）[M]. 北京：中国水利水电出版社，2023.

[26]国家机关事务管理局公共机构节能管理司.公共机构能源费用托管服务政策与实践[M]. 北京：中国税务出版社，2023.

[27]国家机关事务管理局公共机构节能管理司.绿色低碳发展的公共机构方案[M]. 北京：中国水利水电出版社，2024.

[28]国家金融监督管理总局.中国银保监会办公厅关于印发绿色保险业务统计制度的通知[A/OL].（2022–11–11）[2024–06–07]. https://www.cbirc.

gov.cn/cn/view/pages/ItemDetail.html?docId=1081027&itemId=925&generaltype.

[29]韩丽，宋飞，王龙，等.高校公共建筑减碳及碳中和措施的研究[J].建筑经济，2023，44（S2）：359–363.

[30]豪利特，拉米什.公共政策研究：政策循环与政策子系统[M].庞诗等，译注.北京：生活·读书·新知三联书店，2006.

[31]何翔舟，金潇.公共治理理论的发展及其中国定位[J].学术月刊，2014，46（8）：125–134.

[32]何哲.公共治理：文化为什么是重要的？——兼论中西文化特质差异对公共治理的影响[J].中国行政管理，2022，446（8）：112–121.

[33]贺行洋，叶青，李颜娟.合同能源管理在公共建筑节能领域的应用[J].湖北工业大学学报，2018（30）：61–63.

[34]胡象明，唐波勇.整体性治理——公共管理的新范式[J].华中师范大学学报（人文社会科学版），2010，49（1）：11–15.

[35]胡志康."双碳"目标与国家治理现代化[J].华中科技大学学报（社会科学版），2022，36（5）：136–140.

[36]黄思慧，李洁，陆红梅，等.太阳能联合生物质能供暖系统热性能和能源特性的分析[J].石河子大学学报（自然科学版），2023，41（6）：704–710.

[37]黄新宝.中央国家机关后勤服务社会化改革的历史嬗变与未来走向[J].中国机关后勤，2016（6）：16–20.

[38]黄新华，黄英.推进中国式现代化的规划治理：过程、特征与机理[J].厦门大学学报（哲学社会科学版），2022，72（5）：30–43.

[39]黄卓，江莹.公共政策审计：新时代审计工作的重中之重[J].审计与理财，2019（10）：13–14.

[40]冀赛赛，路斌，韩琳.公共机构实现碳中和运行的关键路径与方法研究[J].生态经济，2023，39（12）：19–25.

[41]贾康，孙洁.公私伙伴关系（PPP）的概念、起源、特征与功能[J].财政研究，2009（10）：2–10.

[42]江冰，张有生.节能型国家建设与政府主导节能模式[M].北京：中国矿业大学出版社，2013.

[43]蒋金荷，马露露.中国城市绿色低碳转型路径差异性研究[M].北京：中国社会科学出版社，2021.

［44］降彩石．为绿色发展贡献保险力量［J］．中国金融，2022（5）：48–49.

［45］焦焕成．以节俭效能的机关事务文化引领节约型机关建设［J］．求是，2012（6）：19–21.

［46］金乐琴．中国绿色低碳转型：理念、战略与路径［M］．北京：中国统计出版社，2020.

［47］金太军，鹿斌．制度建构：走出集体行动困境的反思［J］．南京师范大学学报（社会科学版），2016（2）：12–22.

［48］孔凡斌，王苓，徐彩瑶，等．中国生态环境治理体系和治理能力现代化：理论解析、实践评价与研究展望［J］．管理学刊，2022，35（5）：50–64.

［49］李宝荣．加强机关事务理论研究　推动机关事务工作高质量发展［J］．中国行政管理，2020（12）：6–8.

［50］李宝荣．着力提升机关事务工作保障水平和管理效能［J］．中国行政管理，2021（1）：6–8.

［51］李汉卿．协同治理理论探析［J］．理论月刊，2014（1）：138–142.

［52］李军．在多元共治中推动绿色低碳转型——国管局公共机构节能管理司负责人答记者问［J］．中国机关后勤，2021（6）：5–7.

［53］李明柱，王春青．公共建筑中央空调在线节能控制仿真［J］．计算机仿真，2018，35（7）：269–272.

［54］李韬，冯贺霞．数字治理的多维视角、科学内涵与基本要素［J］．南京大学学报（哲学·人文科学·社会科学），2022，59（1）：70–79，157–158.

［55］李甜．上海市公共机构节能管理研究［J］．上海节能，2016（6）：336–339.

［56］李婷，黄旭腾．公共机构新建建筑中的绿色建筑技术及其示范［J］．工业建筑，2016，46（12）：13–18.

［57］李拓．论治理现代化与制度治理［J］．郑州大学学报（哲学社会科学版），2014，47（6）：5–8.

［58］李文钊．理解治理多样性：一种国家治理的新科学［J］．北京行政学院学报，2016（6）：47–57.

［59］李昕．论行政规划的定性分析、规制与救济［J］．法学杂志，2013，34（11）：25–34.

[60]李增福.中国政府节能管理研究[J].科学管理研究，2006，24（6）：4.

[61]连旭，裴童心，汪文生，等.碳交易机制与技术应用对中国煤电行业碳减排的影响：基于强化学习的多智能体仿真[J].资源科学，2024，46（6）：1186–1197.

[62]林翎，李燕.对公共机构节能标准化建设的思考[J].中国机关后勤，2017（7）：7–10.

[63]林仁镇，文宏.目标设定、资源整合与中国特色政策试点机制——基于T市建设中国特色社会主义先行示范区的分析[J].华中科技大学学报（社会科学版），2022（4）：129–140.

[64]刘平阔.中国能源绿色低碳转型的结构与路径[M].北京：科学出版社，2023.

[65]刘薇.PPP模式理论阐释及其现实例证[J].改革，2015（1）：78–89.

[66]刘燕华，李宇航，王文涛.中国实现“双碳”目标的挑战、机遇与行动[J].中国人口·资源与环境，2021，31（9）：1–5.

[67]刘志鹏，高周易，马亮.示范：政策高位推动的工具——基于国务院各部门的实证研究（2008—2019）[J].政治学研究，2022，（4）：63–75，158.

[68]刘紫亮.公共机构节约能源资源工作高质量发展[J].节能与环保，2023（4）：33–35.

[69]刘紫亮，黄群骥，高书辰，等.公共机构绿色数据中心的建设[J].信息技术与标准化，2018（10）：18–21，49.

[70]刘紫亮.推进公共机构节能应用市场化机制[J].中国机关后勤，2022（1）：55–57.

[71]卢剑峰.行政协调的现实与规范[J].宁波大学学报（人文科学版），2020，33（6）：123–129.

[72]卢亮.面向现代化的政府运行保障体系建构[J].行政管理改革，2024（5）：50–58.

[73]吕志奎.公共政策工具的选择——政策执行研究的新视角[J].太平洋学报，2006（5）：7–10

[74]罗良文，马艳芹.“双碳”目标下环境多元共治的逻辑机制和路径优化[J].学习与探索，2022（1）：102–107.

［75］罗亮，郭名谦．智慧机关事务：机关事务管理大数据应用框架研究［J］．领导科学，2021（24）：76–78.

［76］骆强．合同能源管理：公共机构节能降碳新路径［J］．中国机关后勤，2023（3）：66–69.

［77］马本．中国地方政府节能指标评估研究［M］．北京：中国人民大学出版社，2019.

［78］彭小兵，彭洋．乡村振兴中地方政府的注意力配置差异与治理逻辑研究——基于410份政策文本的扎根分析［J］．中国行政管理，2022（9）：80–88.

［79］彭莹莹，燕继荣．从治理到国家治理：治理研究的中国化［J］．治理研究，2018，34（2）：39–49.

［80］秦芳菊．我国绿色保险体系的建构［J］．税务与经济，2020（3）：52–57.

［81］尚天成，刘培红，李欣欣，等．节能量保证型合同能源管理项目的收益分配［J］．天津大学学报（社会科学版），2013，15（4）：298–301.

［82］邵高峰，彭罗文，艾明星，等．与建筑同寿命外墙保温技术体系研究［J］．建设科技，2023（23）：16–20.

［83］谌玥，郭婧娟．公共机构合同能源管理项目合作机制模型构建［J］．科技管理研究，2021，41（6）：185–192.

［84］史瑞丽．行政协调刍议［J］．中国行政管理，2007（6）：89–92.

［85］史云贵，刘晓燕．县级政府绿色治理体系的构建及其运行论析［J］．社会科学研究，2018（1）：81–88.

［86］史云贵，倪端梅．县域绿色治理的概念内涵、运行模型与路径创新［J］．思想战线，2021，47（4）：154–163.

［87］宋国恺．中国落实碳达峰、碳中和目标的行动主体及实现措施［J］．城市与环境研究，2021（4）：47–60.

［88］宋伟玲，肖汝莉．中国光伏产业政策工具演化路径及其启示［J］．情报杂志，2022（1）：177–184.

［89］苏刚，张泉城，胡梦茹．中央空调系统制冷机组节能优化［J］．智能建筑电气技术，2024，18（1）：65–71.

［90］隋宇泽，锁利铭．公共机构低碳协同发展研究——以京津冀地区为例［J］．中国机关后勤，2023（7）：34–38.

［91］孙丽平．“碳中和”视角下公共机构碳排放估算与碳补偿研究：以某

党校为例［J］. 上海节能，2022（3）：272–276.

［92］锁利铭，丁凡琳 . 公共机构引领绿色低碳发展的内在机理、现实困境与优化路径［J］. 探索，2023（3）：113–125.

［93］谭冰霖 . 行政主体低碳化的法律规制——一个组织法的视角［J］. 东岳论丛，2016，37（2）：156–164.

［94］唐葆君，王翔宇，王彬，等 . 中国新能源汽车行业发展水平分析及展望［J］. 北京理工大学学报（社会科学版），2019，21（2）：6–11.

［95］唐祥来，谢雨轩 . PPP 模式与地方财政压力：来自中国地级市的经验证据［J］. 财贸研究，2023，34（9）：58–68.

［96］唐祖爱 . 我国行政协调机制的法律分析和法治化构建［J］. 武汉大学学报（哲学社会科学版），2007（4）：525–528.

［97］陶伦康，鄢本凤 . 政府在节能减排中的生态责任研究［M］. 北京：科学出版社，2016.

［98］陶雪良 . 论机关事务工作的高质量发展［J］. 中国行政管理，2018（3）：6–7.

［99］陶雪良 . 论行政运行保障之研究与实践［J］. 中国行政管理，2022（7）：146–148.

［100］汪杨姿，曹小花，王宇珊 . 建筑光伏一体化技术助力低碳生活——以隆基绿能 BIPV 解决方案及案例实践为例［J］. 建设科技，2023（9）：44–46.

［101］王波，岳思佳 . 我国绿色金融激励约束保障机制研究［J］. 西南金融，2020（10）：79–87.

［102］王博武 . 公共机构能源费用托管实证研究［J］. 上海节能，2024（7）：1147–1152.

［103］王传连 . 公务用车制度改革后存在的问题及思考［J］. 中国行政管理，2018（4）：149–151.

［104］王春城 . 政策精准性与精准性政策——“精准时代”的一个重要公共政策走向［J］. 中国行政管理，2018（1）：51–57.

［105］王德 . 大力推进机关事务治理体系和治理能力现代化［J］. 中国行政管理，2017（3）：6–10.

［106］王德 . 全面实施预算绩效管理　大力推进机关运行成本管理创新［J］. 中国行政管理，2020（1）：12–17.

［107］王德 . 以建设现代政府为目标大力推进机关事务治理方式改革［J］.

行政管理改革，2017（4）：33-38.

［108］王芳，纪雪梅，田红．中国农村信息化政策计量研究与内容分析［J］．图书情报知识，2013（1）：36-46.

［109］王刚，宋锴业．治理理论的本质及其实现逻辑［J］．求实，2017（3）：50-65.

［110］王澜明，李金芳，高小平，等．建设节约型机关若干基本问题研究［J］．中国行政管理，2012（1）：7-12.

［111］王莉．我国环境法律制度的结构性转向：从行政规制到规制治理［J］．山东师范大学学报（社会科学版），2021，66（6）：124-137.

［112］王培红．低碳经济背景下公共机构的节能管理［J］．能源研究与利用，2011（3）：28-32.

［113］王胜，谭显春．西部地区低碳转型研究：以重庆为例［M］．北京：科学出版社，2013.

［114］王耀．充电桩平均利用率仅3%~5%［N］．新京报，2021-10-21（B4）.

［115］王震坡，黎小慧，孙逢春．产业融合背景下的新能源汽车技术发展趋势［J］．北京理工大学学报，2020，40（1）：1-10.

［116］魏文栋，孙洋，刘备，等．“技术—组织—环境”视域下数字经济赋能低碳转型发展的路径［J］．中国科学院院刊，2024，39（6）：1047-1059.

［117］翁一武．绿色节能知识读本：探寻公共机构节能之路［M］．上海：上海交通大学出版社，2012.

［118］吴童，胡余平．“双碳”背景下公共机构绿色低碳建设的现状、难点及路径研究［J］．海南金融，2023（12）：81-87.

［119］吴泽洲，黄浩全，陈湘生，等．“双碳”目标下建筑业低碳转型对策研究［J］．中国工程科学，2023，25（5）：202-209.

［120］吴志攀，陶雪良，燕继荣．政府运行保障改革发展报告：2021［M］．北京：人民出版社，2022.

［121］吴宗鑫，滕飞．第三次工业革命与中国能源向绿色低碳转型［M］．北京：清华大学出版社，2015.

［122］伍如昕，郎玉函．政策工具视角下中国公共机构节能政策研究——基于2008—2022年中央政策文本的量化分析［J］．重庆理工大学学报（社会科学版），2022，36（8）：179-194.

［123］习近平在中共中央政治局第十一次集体学习时强调　加快发展新质生产力　扎实推进高质量发展［N］. 人民日报，2024-02-02（1）.

［124］夏颖哲 . 规范发展政府和社会资本合作（PPP）模式为绿色发展增动力添活力［J］. 环境保护，2022，50（16）：45-47.

［125］邢丽峰 . 公共机构“碳达峰”“碳中和”路径探析［J］. 中国机关后勤，2021（4）：29-31.

［126］熊光清，熊健坤 . 多中心协同治理模式：一种具备操作性的治理方案［J］. 中国人民大学学报，2018（3）：145-152.

［127］熊兴 .“双碳”目标下全球能源治理改革的中国方案［J］. 社会主义研究，2022（1）：155-162.

［128］徐天图，安卫华 . 以“三全”理念创新公务用车管理［J］. 中国机关后勤，2021（5）：50-51.

［129］徐瑶 . 马克思商品理论下的碳排放交易研究［J］. 中国经济问题，2016（1）：50-55.

［130］徐永胜 . 深入学习贯彻党的二十大精神　以公共机构绿色低碳转型助力碳达峰碳中和［J］. 中国行政管理，2022，450（12）：12-13.

［131］薛波 . 元照英美法词典［M］. 北京：北京大学出版社，2014.

［132］薛峰，王清勤，丁研 . 公共机构绿色建筑技术实施指南［M］. 北京：中国建筑工业出版社，2019.

［133］杨博文 . 我国实施碳排放“双控”的渐进逻辑、转型部署及制度取向［J］. 当代经济研究，2024（7）：105-116.

［134］杨华磊，杨敏 . 碳达峰碳中和：中国式现代化的能源转型之路［J］. 经济问题，2024（3）：1-7.

［135］杨健艳 . 公共机构低碳管理的制度安排［J］. 公民与法（法学版），2014（12）：24-27.

［136］杨立华，刘宏福 . 绿色治理：建设美丽中国的必由之路［J］. 中国行政管理，2014（11）：6-12.

［137］杨珊珊，董锋 . 高质量发展背景下“双碳”实现的逻辑与渠道——以发展新质生产力为视角［J］. 中国矿业大学学报（社会科学版），2024，26（4）：63-74.

［138］姚颖超 . 电梯节能中能量回馈节能技术的有效运用［J］. 企业技术开发，2017，36（4）：74-76.

［139］叶敏，熊万胜 .“示范”：中国式政策执行的一种核心机制——以

XZ 区的新农村建设过程为例［J］. 公共管理学报，2013，10（4）：15–25，137–138.

［140］叶强，高超越，姜广鑫 . 大数据环境下我国未来区块链碳市场体系设计［J］. 管理世界，2022，38（1）：229–249.

［141］尹兴 . 机关事务治理体系和治理能力现代化的五大关系问题［J］. 中国行政管理，2018（6）：154–156.

［142］于海生 . 公共机构合同能源管理的应用及问题浅析［J］. 上海节能，2021（12）：1403–1406.

［143］于娟 . 公共机构推行合同能源管理的对策研究［J］. 宏观经济管理，2012（4）：45–47.

［144］余军华，袁文艺 . 公共治理：概念与内涵［J］. 中国行政管理，2013（12）：52–55，115.

［145］余少祥 . 政府运行保障管理学科：何以必要与如何建设［J］. 南京理工大学学报（社会科学版），2024，37（2）：10–13.

［146］俞可平 . 治理与善治［M］. 北京：社会科学文献出版社，2000.

［147］郁建兴，任泽涛 . 当代中国社会建设中的协同治理——一个分析框架［J］. 学术月刊，2012（8）：23–31.

［148］贠杰 . 公共政策评估的制度基础与基本范式［J］. 管理世界，2023（1）：128–138.

［149］岳为众，张晶，刘颖琦 . 产业政策与市场表现关联研究——以中国电动汽车充电基础设施为例［J］. 经济与管理研究，2019，40（2）：82–94.

［150］曾诗鸿，李根，翁智雄，等 . 面向碳达峰与碳中和目标的中国能源转型路径研究［J］. 环境保护，2021，49（16）：26–29.

［151］詹国彬，陈健鹏 . 走向环境治理的多元共治模式：现实挑战与路径选择［J］. 政治学研究，2020（2）：65–75，127.

［152］张刚生 . 集中统一管理：现代化视角下政府运行保障体系改革方向［J］. 党政研究，2023（1）：115–122，128.

［153］张广明，唐桂忠，俞辉 . 机关办公建筑和大型公建能耗监管系统平台若干关键技术［J］. 南京工业大学学报（自然科学版），2011，33（5）：45–50.

［154］张金阁 . 环境治理中地方政府公众参与模式差异化选择的逻辑——基于“合法性 – 有效性”框架［J］. 社会科学家，2023（4）：82–88，95.

［155］张康之，程倩 . 网络治理理论及其实践［J］. 新视野，2010（6）：

36–39.

［156］张世良．邓小平后勤思想简论［J］．中国行政管理，2014（8）：13–15.

［157］张世良．落实节约能源资源国策　推进公共机构绿色发展［J］．邓小平研究，2018（1）：18–20.

［158］张伟．新形势下公共机构节能工作的探讨［J］．财经界，2022（26）：39–41.

［159］张晓卯．合同能源管理：公共机构碳达峰与碳中和的解决之道——以上海市公共机构合同能源管理为例［J］．中国行政管理，2021（11）：157–159.

［160］赵峰涛．公共机构要为碳达峰碳中和作更大贡献［N］．学习时报，2021–06–21（1）．

［161］赵亚霄．盘锦：智慧机关事务促公共机构节能［J］．中国机关后勤，2021（1）：52–53.

［162］赵月娥，张晓民．碳达峰、碳中和背景下中国公共机构绿色低碳发展研究——基于图书馆视角［J］．宏观经济研究，2021（7）：137–145.

［163］郑方辉，范嶙杰，李莹．政策绩效评价中的“过程绩效”与“结果绩效”：落差及消解——以L县“乡村教师生活补助政策”为例［J］．学习论坛，2021（6）：60–67.

［164］郑思齐，万广华，孙伟增，等．公众诉求与城市环境治理［J］．管理世界，2013（6）：72–84.

［165］中共中央宣传部，中华人民共和国生态环境部．习近平生态文明思想学习纲要［M］．北京：学习出版社，2022.

［166］关于第六个五年计划的报告［EB/OL］．（2008–03–11）［2023–11–20］．https://www.gov.cn/test/2008–03/11/content_916744.htm.

［167］中华人民共和国国民经济和社会发展十年规划和第八个五年计划纲要［EB/OL］．（1983–06–10）［2023–11–20］．https://www.gov.cn/gongbao/shuju/1991/gwyb199112.pdf.

［168］钟慕雪．技术与制度调试视角下的公共机构节能问题探析——以T市T区为例［J］．南方论刊，2023（12）：48–51.

［169］周雷，殷凯丽，车旻昌，等．保险创新服务新质生产力发展：风险特征、实现路径与对策建议［J］．西南金融，2024（6）：94–106.

［170］周蓉，王成，徐铁，等．绿色经济与低碳转型——市场导向的绿色

低碳发展国际研讨会综述［J］. 经济研究，2014，49（11）：5.
［171］周佑勇，王青斌 . 论行政规划［J］. 中南民族大学学报（人文社会科学版），2005（1）：100–104.
［172］朱呈义，荣颖 . 推进我国机关事务标准化建设——美国机关事务标准化的启示［J］. 中国行政管理，2018（3）：15–18.
［173］朱呈义 . 完善公共机构节约能源资源工作体系［J］. 中国机关后勤，2022（6）：8–11.
［174］朱萌 . 系统论视角下政府运行保障体制改革的历时性研究［J］. 行政与法，2024（4）：78–87.
［175］朱晓艳，佟海波 . 构建公共机构“双碳”计量体系 服务中国节能与低碳发展［J］. 中国计量，2024（2）：94–97.
［176］竺乾威 . 理解公共行政的新维度：政府与社会的互动［J］. 中国行政管理，2020（3）：45–51.
［177］庄惟敏，黄献明，高庆龙，等 . 办公建筑的环境能源效率优化设计［M］. 北京：中国建筑工业出版社，2019.
［178］邹圣锋 . 公共机构实施碳排放定额管理基础与展望［J］. 中国能源，2022，44（6）：19–24.
［179］邹圣锋，朱呈义，张韫 . 公共机构节能管理信息化建设的思路与重点［J］. 中国行政管理，2024，40（2）：154–157.
［180］ANSELL C，GASH A. Collaborative governance in theory and practice［J］. Journal of Public Administration Research and Theory，2008，18（4）：543–571.
［181］BAI T，XU D，YANG Q，et al. The role of government environmental target constraints［J］. Oeconomia Copernicana，2023，14（4）：1139–1173.
［182］GLASER B G，STRAUSS A L，STRUTZE L E. The discovery of grounded theory：strategies for qualitative research［J］. Nursing Research，1968（4）：364.
［183］HODSON M，MARVIN S. Low carbon nation?［M］. Routledge，2013.
［184］IMPERIAL M T. Using collaboration as a governance strategy：lessons from six watershed management programs［J］. Administration and Society，2005（3）：281–320.
［185］MARKANTONI M. Low carbon governance：mobilizing community

energy through top - down support? [J]. Environmental Policy and Governance, 2016, 26 (3): 155–169.

[186]MA W, DE JONG M, DE BRUIJNE M, et al. Mix and match: configuring different types of policy instruments to develop successful low carbon cities in China [J]. Journal of Cleaner Production, 2021, 282: 125399.

[187]MAZHAR M U, BULL R, LEMON M. Critical success factors for embedding carbon management in organizations: lessons from the UK higher education sector [J]. Carbon Management, 2017, 8 (5–6): 379–392.

[188]PETERS M, FUDGE S, SINCLAIR P. Mobilising community action towards a low–carbon future: opportunities and challenges for local government in the UK [J]. Energy Policy, 2010, 38 (12): 7596–7603.

[189]ZEGVELD W. Anassessment of government innovation policies [J]. Review of Policy Research, 1984 (3): 436–444.

[190]TIE M, QIN M, SONG Q, et al. Why does the behavior of local government leaders in low–carbon city pilots influence policy innovation? [J]. Resources, Conservation and Recycling, 2020 (152): 104483.

[191]VAGNONI E, MORADI A. Local government's contribution to low carbon mobility transitions [J]. Journal of Cleaner Production, 2018 (176): 486–502.

[192]WU B, LIU P, XU X. An evolutionary analysis of low–carbon strategies based on the government–enterprise game in the complex network context [J]. Journal of Cleaner Production, 2017 (141): 168–179.

[193]XU Y, GE W, LIU G, et al. The impact of local government competition and green technology innovation on economic low–carbon transition: new insights from China [J]. Environmental Science and Pollution Research, 2023, 30 (9): 23714–23735.

[194]ZEKI–SUAC M, HAS A, KNEEVI M. Predicting energy cost of public buildings by artificial neural networks, CART, and random forest [J]. Neurocomputing, 2021 (439): 223–233.

[195]ZEKI–SUAC M, MITROVI S, HAS A. Machine learning based system for managing energy efficiency of public sector as an approach towards smart cities [J]. International Journal of Information Management, 2020 (58): 102074.